당신의 노동법 자문변호사

당신의 노동법 자문변호사

초판 1쇄 인쇄	2015년 2월 25일
초판 1쇄 발행	2015년 3월 04일

지은이	송도인		
펴낸이	손형국		
펴낸곳	(주)북랩		
편집인	선일영	편집	이소현, 이탄석, 김아름
디자인	이현수, 김루리, 윤미리내	제작	박기성, 황동현, 구성우
마케팅	김회란, 박진관, 이희정		
출판등록	2004. 12. 1(제2012-000051호)		
주소	서울시 금천구 가산디지털 1로 168, 우림라이온스밸리 B동 B113, 114호		
홈페이지	www.book.co.kr		
전화번호	(02)2026-5777	팩스	(02)2026-5747
ISBN	979-11-5585-495-2 13330(종이책) 979-11-5585-496-9 15330(전자책)		

이 책의 판권은 지은이와 (주)북랩에 있습니다.
내용의 일부와 전부를 무단 전재하거나 복제를 금합니다.

이 도서의 국립중앙도서관 출판예정도서목록(CIP)은 서지정보유통지원시스템 홈페이지(http://seoji.nl.go.kr)와
국가자료공동목록시스템(http://www.nl.go.kr/kolisnet)에서 이용하실 수 있습니다.
(CIP제어번호 : CIP2015005693)

당신의 노동법 자문변호사

변호사가 알려주는 인사·노무 핵심 쟁점 및 실무 사례

송도인 지음

북랩 book Lab

| 머리말

　　　　　　노동법을 전공한 까닭에 동료 변호사들로부터 노동법 관련 질문을 종종 받곤 합니다. 그럴 때마다 고객들의 문제 상황에 즉각적인 답을 하여야 하는 변호사에게 도움이 될 만한 법률과 판례의 핵심내용을 정리해 놓은 자료를 공유하여 변호사와 고객 모두가 신속하고 정확한 해결책을 얻을 수 있었으면 좋겠다는 생각을 하였습니다. 이 책은 그러한 이유에서 만들어지게 되었습니다.

　이 책에는 저의 개인적인 생각이나 견해보다 실무상 문제를 해결하고 법리적인 결론을 내리는 데 기반이 되는 법률과 판례의 내용을 주로 담았습니다. 판례의 내용을 옮긴 것이어서 문장이 길고 어렵게 느껴질 수도 있을 것입니다. 하지만 판례의 내용과 결론에 이르게 된 논리적 전개과정을 곰곰이 따라가다 보면 어느새 실무에서 필요한 요소들을 끄집어내어 유용하게 활용할 수 있을 것입니다.

　이 책은 특히 다음과 같은 분들께 권해드립니다.

　첫째, 노동법 관련 자문이나 소송을 처음 맡게 된 신입변호사와 사내변호사입니다. 변호사라고 모두 노동법을 필수적으로 공부하는 것은 아닙니다. 하지만 실무에 나와 보면 노동법 관련 이슈사항들이 얼마나 많은지를 느낄 수 있습니다. 변호사로서 노동법 관련 일을 처음 맡게 되었을 때 이 책의 쟁점들을 따라 판례의 입장을 파악해 나가다 보면,

보다 복잡한 문제들을 해결하는 데도 도움이 될 것이라고 생각합니다.

　둘째, 회사 인사·노무부서에서 근무하는 실무자로서 보다 전문적인 법률지식을 필요로 하는 분들입니다. 현장에서 많은 경험을 통해 실력을 갖춘 분들일 것이기에 이제는 판례를 통해 보다 깊은 법리의 맛을 느껴보길 권하겠습니다.

　셋째, 로스쿨생, 사법연수원생, 법학전공자와 그 외 노동법에 관심이 있는 분들입니다. 법학을 공부하는 분들인 만큼 누구보다 판례의 내용과 의미를 잘 깨달아 학업과 일 모두에 유용하게 쓸 수 있을 것이라고 생각하며, 아울러 이 기회를 통해 노동법에 더욱 흥미와 관심을 갖게 되길 바랍니다.

　넷째, 자신의 노동법적 권리를 알고 싶어 하는 근로자분들과 직접 노동법 관련 법적 쟁송을 수행하고자 하는 분들입니다. 제대로 알아야 권리를 정당하게 행사할 수 있고, 법적으로 이를 다툴 수도 있는 것입니다. 법의 세계에서는 어떠한 룰과 내용으로 사건이 진행되는 것인지 이 책을 통해 조금이나마 알게 되는 기회가 되길 바랍니다.

당신의 노동법 자문변호사
송도인

목차

머리말··04

1장 실무에서 문제 되는 핵심 쟁점 30

01 임원의 근로자성··10
02 근로조건 명시··17
03 경업금지약정··22
04 전직··29
05 대기발령··36
06 징계해고··41
07 징계위원회··45
08 해고 협의·동의 조항··50
09 해고 예고··55
10 해고 서면 통지··58
11 권고사직·희망퇴직과 해고··61
12 경영상 이유에 의한 해고··67
13 복직··74
14 근로관계의 승계··80
15 금품청산··86
16 통상임금··90
17 임금의 삭감·반납··101
18 포괄임금제··107
19 퇴직금 분할 약정··111
20 휴게시간··115
21 연차유급휴가 사용촉진··122
22 자살과 업무상 재해··126
23 취업규칙··134
24 수습·시용 근로자··140
25 기간제 근로계약··145
26 비정규직 차별··151
27 간접고용··157
28 유인물 배포와 조합활동··161
29 직장폐쇄··165
30 단체교섭의무··171

2장 Q&A로 풀어보는 실무사례 30

- 01 취업규칙 한도를 넘은 연장근로수당을 청구할 수 있나요? ·· 178
- 02 근로기준법과는 다른 휴게시간 부여가 가능한가요? ·· 180
- 03 파업기간 중 유급휴일에 대한 임금을 받을 수 있나요? ·· 183
- 04 기존 위탁업체 근로자들의 고용을 승계하여야 하나요? ·· 185
- 05 조합비를 횡령한 조합간부를 징계할 수 있나요? ·· 187
- 06 프로젝트 추진을 위해 고용된 근로자를 해고할 수 있나요? ·· 190
- 07 집행유예 판결을 받은 근로자를 당연퇴직시킬 수 있나요? ·· 192
- 08 폐지된 학과의 교원을 직권면직 처리할 수 있나요? ·· 195
- 09 계약기간 종료 전이지만 사직하고 싶습니다 ·· 197
- 10 사직일자를 기재하지 않은 사직서의 처리는 어떻게 하나요? ·· 199
- 11 명예퇴직 합의 후 철회신청을 받아주어야 하나요? ·· 201
- 12 회사에 손해를 끼친 직원에게 손해배상청구 가능한가요? ·· 203
- 13 복직 후 퇴사 종용하는 회사 어떻게 하나요? ·· 205
- 14 고객에게 사과를 강요하는 회사 때문에 우울증에 걸렸어요 ·· 207
- 15 사직처리 전 영업방해금지약정을 체결할 수 있나요? ·· 210
- 16 육아휴직기간도 기간제근로자 사용기간에 포함되나요? ·· 212
- 17 파견회사를 옮겨 다니며 동일한 곳에서 일하고 있어요 ·· 213

18 파견회사가 한 해지통보를 해고로 볼 수 있나요? ··216
19 파견근로자를 직접고용할 의무가 있나요? ··219
20 재심신청을 하였는데도 이행강제금을 납부해야 되나요? ··220
21 노동청 조사, 대표이사가 꼭 출석해야 하나요? ··222
22 임금체불 재진정 가능한가요? ··223
23 산재보험 가입 없이 근무 중 사고가 났습니다 ··225
24 노동조합간부도 산재보상을 받을 수 있나요? ··226
25 산재신청확인서에 날인해 주었는데 민사 소장을 받았습니다 ··228
26 실업급여를 받을 수 있나요? ··232
27 소수노동조합이 노조설명회 시간을 달라고 합니다 ··236
28 직장폐쇄 어떻게 해야 적법한가요? ··239
29 단체교섭과정에서 노조가 사무실 제공을 요구합니다 ··241
30 공장을 점거한 노동조합에게 어떤 책임을 물을 수 있나요? ··244

3장 유용한 실무자료

01 반드시 체크해야 할 여성 근로자 관련 노동법 규정 ··248
02 취업규칙 심사요령 ··267

1장

실무에서 문제 되는 핵심 쟁점 30

01 임원의 근로자성

근로기준법 제2조 제1항 제1호는 근로자를 "직업의 종류와 관계없이 임금을 목적으로 사업이나 사업장에 근로를 제공하는 자"를 말한다고 규정하고 있습니다. 그런데 임원이 이러한 근로자에 해당하는지 여부가 문제되는 이유는 근로자성을 인정할 것인지에 따라 근로기준법 제34조에 따른 퇴직금 지급의무의 발생 여부 또는 업무상 재해가 발생한 경우 산업재해보상보험법상 근로자로서 보험급여의 지급대상이 되는지 여부 등이 달라지기 때문입니다.

임원의 근로자성 해당여부에 대하여 판례는 "**근로기준법의 적용을 받는 근로자에 해당하는지 여부는 계약의 형식에 관계없이 그 실질에 있어서 근로자가 임금을 목적으로 종속적인 관계에서 사용자에게 근로를 제공하였는지 여부에 따라 판단**하여야 하고, 여기서 종속적인 관계가 있는지 여부를 판단함에 있어서는 업무의 내용이 사용자에 의하여 정하여지고 취업규칙·복무규정·인사규정 등의 적용을 받는지 여부, 업무 수행 과정에서 사용자로부터 구체적이고 직접적인 지휘·감독을 받는지 여부, 보수가 근로 자체의 대상적 성격을 갖고 있는지 여부와 근로소득세의 원천징수 여부 등 보수에 관한 사항, 근로제공관계의 계속성과 사용자에의 전속성의 유무와 정도 등을 종합적으로 고려하여 판단하여야 하고 전체적으로 보아 임금을 목적으로 종속적 관계에서 사용자에게 근로를 제공하였다고 인정되는 이상, 근로자에 대한 위 여러 징표 중 일부 사정이 결여되었거나 다른 지위를 아울러 가지고 있다고 하여도 그러한 사유만으로 근로기준법상 근로자가 아니라고 할 수는 없다고 할 것이며, 한편 **회사의 이사 또는 감사 등 임원이라고 하더라도 그 지위 또는 명칭이 형식적·명목적인 것이고 실제로는 매일 출근하여 업무집행권을 갖는 대표이사나 사용자의 지휘·감독 아래 일정한 근로를 제공하면서 그 대가로 보수를 받는 관계에 있다거나 또는 회사로부터 위임받은 사무를 처리하는 외에 대표이사 등의 지휘·감독 아래 일정한 노무를 담당하고 그 대가로 일정한 보수를 지급받아 왔다면 그러한 임원은 근로기준법상의 근로자에 해당한다.**"[1]고 보아 근로관계의 실질을 따져 사용자의 지휘·감독하에 임금 종속성을 가지고 일하는 이상 외형적으로 임원으로서의 표지요소를 갖추고 있다 하더라도 근로기준법상의 근로자에 해당하는 것으로 보았습니다.

이와 같은 법리에 따라 판례는 다음의 사안에서 근로관계의 실질과 지휘감독에 기한 사용종속성을 강조하여 전무라는 직함으로 근무하던 원고를 근로기준법상 근로자에 해당한다고 보아 퇴직금의 지급을 명하였습니다.

"① 원고가 회사에 전무라는 직함으로 근무할 당시 회사의 자금 관련 업무를 주로 담당하였고, 등기 임원이 아니었던 점, ② 회사가 속한 ○○그룹의 회장 소외 1이 계열회사들을 순환출자방식으로 지배하며 그룹 전반의 경영을 총괄하면서 회사의 1인 주주이자 실소유자로서 회

---

[1] 대법원 2003. 9. 26. 선고 2002다64681 판결

사에 대해 구체적인 경영사항에 관하여 원고로부터 일일이 보고를 받고 필요한 지시를 내리는 등 실질적인 경영권을 행사해 온 점, ③ 원고는 회사의 경영에 관한 최종 의사결정권자인 소외 1에게 피고 회사의 경영에 관한 보고를 하였고 이에 따라 필요한 경우 비서실 등을 통하여 소외 1로부터 회사 운영에 관한 업무 지시를 받은 점, ④ 회사가 원고에게 월 급여를 지급할 때 근로소득세 등을 원천징수하였던 점 등에 비추어 원고와 회사와의 관계는 아직 상법상의 이사에 해당하는 수준의 위임관계에 이르지는 못하였다 할 것이고, 비록 원고가 형식상 전무라는 고위 직함을 가지고 피고 회사의 업무 전반을 처리함에 있어 사실상 다소 큰 권한을 행사하고 있었다 하여도 이는 등기 임원과 동등한 지위 및 권한을 부여받은 것이 아니라 회사의 경영에 관한 최종 의사결정권자인 소외 1의 강한 신임을 바탕으로 그의 구체적·개별적인 지휘·감독하에 근로를 제공하고, 경영성과나 업무성적에 따른 것이 아니라 근로 자체의 대상적 성격으로 보수를 지급받은 것에 지나지 않으며, 특히 회사로부터의 위임사무 처리 이외에 일정한 노무를 담당하고 그 대가로 일정한 보수를 지급받은 이상, 그 실질에 있어 임금을 목적으로 종속적인 관계에서 사용자에게 근로를 제공하는 근로기준법상 근로자에 해당할 뿐이다."[2]

반면에, "주식회사의 이사가 정관이나 주주총회의 결의에서 정한 바에 따라 일정한 보수를 받는 경우에는 원칙적으로 이는 상법 제388조의 규정에 근거한 것으로서 그 보수는 근로기준법에서 정한 임금이라 할 수 없으며, 또한 회사의 규정에 의하여 이사에게 퇴직금을 지급하는

---

[2] 대법원 2013. 6. 27. 선고 2010다57459 판결

경우에도 원칙적으로 그 퇴직금은 근로기준법 등에서 정한 퇴직금이 아니라 재직 중의 위임 사무 집행에 대한 대가로 지급되는 보수의 일종이라 할 수 있으므로, 보수 및 퇴직금 지급에 관한 사정을 이유로 하여 이사의 지위를 달리 볼 것은 아니"라는 이유로 회사의 상법상 이사로서 이사회 등을 통하여 회사의 업무집행에 관한 주요 의사결정에 참가하는 한편 일정한 범위의 사업경영에 관한 업무를 위임받아 처리하여 왔으며, 특히 일반 사원의 정년이 지난 후에도 계속 이사로 선임되어 업무를 처리하고 주주총회 결의에 기초한 이사로서의 보수를 받는 등 근로자인 일반 사원과는 확연하게 차별화된 처우를 받은 자에 대하여는, 비록 영업팀장으로서의 업무를 함께 담당하는 과정에서 대표이사로부터 지시 등을 받는 경우가 있다고 하더라도 이를 등기 이사로서의 명칭이나 직위가 형식적·명목적인 것에 불과하다거나 담당한 업무의 실질이 위임사무를 처리하는 것이 아니라 임금을 목적으로 종속적인 관계에서 일정한 근로를 제공함에 그친다고 볼 수는 없다고 하여 근로기준법상 근로자에 해당하지 않는다고 본 사례도 있습니다(따라서 이 경우에는 근로자퇴직급여보장법상의 퇴직금을 청구할 수는 없을 것이나 정관이나 주주총회의 결의 등으로 정한 이사에 대한 보수의 일부로서 퇴직위로금 등을 청구할 수는 있을 것입니다).[3]

또한 4대 보험에 근로자로서 가입되어 있었다고 하더라도, 이것이 근로자임을 인정하는 핵심요소가 되는 것은 아니며 회사로부터 일정한 사무처리의 위임을 받고 그에 따른 보수를 지급받는 위임관계에 있었다면, 회사의 업무지시를 받았다고 하더라도 다음과 같은 점들에 근거하여 사용자의 지휘·감독에 따라 근로자로서 업무를 수행한 것으로 보

---

[3] 대법원 2013. 9. 26. 선고 2012다28813 판결

기는 어렵다는 판례도 있습니다.

"참가인은 시장변화에 대응하기 위해 벤더권 확보를 위한 영업업무를 담당하게 하려고 장기간 관련 업계에서 종사한 원고를 영입하여 부사장으로 채용하였다. 원고는 계약 체결 후 해지 전까지 출·퇴근 시간, 근무장소에 구애받지 않았고, 업무처리 시 참가인에게 구두로 진행상황을 보고한 외에 참가인으로부터 서면결재를 받은 적이 없는 등 담당 영업업무를 실질적으로 주도하면서 상당한 자율성을 가지고 독자적으로 업무를 수행한 것으로 보인다. 참가인 내 부사장에 대한 직제 및 업무 규정이 없고, 원고의 급여는 참가인의 대표이사 등 다른 임원과 비교할 때 매우 높은 금액일 뿐만 아니라 원고는 급여 외에도 성과급, 기타 경비, 영업활동을 위한 법인카드와 차량을 지원받았다. 특히 계약서상 원고는 업무 성과에 따라 지급하는 성과급이 높게 책정되어 있다."[4]

이렇듯 임원에 대한 근로자성 여부를 실질에 입각하여 판단하는 이와 같은 판례법리는 대표이사의 경우에도 동일하게 적용됩니다. 즉, "주식회사의 대표이사는 대외적으로는 회사를 대표하고 대내적으로는 회사의 업무를 집행할 권한을 가지므로, 대표이사로서의 지위가 형식적·명목적인 것에 불과하여 실제 경영자로부터 구체적·개별적인 지휘·감독을 받아 근로를 제공하고 근로 자체의 대상적 성격으로 보수를 지급받았음에 그쳤다는 등의 특별한 사정이 없는 한, 근로기준법상의 근로자에 해당하지 아니"하므로, 예컨대 대표이사로서 대외적으로 회사를 대표하고 대내적으로 회사의 업무를 집행한 자는 일부 업무에 관하여 회사의 최대주주이자 다국적 기업인 A의 홍콩·한국·중국·싱가포르 지

---

4) 서울행정법원 2013. 8. 27. 선고 2012구합42304 판결

사장 또는 아시아 운영위원회에 보고를 하거나 그로부터 승인을 받으며 업무를 하였더라도 이는 현지 법인들에 대한 관리 및 운영의 효율성을 도모하기 위하여 추상적이고 간접적인 지휘·감독을 한 것에 불과하여 이를 사용자의 구체적인 지휘·감독 아래 종속적인 근로를 제공한 것으로 볼 수는 없으므로 이러한 대표이사는 근로기준법상의 근로자에 해당하지 않는다고 볼 것입니다.[5]

따라서 대외적으로는 회사를 대표하고 대내적으로는 회사의 업무를 집행할 권한을 가지는 주식회사의 대표이사는 특별한 사정이 없는 한 산업재해보상보험법상의 근로자에도 해당하지 않을 것입니다. 그러나 이 경우에도 실질에 입각한 예외는 존재하는바, "주식회사의 대표이사로 등기되어 있는 자라고 하더라도 대표이사로서의 지위가 형식적·명목적인 것에 불과하여 회사의 대내적인 업무집행권이 없을 뿐 아니라 대외적인 업무집행에 있어서도 등기 명의에 기인하여 그 명의로 집행되는 것일 뿐 그 의사결정권자인 실제 경영자가 따로 있으며, 자신은 단지 실제 경영자로부터 구체적·개별적인 지휘·감독을 받아 근로를 제공하고 경영성과나 업무성적에 따른 것이 아니라 근로 자체의 대상적 성격으로 보수를 지급받는 경우에는 예외적으로 산업재해보상보험법상의 근로자에 해당한다고 할 것이며, 산업재해보상보험법은 동법상의 보험급여를 받을 수 있는 근로자에 대하여 '근로기준법에 따른 근로자'를 말한다고 규정하는 외에 다른 규정을 두고 있지 아니하므로 보험급여 대상자인 근로자는 오로지 '근로기준법상의 근로자'에 해당하는지의 여부에 의하여 판가름 나는 것이고, 그 해당 여부는 그 실질에 있어 그가

---

5) 대법원 2014. 5. 29. 선고 2012다98720 판결

사업 또는 사업장에 임금을 목적으로 종속적인 관계에서 사용자에게 근로를 제공하였는지 여부에 따라 판단하여야 할 것이지 법인등기부에 임원으로 등기되었는지 여부에 따라 판단할 것은 아니"6므로 대표이사도 경우에 따라서는 산업재해보상보험법의 적용을 받을 수 있을 것입니다.

---

6) 대법원 2009. 8. 20. 선고 2009두1440 판결

02 근로조건 명시

근로기준법 제17조는 사용자로 하여금 근로계약을 체결할 때에 근로자에게 ① 임금, ② 소정근로시간, ③ 휴일, ④ 연차유급휴가, ⑤ 그 밖에 대통령령으로 정하는 근로조건(취업의 장소와 종사하여야 할 업무에 관한 사항,[7] 취업규칙에 기재하고 고용노동부장관에게 신고해야 할 사항, 사업장의 부속 기숙사에 근로자를 기숙하게 하는 경우 기숙사에서 정한 사항)을 명시하여야 할 의무를 부여하고 있으며, 특히 ① 임금과 관련하여 임금의 구성항목·계산방법·지급방법과 ②~④의 사항은 이를 서면으로 명시하여 근로자에게 교부하여야 함을 규정하고 있습니다.[8]

그리고 사용자가 이를 위반하여 근로조건을 명시하지 않거나, 근로계약서 등을 작성·교부하지 아니하여 이러한 근로조건 서면 명시 의무를 이행하지 아니하는 경우 근로기준법 제114조가 적용되어 500만 원 이하의 벌금이 부과됩니다. 이때 근로자는 사용자의 의무위반에 대하여 지방고용노동청에 진정을 제기하여 권리구제를 받을 수 있습니다. 나아가, 근로기준법 제19조는 "근로기준법 제17조에 따라 명시된 근로조건

---

7) 참고로, 산업재해보상보험법 제37조 제1항 제1호 가목은 '근로자가 근로계약에 따른 업무 수행 중 발생한 사고를 업무상 재해'로 보는바, 근로계약서에 업무의 내용을 기재하는 것은 산재에서 업무수행성을 객관적으로 인정하는 자료로 쓰일 수도 있습니다.
8) 다만 이러한 사항이 단체협약 또는 취업규칙의 변경 등으로 인하여 변경되는 경우에는 근로자의 요구가 있는 경우에 한하여 교부하면 됩니다.

이 사실과 다를 경우에 근로자는 근로조건 위반을 이유로 손해의 배상을 청구할 수 있으며 즉시 근로계약을 해제할 수 있다."고 규정하고 있으므로, 사용자가 근로계약에 명시된 근로조건을 불이행하여 손해가 발생한 경우 근로자는 법원에 손해배상청구의 소를 제기하거나 노동위원회에 손해배상의 청구를 신청하여 구제받을 수 있습니다.

다음은 고용노동부에서 배포한 일반근로자용 표준근로계약서(2014. 1.)로, 근로계약을 통해 명시하여야 할 사항들이 기재되어 있습니다.

표준근로계약서(일반근로자용)

_____(이하 '갑'이라 함)과(와) _____(이하 '을'이라 함)은 다음과 같이 근로계약을 체결한다.

1. 근로계약기간: 　　년　　월　　일부터　　년　　월　　일까지
   ※ 근로계약기간을 정하지 않는 경우에는 '근로개시일'만 기재

2. 근 무 장 소:

3. 업무의 내용:

4. 소정근로시간: ___시 ___분부터 ___시 ___분까지(휴게시간: 시 분 ~ 시 분)

5. 근무일/휴일: 매주 _일(또는 매일단위) 근무, 주휴일 매주 _요일

6. 임 금
   - 월(일, 시간)급: _____원
   - 상여금: 있음 (　) _____원, 없음 (　)
   - 기타급여(제수당 등): 있음 (　), 없음 (　)
     · _____원, _____원
     · _____원, _____원
   - 임금지급일: 매월(매주 또는 매일) 　　일(휴일의 경우는 전일 지급)
   - 지급방법: 을에게 직접지급 (　), 예금통장에 입금 (　)

7. 연차유급휴가
   - 연차유급휴가는 근로기준법에서 정하는 바에 따라 부여함

```
8. 근로계약서 교부
  - '갑'은 근로계약을 체결함과 동시에 본 계약서를 사본하여 '을'의 교부요구와 관계없이
    '을'에게 교부함(근로기준법 제17조 이행)

9. 기  타
  - 이 계약에 정함이 없는 사항은 근로기준법령에 의함
                        년       월       일
(갑) 사업체명 :                      (전화 :           )
    주  소 :
    대 표 자 :                        (서명)
(을) 주  소 :
    연 락 처 :
    성  명 :                          (서명)
```

한편, 기간제근로자 또는 단시간근로자에 대하여는 기간제 및 단시간근로자 보호 등에 관한 법률 제17조에서 해당 근로자들과 근로계약 체결 시 서면으로 명시하여야 할 근로조건을 별도로 정하고 있습니다. 즉 이들 근로자에 대하여는 ① 근로계약기간에 관한 사항, ② 근로시간·휴게에 관한 사항, ③ 임금의 구성항목·계산방법 및 지불방법에 관한 사항, ④ 휴일·휴가에 관한 사항, ⑤ 취업의 장소와 종사하여야 할 업무에 관한 사항을 근로계약을 체결하는 때 서면으로 명시하여야 하고, 특히 단시간근로자에 대하여는 근로일 및 근로일별 근로시간까지 추가하여 명시하여야 합니다.

이 경우에도 역시 사용자가 이러한 근로조건 서면 명시 의무에 위반하는 경우 동법 제24조 제2항 제2호가 적용되어 500만 원 이하의 과태료에 처해질 수 있습니다. 특히 최근 들어 청소년들의 아르바이트 근무

가 근로계약서의 작성·교부 없이 이루어지는 것과 관련하여 권리침해 구제기관이 생기는 등 근로계약서 작성·교부에 대한 사회적 관심이 높아지고 있고, 이와 관련하여 고용노동부는 2014년 8월 1일부터는 기간제 및 단시간근로자에 대한 근로조건 서면 명시 의무 위반 시 당초 시정지시 후 과태료를 부과하던 것을 시정지시 절차 없이 즉시 과태료를 부과하도록 제재기준을 강화하기도 하였는바, 사업주와 근로자 모두가 위 법률조항에 대한 명확한 인식과 준수가 필요하다고 할 것입니다. 이하는 고용노동부에서 배포한 단시간근로자용 표준근로계약서로, 근로일 등이 별도로 규정되어 있는 것을 볼 수 있습니다.

표준근로계약서(단시간근로자용)

_____(이하 '갑'이라 함)과(와) _____(이하 '을'이라 함)은 다음과 같이 근로계약을 체결한다.

1. 근로계약기간: 년   월   일부터   년   월   일까지
2. 근 무 장 소:
3. 업무의 내용:
   - 갑은 필요하다고 인정할 경우에는 을의 의견을 들어 근무장소 또는 업무를 변경할 수 있다.
4. 근로일 및 휴일
   - 근로일: 매주 ○요일, ○요일(또는 매일단위) 근무한다.
   - 휴일: 주휴일은 매주 (일)요일로 하고, 「근로자의 날 제정에 관한 법률」에 따른 근로자의 날(5월 1일)은 유급휴일로 한다.
5. 소정근로시간: ○요일: ___시 ___분부터 ___시 ___분까지
                ○요일: ___시 ___분부터 ___시 ___분까지
   휴게시간: ___시 ___분부터 ___시 ___분까지

6. 휴 가
   ○ 연차유급휴가 및 생리휴가는 「근로기준법」에서 정하는 바에 따른다.
   ※ 통상근로자의 근로시간에 비례하여 연차휴가를 산정하되, 연차휴가를 부여할 때에는 다음 방식으로 계산한 시간단위로 하며, 1시간 미만은 1시간으로 간주함.

   $$\text{통상근로자의 연차휴가일수} \times \frac{\text{단시간근로자의 소정근로시간}}{\text{통상근로자의 소정근로시간}} \times 8\text{시간}$$

   ※ 1주 평균 소정근로시간이 15시간 미만인 자인 경우에는 연차유급휴가를 부여하지 아니한다.

7. 임 금
   - 월(일, 시간)급: _____ 원
   - 상여금: 있음 ( )   원, 없음 ( )
   - 기타급여(제수당 등): 있음 ( ), 없음 ( )
     · _____ 원, _____ 원
     · _____ 원, _____ 원
   - 임금지급일: 매월(매주 또는 매일) _____ 일(휴일의 경우는 전일 지급)
   - 지급방법: 을에게 직접 지급 ( ), 예금통장에 입금 ( )

8. 이 계약서에서 정하지 아니한 사항은 「근로기준법」 등 노동관계법령, 관련 규정 및 취업규칙에서 정하는 바에 따른다.

                    년   월   일

(갑) 사업체명 :   (전화 :   )
 주   소 :
대 표 자 :   (서명)
(을) 주   소 :
연 락 처 :
 성   명 :   (서명)

03 경업금지약정

회사는 근로자가 퇴직하며 동종·유사업종, 특히 경쟁사에 재직함으로 인해 회사에 손해를 가하고 근로자가 회사 재직 중 얻게 된 유 무형의 이익을 무단히 활용하는 것을 방지하기 위하여 퇴직 시 경업금지약정을 체결할 수 있습니다. 근로기준법 제20조는 "사용자는 근로계약 불이행에 대한 위약금 또는 손해배상액을 예정하는 계약을 체결하지 못한다."고 하여 위약예정을 금지하고 있으나, 경업금지약정이 근로계약 불이행에 따른 위약금 또는 손해배상액을 예정한 것이 아니라 퇴직 후에 유사업종에 종사함으로써 영업비밀을 유출하는 것에 대한 위약금 또는 손해배상액을 예정한 것이라면 이는 근로기준법 제20조 위반에 해당하지 않습니다.[9]

경업금지약정의 유효성을 판단하기 위한 기준에 대하여 판례는 **"사용자와 근로자 사이에 경업금지약정이 존재한다고 하더라도, 그와 같은 약정이 헌법상 보장된 근로자의 직업선택의 자유와 근로권 등을 과도하게 제한하거나 자유로운 경쟁을 지나치게 제한하는 경우에는 민법 제103조에 정한 선량한 풍속 기타 사회질서에 반하는 법률행위로서 무효라고 보아야 하며, 이와 같은 경업금지약정의 유효성에 관한 판단**

---

9) 2013. 4. 18. 근로개선정책과-2396

은 보호할 가치 있는 사용자의 이익, 근로자의 퇴직 전 지위, 경업 제한의 기간·지역 및 대상 직종, 근로자에 대한 대가의 제공 유무, 근로자의 퇴직 경위, 공공의 이익 및 기타 사정 등을 종합적으로 고려하여야 하고, 여기에서 말하는 '보호할 가치 있는 사용자의 이익'이라 함은 부정경쟁방지 및 영업비밀보호에 관한 법률 제2조 제2호에 정한 '영업비밀'뿐만 아니라 그 정도에 이르지 아니하였더라도 당해 사용자만이 가지고 있는 지식 또는 정보로서 근로자와 이를 제3자에게 누설하지 않기로 약정한 것이거나 고객관계나 영업상의 신용의 유지도 이에 해당한다."[10]고 판시하고 있습니다.

또한 이러한 유효성 판단을 거쳐 약정 자체는 유효하다고 인정하더라도 그 금지 기간 등이 과도한 경우에 대하여 판례는 "경업금지약정은 직업선택의 자유와 근로자의 권리 등을 제한하는 의미가 있으므로, 근로자가 사용자와의 약정에 의하여 경업금지기간을 정한 경우에도, 보호할 가치 있는 사용자의 이익, 근로자의 퇴직 전 지위, 퇴직 경위, 근로자에 대한 대상 제공 여부 등 제반 사정을 고려하여 약정한 경업금지기간이 과도하게 장기라고 인정될 때에는 적당한 범위로 경업금지기간을 제한할 수 있다."[11]고 해석하고 있습니다.

다음 사례는 이러한 판단기준을 통해 경업금지약정의 유효성을 각 긍정, 긍정하였으나 약정에 따른 손해배상액을 감액, 부정한 사례인바, 판례가 구체적으로 어떠한 요소들을 근거로 이러한 판단을 내리게 되었는지를 파악하여, 실무에서 경업금지약정서를 작성하는 경우 이러한 요소들을 참작

---

10) 대법원 2010. 3. 11. 선고 2009다82244 판결
11) 대법원 2007. 3. 29. 선고 2006마1303 결정

하여 적법한 경업금지약정이 이루어질 수 있도록 하여야 할 것입니다.

> **경업금지약정의 유효성을 긍정한 사례**
>
> "근로자들이 경영금지약정에 대한 대가로 고용 보장, 적정한 승진 및 승급의 기회를 가질 수 있었던 점, 이런 가운데 근로자들이 영업 비밀 등을 반출해 타사 영업에 사용한 점, 근로자들이 기존 회사에서 부여받은 직급과 급여에 비해 높은 직급 및 보수를 받고 타사에 취업한 점을 비춰 보면, 이들의 전직은 회사의 조직, 경영 및 기술 관련 정보를 취득하려는 타사의 계획에 따라 이뤄진 것으로 보이는바, 이때 회사와 근로자 간 체결한 경업금지약정은 유효하며, 그 약정이 민법 제103조에 의해 무효라는 주장은 이유 없다."[12]

> **경업금지약정의 유효성은 긍정하였으나 손해배상액을 감액한 사례**
>
> 주류 및 발효식품의 양조, 제조, 판매업 등을 영위하는 甲주식회사에서 특판 지점의 지점장으로 근무하던 乙이 희망퇴직으로 퇴사하면서 甲회사와 "법정퇴직금 외에 24개월분의 평균임금에 해당하는 퇴직위로금을 지급받는 대신 퇴사 후 2년 내에 甲회사의 계열사 또는 경쟁사에 취업할 시 전액을 회사에 반납한다."는 내용의 경업금지약정을 체결하였는데, 乙이 퇴사 후 약 1년 6개월 만에 경쟁사인 丙주식회사에 입사하여 유통채널본부 팀장으로 근무하자, 甲회사가 乙을 상대로 퇴직위로금 반환을 구한 사안에서, "乙이 甲회사 특판 지점의 지점장으로 근무할 당시 숙지한 것으로 보이는 주류회사의 판매·영업 전략, 인적·물적 조직의 관리방법과 노하우 등은 甲회사의 영업비밀이거나 甲회사만이 가지고 있는 지식 또는 정보로서 보호가치가 있는 정보라고 볼 수 있고, 2년의 기간 제한이 乙이 지급받은 퇴직위로금과 비교하여 과도하다고 보기 어려운 점 등 여러 사정에 비추어 위 약정을 민법 제103조에서 정한 선량한 풍속 기타 사회질서에 반하는 법률행위로서 무효라고 볼 수 없어 乙은 甲회사에 지급받은 퇴직위로금을

---

12) 서울중앙지방법원 2008. 3. 19. 선고 2007카합3903 판결

반환할 의무가 있다. 다만 위 약정에서 퇴직위로금을 전액 반환하도록 한 것은 손해배상 예정의 약정인데, 퇴직 후 시간이 경과함에 따라 경업금지약정에 따른 ㈜회사의 이익이 감소하는데도 약정 위반의 정도에 대한 고려 없이 일률적으로 퇴직위로금 전액을 반환하도록 하는 등 그 예정액이 일반 사회관념에 비추어 부당히 과다하므로 이를 1/4 정도로 감액함이 타당하다."[13]고 판시하였습니다.

경업금지약정의 유효성을 부정한 사례

"피고가 원고의 영업사원으로 근무하면서 습득한 이 사건 각 정보는 이미 동종업계 전반에 어느 정도 알려져 있던 것이거나, 설령 일부 구체적인 내용이 알려지지 않은 정보가 있다 하더라도 이를 입수하는 데 그다지 많은 비용과 노력이 필요하지 않을 것으로 보이는 점, 거래처와 영업사원 사이의 신뢰관계는 그 업무수행 과정에서 자연스럽게 형성되는 데 불과한 점, 피고가 영업사원으로 근무하면서 특별한 영업비밀을 지득하였다고 보이지도 않는 점, 경업금지약정은 일반적으로 사용자에 비하여 경제적으로 약자인 근로자에 대하여 헌법상의 직업선택의 자유 및 영업의 자유를 제한하고 그 생존을 위협할 우려가 있고, 특히 쉽게 다른 직종으로 전직할 수 있는 기술이나 지식을 갖지 못한 피용자는 종전의 직장에서 습득한 기술이나 지식을 이용하는 업무에 종사하지 못할 경우 그 생계에 상당한 위협을 받을 수 있는 점 등을 종합하여 보면, 이 사건 각 정보나 피고 등 영업사원과 거래처 사이의 인적관계는 경업금지약정을 통해 보호할 가치가 있는 이익에 해당한다고 보기 어렵거나 그 보호가치가 상대적으로 적은 경우라고 보인다. 덧붙여 원·피고 사이의 경업금지약정은 경업금지기간도 비교적 장기인 2년이고, 그 지역적 범위도 재직 시 근무한 특별시, 광역시, 시, 군에다가 그 외 인접한 특별시, 광역시, 시, 군으로 매우 광범위하며, 그 대상도 모든 동종업계를 포함하여 지나치게 포괄적인 점, 원고가 피고에게 위 경업금지약정과 관련하여 어떠한 대가를 지급하지도 않은 점, 위

---

13) 서울중앙지방법원 2013. 2. 6. 선고 2012가합75531 판결

> 경업금지약정에 의한 공공의 이익이 피고의 직업의 자유를 침해하여 얻는 이익보다 월등히 크다고 보기도 어려운 점 등까지 합하여 보면, 위 경업금지약정은 근로자인 피고의 직업선택의 자유와 근로권 등을 과도하게 제한하거나 자유로운 경쟁을 지나치게 제한하는 경우로서 민법 제103조에서 정한 선량한 풍속 기타 사회질서에 반하여 무효라고 봄이 상당하다."[14]

경업금지약정의 유효성이 인정되는 경우 사용자는 유효한 경업(전직)금지약정이 있음에도 불구하고 퇴직 근로자가 이러한 약정에 반하는 행위를 하는 경우 해당 약정에 그에 따른 손해배상을 예정하고 있다면 이를 청구할 수 있을 것이며, 또한 약정에 근거하여 가처분으로 전직금지 신청을 할 수 있을 것입니다. 이하의 판례는 전직금지 기간을 1년으로 정한 전직금지약정의 유효성을 인정하여 가처분의 필요성을 긍정한 사안입니다.

"근로자의 전직금지 기간을 퇴직일로부터 1년 동안으로 정한 이 사건 전직금지약정이 비록 근로자의 직업선택 자유와 근로권을 제한하고 있지만, 보호할 가치 있는 사용자의 이익, 근로자의 퇴직 전 지위와 직무 내용, 전직금지 기간, 지역 및 대상 직종, 근로자에 대한 대가 제공 유무, 근로자의 퇴직 경위, 공공의 이익 및 기타 사정 등을 종합적으로 고려하여 볼 때 민법 제103조에서 정한 선량한 풍속 기타 사회질서에 반하는 법률행위로서 무효라고는 볼 수 없다. 유효한 전직금지 약정이 있음에도 그 기간 내에 신청인 회사와 동일하거나 유사한 제품을 생산하는 다른 회사에 입사한 피신청인은 신청인 회사 퇴직일부터 1년이 되는 기간까지는 그 회사에 취업하여 근무하거나 그 업무에 종사하여서는

---

14) 서울동부지방법원 2010. 11. 25. 선고 2010가합10588 판결

아니 될 의무가 있다."[15]

한편, 사용자로서는 약정이 존재하는 경우뿐만 아니라 근로자가 전직한 회사에서 영업비밀과 관련된 업무에 종사하는 것을 금지하지 않고서는 회사의 영업비밀을 보호할 수 없다고 인정되는 경우에는 구체적인 전직금지약정이 없다고 하더라도 부정경쟁방지 및 영업비밀보호에 관한 법률 제10조 제1항[16]에 의한 침해행위의 금지 또는 예방 및 이를 위하여 필요한 조치 중의 한 가지로서 그 근로자로 하여금 전직한 회사에서 영업비밀과 관련된 업무에 종사하는 것을 금지하도록 하는 조치를 취할 수 있습니다.

그리고 이때 "영업비밀이라 함은 공연히 알려져 있지 아니하고 독립된 경제적 가치를 가지는 것으로서, 상당한 노력에 의하여 비밀로 유지된 생산방법·판매방법 기타 영업활동에 유용한 기술상 또는 경영상의 정보를 말하는 것이고, 영업비밀침해금지를 명하기 위해서는 그 영업비밀이 특정되어야 할 것이지만, 상당한 정도의 기술력과 노하우를 가지고 경쟁사로 전직하여 종전의 업무와 동일·유사한 업무에 종사하는 근로자를 상대로 영업비밀침해금지를 구하는 경우 사용자가 주장하는 영업비밀이 영업비밀로서의 요건을 갖추었는지의 여부 및 영업비밀로서 특정이 되었는지 등을 판단함에 있어서는, 사용자가 주장하는 영업비밀 자체의 내용뿐만 아니라 근로자의 근무기간, 담당업무, 직책, 영업비밀에 접근 가능성, 전직한 회사에서 담당하는 업무의 내용과 성격,

---

15) 서울고등법원 2012. 5. 16. 선고 2011라1853 판결
16) 제10조(영업비밀 침해행위에 대한 금지청구권 등) ① 영업비밀의 보유자는 영업비밀 침해행위를 하거나 하려는 자에 대하여 그 행위에 의하여 영업상의 이익이 침해되거나 침해될 우려가 있는 경우에는 법원에 그 행위의 금지 또는 예방을 청구할 수 있다.

사용자와 근로자가 전직한 회사와의 관계 등 여러 사정을 고려"[17]하여야 할 것입니다.

---

17) 대법원 2003. 7. 16. 선고 2002마4380 판결

04 전직

근로기준법 제23조 제1항은 "사용자는 근로자에게 정당한 이유 없이 해고, 휴직, 정직, 전직, 감봉, 그 밖의 징벌을 하지 못한다."고 규정하고 있습니다. 그런데 전직 또는 배치전환과 관련하여서는 이러한 조치가 징계적 의미라기보다 회사의 인사권한의 실시행위로서 인사발령이라는 형태로 상시적으로 이루어지고 있는바, 이에 전직의 정당성 여부에 대한 다수의 판례가 축적되어 있습니다. 따라서 이하에서는 구체적 상황에서 전직의 정당성 여부를 판단할 수 있는 기준으로서의 판례의 기본 입장을 알아보고자 합니다.

전직의 정당성 여부를 판단함에 있어서는 우선 근로계약서 등을 통해 근로의 내용이나 근무장소 등을 한정하였는지를 먼저 검토해 볼 필요가 있습니다. 왜냐하면 판례는 "근로자에 대한 전직이나 전보처분은 근로자가 제공하여야 할 근로의 종류·내용·장소 등에 변경을 가져온다는 점에서 근로자에게 불이익한 처분이 될 수도 있으나, 원칙적으로 인사권자인 사용자의 권한에 속하므로 업무상 필요한 범위 안에서는 상당한 재량을 인정하여야 하고, 그것이 근로자에 대하여 정당한 이유 없이 해고·휴직·정직·감봉 기타 징벌을 하지 못하도록 하는 근로기준법 제23조 제1항에 위배되거나 권리남용에 해당하는 등 특별한 사정이 없는 한 무효라고는 할 수 없다. 다만 **근로계약에서 근로 내용이나 근무 장소를 특별히 한정한 경우에 사용자가 근로자에 대하여 전보나 전직처분을 하려면 원칙적으로 근로자의 동의가 있어야 한다.**"[18]고 하여 근로계약에서 근로의 종류나 내용, 근무장소 등을 특약한 경우에는 사용자가 전직처분을 하는 것이 근로계약의 변경에 해당하므로 근로자의 동의를 요건으로 한다고 보기 때문입니다. 참고로 여기서의 동의는 반드시 명시적인 동의에만 한정되는 것은 아니고 묵시적인 동의도 가능합니다.[19]

다만 이때 근로내용 등을 특별히 한정하였다는 점은 근로계약서 등을 통해 명확히 드러나야 한다고 보는 것이 판례의 입장이라고 할 것입니다. 이에 판례는 △ "최초 입사 당시 근로계약서의 직종에 객실승무직으로 특정이 되어 있었으나 그 이후 근로계약 및 취업규칙 등에 의하여 직무가 변경될 수 있다는 점에 동의·승낙한 경우에는 특약을 한 것으로 볼 수 없어 전직처분 시 해당 근로자의 동의를 필요로 하지 않는다."고 판단하였으며,[20] △ "근로자가 자동차 정비요원으로 지원하여 그 소정 교육을 받은 후 서울 성수동 소재 정비소에서 자동차 정비요원으로 근무하였던 것이 근로계약에 의하여 근무내용과 근무장소를 서울 성수동 소재 정비소의 자동차 정비요원으로 한정한 것이라고 볼 수 없을 뿐 아니라, 설사 그와 같이 근무내용과 근무장소가 한정되어 있어 그에 대한 변경이 중대한 근로조건의 변경이 된다고 하더라도 회사의 자동차 정비업무 부문이 다른 회사로 통합됨에 따라 근로자가 자동차

---

18) 대법원 2013. 2. 28. 선고 2010다52041 판결
19) 서울행정법원 2013. 12. 19. 선고 2013구합17268 판결
20) 대법원 2013. 2. 28. 선고 2010다52041 판결

정비요원으로 근로를 제공할 사업장이 없어지게 되어 배치전환함에 있어서까지 근무장소와 근무내용이 한정되어 있었음을 이유로 반드시 그의 동의를 얻어야 한다고 할 수 없다."고 판시하였습니다.[21]

나아가 최근 한 지방법원 판결에서는 △ 외국인 전용 전화 상담 업무를 수행하던 근로자에게 내국인 전화 상담 업무를 수행하도록 한 것은 전직에 해당한다기보다 "근로계약 및 회사의 경영상의 사정 변경에 따른 업무내용의 변경에 해당하여 전직무효확인소송의 대상이 되는 근로기준법 제23조 제1항의 전직에 해당하지 않는다."고 판시하기도 하였습니다.[22]

반면에 △ "회사 인사규정에서 업무직의 경우 재직기간 중 채용분야 이외의 전보가 제한되고 특정직, 업무직, 전임지도직 직원은 종사분야를 지정하여 채용하되 그 채용(지정)분야와 다른 업무(종사)분야에 전보배치(명령)할 수 없는 것으로 규정하고 있고, 채용공고에서도 채용분야를 특정하고 임용 후 채용분야에서만 근무하게 됨을 명시하였고, 해당분야 응시자에 대하여서만 2종 보통 운전면허 자격 및 차량운전이 가능할 것을 자격조건으로 제시하고 실기심사를 하였으며 근로계약을 체결하면서 임용분야를 특정하고 '종사분야를 지정하여 임용한 경우 임용(지정)분야 업무와 다른 업무분야로 전보하지 않는다.'는 특별 동의사항을 근로계약서에 명시한 사안에서는 당초 특정한 업무 외의 업무로 전보명령을 하면서 근로자로부터 동의를 받지 아니한 사안에 대하여는 근로계약 위반으로 효력이 없다."고 보았습니다.[23]

---

21) 대법원 1996. 4. 12. 선고 95누7130 판결
22) 서울서부지방법원 2014. 3. 20. 선고 2013가합7783 판결
23) 서울행정법원 2013. 9. 13. 선고 2013구합52346 판결

또한 △ "회사가 근로자가 조리사 면허를 가지고 있고 이전에 조리 업무에 종사한 경력이 있음을 고려하여 경력직원으로 채용한 후 실제 조리 업무에 종사케 한 경우에는 회사와 근로자 간에는 근로자의 근무내용을 '조리 업무'로 특별히 한정하는 근로계약이 체결되었다고 보아야 할 것이므로 해당 근로자의 근무내용을 변경하는 전직명령을 하려면 근로자의 동의가 있어야 하는 것이고 회사가 단지 전보명령을 하기에 앞서 보직 이동에 관한 설문조사를 실시하였을 뿐 이에 대해 답변을 하지 않았는데도 그 의사에 반하여 근로자를 조리 업무와 무관한 상품 판매팀으로 전보한 것은 인사권의 남용에 해당하며 회사가 전보명령을 통하여 식음료 업장의 운영행태를 변경하는 방법으로 효율을 개선하거나 정원을 조정할 필요성이 있었다고 달리 볼 수 없다."고 판시하였습니다.[24]

이렇듯 앞서 살펴 본 것과 같이 근로계약상의 특약이 존재하지 않는 이상 **"근로자에 대한 전직처분 등은 원칙적으로 인사권자인 사용자의 권한에 속하므로 업무상 필요한 범위 내에서는 사용자는 상당한 재량을 가지며 그것이 근로기준법에 위반되거나 권리남용에 해당되는 등의 특별한 사정이 없는 한 유효하고, 전직처분 등이 권리남용에 해당하는지의 여부는**(정당한 인사권의 범위 내에 속하는지 여부는) **전직처분 등의 업무상의 필요성과 전직 등에 따른 근로자의 생활상의 불이익을 비교·교량하여 결정되어야 할 것이고, 업무상의 필요에 의한 전직 등에 따른 생활상 불이익이 근로자가 통상 감수하여야 할 정도를 현저하게 벗어난 것이 아니라면 이는 정당한 인사권의 범위 내에 속하는 것"**으로서 권리

---

24) 서울고등법원 2011. 7. 14. 선고 2010누30408 판결

남용에 해당하지 않습니다.[25]

또한 전직처분 등을 함에 있어서 근로자 본인과 성실한 협의절차를 거쳤는지 여부는 정당한 인사권의 행사인지 여부를 판단하는 하나의 요소라고는 할 수 있으나, 그러한 절차를 거치지 아니하였다는 사정만으로 전보처분 등이 권리남용에 해당하여 당연히 무효가 된다고 볼 수는 없습니다.[26] 즉 전직처분 시 근로자 본인과의 협의 등의 과정은 사용자가 인사명령을 함에 있어 신의칙상 요구되는 절차를 거쳤는지 여부의 한 요소로서 고려되어야 하는 것이고, 이때 신의칙 위반에 해당하는지는 사용자가 근로자를 설득하기 위하여 한 노력 여하 및 그 정도, 전직명령의 방법, 다른 근로자와의 형평성 등을 요소로 사회통념에 따라 종합적으로 고려하여 판단할 수 있을 것이나 본인과의 협의과정을 전직처분의 유효요건으로서 반드시 거쳐야 하는 것으로 볼 수는 없는 것입니다.

그리고 이때 "사용자가 전직처분 등을 함에 있어서 요구되는 업무상의 필요란 인원 배치를 변경할 필요성이 있고 그 변경에 어떠한 근로자를 포함시키는 것이 적절할 것인가 하는 인원선택의 합리성을 의미하는데, 여기에는 업무능률의 증진, 직장질서의 유지나 회복, 근로자 간의 인화 등의 사정도 포함"[27]됩니다. 즉 전직의 정당한 이유 여부를 판단하는 것은 결과적으로 업무상 필요성과 근로자의 생활상 불이익을 비교·교량하는 작업이라고 할 것이므로, 사용자가 전직처분을 함에 있어서는 반드시 업무상 필요성을 갖추어야 하는 것이고 이때 업무상 필요성

---

25) 대법원 1997. 7. 22. 선고 97다18165 판결
26) 대법원 2013. 6. 27. 선고 2013다9475 판결
27) 대법원 2013. 2. 28. 선고 2010다52041 판결

이 있는지 여부에는 이와 같은 요소들이 모두 종합적으로 고려된다는 것입니다.

특히 이 판례는 전직의 업무상 필요성에 사업적 요소뿐만 아니라 직장질서의 유지나 회복, 근로자 간 인화 등의 사정을 포함함으로써 인력배치의 실무적 요소를 인정했다는 점에서 의미가 있다고 할 것입니다. 결론적으로, 전직처분으로 인해 근로자의 생활상 불이익이 발생하더라도 사용자가 해당 전직처분의 업무상 필요성이 높고 중요하다는 점에 대하여 객관적 입증자료를 구비하고, 근로자의 생활상 불이익을 감소하기 위한 대상조치 등을 하여줌으로써 근로자의 불이익은 감수할 정도에 이르는 데 반하여, 업무상 필요성이 그보다 높다면 해당 전직처분에 대하여는 정당성을 인정할 수 있다고 할 것입니다.

전직과 관련한 다른 쟁점으로는 전직명령(배치전환)이 부당노동행위에 해당되는지 여부가 있습니다. 이는 전직명령이 노동조합 간부 또는 조합원을 대상으로 이루어진 경우 문제가 되는 사안이라고 할 수 있을 것인데, 이에 대하여 판례는 원칙적으로 "**전직명령(배치전환)이 부당노동행위에 해당되는지 여부는 배치전환의 동기, 목적, 업무상 필요성이나 합리성의 존부, 전보에 따른 근로자의 생활상의 불이익과의 비교 형량, 배치전환의 시기, 사용자와 노동조합과의 관계, 배치전환을 하기까지 이른 과정이나 사용자가 취한 절차, 그 밖에 배치전환 당시의 외형적 객관적인 사정에 의하여 추정되는 부당노동행위 의사의 존재 유무 등을 종합적으로 검토하여 판단**"하되, "**사용자가 근로자의 정당한 노동조합활동을 실질적인 이유로 삼으면서도 표면적으로는 업무상 필요성을 들어 배치전환한 것으로 인정되는 경우에는 부당노동행위에 해당**하므로 근로자에 대한 배치전환이 실질적으로는 근로자의 노동조합활동을 혐오한 나머지 이에 대한 예방적 차원의 조치로서 노동조합활동을 방해하려는 의사로 행한 것이라면 해당 배치전환은 부당노동행위에 해당한다."고 보았습니다.[28]

따라서 노동조합 간부를 포함한 조합원에 대한 전직발령을 함에 있어서는 단순히 그 정당성을 확보하는 것에 그치는 것이 아니라 부당노동행위에 해당하는 위법이 없도록 형식적으로는 업무상 필요성을 확보하였다 하더라도 그 실질적 이유에 노동조합 활동을 저지·방해하기 위한 목적이 있는 것은 아닌지를 다시 한 번 확인할 필요가 있다고 할 것입니다.

---

28) 대법원 1998. 12. 23. 선고 97누18035 판결

05 대기발령

　대기발령은 근로자의 비위행위에 대하여 기업질서 유지를 목적으로 행하여지는 징벌적 제재로서의 징계와는 달리, 근로자가 현재의 직위 또는 직무를 장래에 계속 담당하게 되면 업무상 장애 등이 예상되는 경우에 이를 예방하기 위하여 일시적으로 당해 근로자에게 직위를 부여하지 아니함으로써 직무에 종사하지 못하도록 하는 잠정적인 조치입니다. 따라서 이러한 대기발령의 정당성은 근로자에게 당해 대기발령의 사유가 존재하는지 여부나 대기발령에 관한 절차규정의 위반이 존재하는지 여부 및 그 위반의 정도에 의하여 판단하여야 합니다.[29]

　사용자가 근로자에게 대기발령을 함에 있어서는 대기발령이 반드시 취업규칙 등에 징계의 한 종류로서 규정되어 있어야 하는 것은 아니며, 취업규칙이나 인사관리규정 등에 대기발령이 징계처분의 하나로서 규정되어 있지 않다 하더라도 원칙적으로 대기발령은 인사권자의 고유권한에 속하는 인사명령의 범주에 속하는 것이므로 사용자는 업무상 필요한 범위 안에서 상당한 재량을 갖고 이를 할 수 있다고 할 것입니다. 따라서 업무상 필요성을 가지고 이루어진 대기발령은 그것이 근로기준법에 위반되거나 권리남용에 해당하는 등의 특별한 사정이 없는 한 단

---

29) 대법원 2011. 10. 13. 선고 2009다86246 판결

지 징계절차를 거치지 아니하였다는 사정만으로 위법하다고 할 수는 없습니다.

한편 기업이 그 활동을 계속적으로 유지하기 위하여 노동력을 재배치하거나 그 수급을 조절하는 것은 필요불가결하므로, 대기발령을 포함한 인사명령은 원칙적으로 인사권자인 사용자의 고유권한에 속한다 할 것입니다. 따라서 이러한 인사명령에 대하여는 업무상 필요한 범위 안에서 사용자에게 상당한 재량을 인정하여야 하지만,[30] 대기발령이 일시적으로 당해 근로자에게 직위를 부여하지 아니함으로써 직무에 종사하지 못하도록 하는 잠정적인 조치이고, 근로기준법 제23조 제1항에서 사용자는 근로자에 대하여 정당한 이유 없이 전직, 휴직, 기타 징벌을 하지 못한다고 제한하고 있는 취지에 비추어 볼 때, 사용자가 대기발령 근거규정에 의하여 일정한 대기발령 사유의 발생에 따라 근로자에게 대기발령을 한 것이 그러한 명령 당시에는 정당한 경우라고 하더라도 당해 대기발령의 설정 목적과 그 실제 기능, 대기발령 유지의 합리성 여부 및 그로 인하여 근로자가 받게 될 신분상·경제상의 불이익 등 구체적인 사정을 모두 참작하여 그 기간은 합리적인 범위 내에서 이루어져야 하는 것입니다.

만일 대기발령을 받은 근로자가 상당한 기간에 걸쳐 근로의 제공을 할 수 없다거나, 근로제공을 함이 매우 부적당한 경우가 아닌데도 사회통념상 합리성이 없을 정도로 부당하게 장기간 동안 대기발령 조치를 유지하는 것은 특별한 사정이 없는 한 정당한 이유가 있다고 보기 어려우므로 그와 같은 조치는 무효라고 보아야 할 것입니다.

---

30) 대법원 2005. 2. 18. 선고 2003다63029 판결

그리고 이와 같은 법리는, 대기발령처럼 근로자에게 아무런 직무도 부여하지 않아 근로의 제공을 할 수 없는 상태에서 단순히 다음 보직을 기다리도록 하는 경우뿐 아니라, 당해 근로자의 기존의 직무범위 중 본질적인 부분을 제한하는 등의 방식으로 사실상 아무런 직무도 부여하지 않은 것과 별 차이가 없는 경우 등에도 마찬가지로 적용됩니다.

이에 판례는 회사 취업규칙에 경영형평상 과원으로 인정된 자에 대하여는 대기발령을 할 수 있고, 대기발령된 직원에 대하여는 출근을 금할 수 있으며, 회사의 명에 의하여 출근하는 경우에는 기본급 또는 그에 준하는 임금만을 지급하고 기타의 급여는 지급하지 아니한다고 규정되어 있는 사안에서 "회사가 경영형편상 과원을 이유로 대기처분을 한 것 자체는 업무상 필요한 범위 안에서 이루어진 것으로서 정당한 이유가 있었더라도 그 이후 장기간에 걸쳐 인사대기처분을 그대로 유지하고 있다가 경영형편상 과원이라는 대기발령 사유가 일단 해소된 후에도 근로자에게 아무런 직무도 부여하지 않은 채 기본급 정도만을 수령하도록 하면서 장기간 대기발령 조치를 그대로 유지한 것은 특별한 사정이 없는 한 정당한 사유가 없다."고 판시하였습니다.[31]

그리고 "처분 당시에는 정당한 인사권의 범위 내에 속하였지만, 근로자의 직능과 직책, 대기명령에 의한 직무 제한의 정도 및 근로자가 입게 된 불이익의 내용, 잠정적인 인사명령 상태가 지속된 기간 등을 고려하면, 최초 대기발령 후 10개월이 지나도록 근로자를 원래의 지위로 복귀시키거나 다른 보직을 부여하는 확정적인 처분을 하지 않고 대기

---

31) 대법원 2007. 2. 23. 선고 2005다3991 판결

명령을 유지한 것은 위법하다."고 보았습니다.[32]

한편, 근로자가 대기발령을 받은 후 일정 기간 내 복직발령을 받지 못하는 등의 경우에는 당연퇴직된다는 내용의 인사규정이 존재하는 경우, 이에 따라 당연퇴직처리를 할 수 있는지에 대하여 판례는 "인사규정 등에 대기발령 후 일정 기간이 경과하도록 복직발령을 받지 못하거나 직위를 부여받지 못하는 경우에는 당연퇴직된다는 규정을 두는 경우, 대기발령에 이은 당연퇴직 처리를 일체로서 관찰하면 이는 근로자의 의사에 반하여 사용자의 일방적 의사에 따라 근로계약 관계를 종료시키는 것으로서 실질상 해고에 해당하므로, 사용자가 그 처분을 함에 있어서는 근로기준법 소정의 정당한 이유가 필요하다고 할 것이며, 따라서 일단 대기발령이 인사규정 등에 의하여 정당하게 내려진 경우라도 일정한 기간이 경과한 후의 당연퇴직 처리 그 자체가 인사권 내지 징계권의 남용에 해당하지 아니하는 정당한 처분이 되기 위해서는 대기발령 당시에 이미 사회통념상 당해 근로자와의 고용관계를 계속할 수 없을 정도의 사유가 존재하였거나 대기발령 기간 중 그와 같은 해고사유가 확정되어야 할 것이며 사회통념상 당해 근로자와의 고용관계를 계속할 수 없을 정도인지의 여부는 당해 사용자의 사업의 목적과 성격, 사업장의 여건, 당해 근로자의 지위 및 담당직무의 내용, 비위행위의 동기와 경위, 이로 인하여 기업의 위계질서가 문란하게 될 위험성 등 기업질서에 미칠 영향, 과거의 근무태도 등 여러 가지 사정을 종합적으로 검토하여 판단하여야 한다."고 판시하였습니다.[33]

---

32) 대법원 2013. 5. 9. 선고 2012다64833 판결
33) 대법원 2006. 11. 23. 선고 2006다48069 판결

이에 "대기발령 후 3개월 이내에 재발령을 받지 못하였을 때에는 그 사유 발생일에 당연퇴직된 것으로 간주한다."는 취업규칙에 근거하여 당연퇴직처리를 한 경우에 대하여 이는 실질상 해고에 해당한다고 보았으며 따라서 이 경우에는 원칙적으로 사용자의 고유권한에 속하는 인사명령인 대기발령 자체의 정당성뿐만 아니라 그 대기발령 당시에 이미 사회통념상 고용관계를 계속할 수 없을 정도의 사유가 존재하였거나 대기발령 기간 중 그와 같은 정당한 해고사유가 확정되었는지 여부를 검토하여 당연퇴직의 인사권 남용 여부를 판단하여야 한다고 본 것입니다.[34]

참고로, 정당한 대기발령 기간에 대하여는 취업규칙 등에 따라 해당 대기발령기간 동안 근로제공의무가 중지되는 경우 사용자는 해당 기간에 대한 임금지급의무를 면한다고 할 것이나, 만약 사용자가 근로자의 귀책사유가 아닌 자신의 귀책사유에 해당하는 경영상의 필요에 따라 개별 근로자들에 대하여 대기발령을 하였다면 이 경우는 근로기준법 제46조 제1항에서 정한 휴업을 실시한 경우라고 볼 것이므로 사용자는 근로자들에게 휴업수당을 지급하여야 할 것입니다.[35]

---

34) 대법원 2007. 5. 31. 선고 2007두1460 판결
35) 대법원 2013. 10. 11. 선고 2012다12870 판결

06 징계해고

　근로기준법 제23조 제1항은 "사용자는 근로자에게 정당한 이유 없이 해고, 휴직, 정직, 전직, 감봉, 그 밖의 징벌을 하지 못한다."고 규정하고 있는바, 징계해고가 정당하다고 판단되기 위해서는 ① 징계해고사유의 정당성,[36] ② 징계절차의 정당성, ③ 징계양정의 적정성이라는 세 가지 요소가 갖추어져야 합니다. 그런데 실무에서는 징계해고 사유의 경우 취업규칙에 규정된 사유를 근거로 하는 경우가 대부분이고, 징계절차의 경우에도 사용자가 취업규칙(징계규칙)에 따른 징계위원회 개최 통보, 소명의 기회 부여, 재심 기회 제공 등의 절차를 이행함으로써, 많은 경우 징계해고의 정당성이 문제 되는 사안에서는 징계양정의 적정성 여부가 다투어지게 됩니다. 즉, 해당 근로자의 징계사유에 대한 징계양정으로서 해고를 선택한 것이 과연 적정한 것인지가 주로 문제 되는 것입니다.

---

[36] "해고는 사회통념상 고용관계를 계속할 수 없을 정도로 근로자에게 책임 있는 사유가 있는 경우에 행하여져야 정당하다고 인정되고, 사회통념상 당해 근로자와 고용관계를 계속할 수 없을 정도에 이르렀는지 여부는 당해 사용자의 사업 목적과 성격, 사업장의 여건, 당해 근로자의 지위 및 담당직무의 내용, 비위행위의 동기와 경위, 이로 인하여 기업의 위계질서가 문란하게 될 위험성 등 기업질서에 미칠 영향, 과거의 근무태도 등 여러 가지 사정을 종합적으로 검토하되, **근로자에게 여러 가지 징계혐의 사실이 있는 경우에는 징계사유 하나씩 또는 그중 일부의 사유만을 가지고 판단할 것이 아니고 전체의 사유에 비추어 판단하여야 하며, 징계처분에서 징계사유로 삼지 아니한 비위행위라도 징계종류 선택의 자료로서 피징계자의 평소 소행과 근무성적, 당해 징계처분 사유 전후에 저지른 비위행위 사실 등은 징계양정을 하면서 참작자료로 삼을 수 있다**(대법원 2011. 3. 24. 선고 2010다21962 판결 등)."

징계양정의 적정성을 판단하는 기준에 대한 판례의 입장을 살펴보면 판례는 원칙적으로 "**징계사유가 있어 징계처분을 하는 경우 어떠한 처분을 할 것인가는 원칙적으로 징계권자의 재량에 맡기고 있으므로 그 징계처분이 위법하다고 하기 위해서는 징계권자가 재량권을 행사하여 한 징계처분이 사회통념상 현저하게 타당성을 잃어 징계권자에게 맡긴 재량권을 남용한 것이라고 인정되는 경우에 한하고, 그 징계처분이 사회통념상 현저하게 타당성을 잃은 처분이라고 하려면 구체적인 사례에 따라 직무의 특성, 징계의 사유가 된 비위사실의 내용과 성질 및 징계에 의하여 이루고자 하는 목적과 그에 수반되는 제반 사정을 참작하여 객관적으로 명백히 부당하다고 인정되는 경우라야 한다.**"[37]고 하여 징계의 종류를 선택함에 있어 사용자가 재량권을 보유하며 해당 징계처분이 객관적으로 명백히 부당한 경우에 한하여 징계권을 남용한 것으로 보고 있으나, 동시에 다수의 사안에서 "해고보다 가벼운 제재조치에 의하여 그 징계의 목적을 달성할 수 있음에도 회사가 징계양정상 가장 무거운 징계처분인 징계해고처분을 한 것은 징계권의 남용이거나 형평의 원칙에 어긋나는 것으로 무효"라고 판시하고 있는바, 실질적으로는 징계처분에 있어 사용자가 징계양정의 재량을 갖는다는 것이 원칙이겠으나, 징계해고라는 가장 중한 처분을 하는 경우에는 사용자의 재량이 상당부분 축소된다고 볼 수 있을 것입니다.

이와 같은 입장에서 판례는 예컨대 △ 대기시간 중에 회사에서 스포

---

37) 이를 보다 구체적으로 세분화하면 ① 행위 관련 요소로서 징계사유의 내용과 성질, 비위행위의 동기와 경위, 기업의 경영질서가 문란하게 될 위험성 정도, ② 행위자 관련 요소로서 피징계자의 평소 소행, 근무성적 이외 과거 행적, 징계사유 발생 이후 태도, 당해 근로자의 담당직무의 내용, ③ 사용자 관련 요소로서 사업의 목적 및 성격, 사업장의 여건 및 기업의 규모, 징계에 의해 이루고자 하는 목적, 다른 종업원에의 영향 등을 들 수 있을 것입니다.

츠토토를 한 행위(서울행법 2013구합2198), △ 자동차 영업사원이 경쟁사 영업사원에게 직접 고객을 소개해주며 경쟁사 차량을 구매하게 한 행위(서울행법 2012구합43574), △ 지역 인터넷 신문기사에 공단과 임원의 명예훼손 댓글을 작성한 행위(서울행법 2013구합52162), △ 150만 원 상당의 향응을 제공받아 품위유지의무 및 청렴의무를 위반한 행위(서울행법 2013구합7698), △ 학력·경력사항을 허위로 기재하고 공문서변조를 하였으며 법인카드를 부정하게 사용한 행위(서울행법 2012구합40717) 등에 대하여 징계사유의 정당성은 인정되나 해고는 지나치게 가혹하여 징계재량권의 범위를 벗어난 위법한 처분이라고 판시한 바 있습니다. 따라서, 징계처분의 종류 중 특히 징계해고라는 중징계를 하는 경우에는 다른 징계처분들보다 해고 처분을 할 수밖에 없는 정당한 사유가 보다 명백하게 인정되어야 해당 징계양정이 적정하고 징계권 남용에 해당하지 않는다고 판단 받을 수 있을 것입니다.

한편, 판례가 징계해고 처분에 대하여 징계양정의 적정성을 긍정한 사례들을 살펴보면, △ 직속상관에게 반말을 쓰고 무시하는 태도로 일관하였고 업무지시거부 의사를 명시적으로 표출하고 심지어 폭언 및 폭행까지 한 경우(서울고법 2013누13145), △ 관련 기관에 허위사실을 적시하는 진정을 계속적으로 제기하고 트위터에 회사를 비방하는 글을 지속적으로 게시한 경우(서울행법 2013구합680), △ 저조한 근무성적을 개선하고자 하는 노력은 하지 않은 채 계속된 업무복귀지시에도 불구하고 계속하여 업무를 거부한 경우(서울고법 2012누34220), △ 유효한 전보처분에 불응하며 한 달가량 출근을 거부한 경우(서울행법 2013구합2037), △ 근로자에게 부여된 담당 업무 특성상 교대 근무가 불가피하여 수차례 면담과 더불어 서면으로 근로자에게 주·야간 교대 근무를 지시하고 이를 이행하지 않을 경우 징계할 것임을 경고한 바 있음에도 근로자는 이를 정당한 이유 없이 거부하고 이전에도 정직 2개월의 징계처분을 받은 바 있으며 그 이후에도 수차례에 걸쳐 지시 사항 불이행, 근무 태도 불량 등으로 경고를 받은 바 있음에도 개선의 태도나 노력을 전혀 보이지 아니한 경우(서울행법 2008구합42406), △ 직무변경명령에 불만을 품고 7일 이상 무단결근한 경우 등이 있는바, 사용자가 근로자에 대하여 징계해고 처분을 하고 법적으로 그 정당성을 인정받고자 하는 경우라면 이러한 사례들을 참조하여 근로자의 업무지시 거부에 대한 물증을 확보하고 지속적인 비위행위를 기록하며, 업무명령을 이행하지 않고 조퇴·결근 등 불성실한 근태상황을 지속하는지 여부에 대한 자료를 수집하여 이에 따른 반복·누적한 징계처분을 해 나가는 조치들이 필요합니다.

그리고 사용자가 근로자를 징계해고 하였으나 이것이 징계양정의 적정성을 상실하여 부당해고(해고무효)로 판정이 나더라도 1차 징계해고처분에 대하여 해고무효확인판결이 확정되면 소급하여 해고되지 아니한 것으로 보게 되므로 그 후 새로이 필요한 징계절차를 밟아 같은 사유 또는 새로운 사유를 추가하여 다시 제2차 징계해고처분을 할 수 있는 것이며 이는 일사부재리의 원칙이나 신의칙에 위배된다고 볼 수 없습니다. 따라서 사용자는 해당 근로자를 원직복직시킨 이후 동일한 징계사유에 대하여 징계해고보다 경한 징계처분을 할 수도 있고 나아가 징계사유의 추가 등을 통해 징계해고처분을 다시 하는 것도 가능합니다.

07 징계위원회

대부분의 회사에서는 취업규칙(상벌규정), 단체협약 등을 통해 징계위원회 개최를 위한 절차규정을 두고 있으며 이러한 절차규정에서 징계위원회 개최 통보, 소명기회 부여, 징계위원회의 구성, 징계사유 고지 등을 그 내용으로 하고 있는바, 판례는 이와 같이 취업규칙 등을 통해 징계절차를 규율하고 있는 경우에는 해당 절차를 준수하여 징계가 이루어져야 하고 원칙적으로 이에 위반하는 경우 해당 징계의 효력이 부정되는 것으로 보고 있습니다. 이에, 판례는 △ "단체협약에서 징계위원회는 징계사유가 인지된 날로부터 1개월 이내에 개최되어야 하고 이에 따르지 않는 징계는 무효라고 규정한 경우, 징계대상자 및 징계사유의 조사 및 확정에 상당한 기간이 소요되어 이 규정을 준수하기 어렵다는 등의 부득이한 사정이 없는 한 이 규정을 위반하여 개최된 징계위원회에서 한 징계결의는 무효라고 보아야 한다."[38]고 판시하였습니다. 또한 △ "단체협약에서 '징계위원회는 징계사유 발생일로부터 15일 이내에 개최되어야 하고, 이를 따르지 않는 징계는 무효로 한다'고 정하고 있는 경우, 징계대상자 및 징계사유의 조사 및 확정에 상당한 기간이 소요되어 위 규정을 준수하기 어렵다는 등의 부득이한 사정이 없는 한 위 규정을

---

[38] 서울고등법원 2014. 4. 2. 선고 2012누28300 판결

위반하여 개최된 징계위원회에서 한 징계 결의는 무효"[39]라고 보았으며, △ "징계위원회의 구성에 대하여 규정을 두고 있음에도 불구하고 이를 구성함에 있어 중대한 하자가 있는 경우 해당 징계위원회에서 행한 징계처분의 의결은 절차상의 하자가 있고, 이에 따른 정직 처분 역시 절차상의 중대한 하자가 존재한다 할 것이므로, 징계위원회에서의 징계의결에 있어 의결정족수가 충족되었는지 여부, 징계사유의 존부 및 징계양정의 정당성 여부에 관하여 더 나아가 살펴볼 필요 없이 무효"라고 보았습니다.[40]

특히 판례는 징계위원회의 개최와 관련하여 징계대상자에게 소명의 기회를 부여하는 것을 절차적으로 중요한 요소로 보고 있습니다. 이에, "단체협약, 취업규칙 또는 징계규정에서 징계대상자에게 징계위원회에 출석하여 변명과 소명자료를 제출할 수 있는 기회를 부여한 경우 징계위원회의 개최통지는 그 통보의 시기와 방법에 관하여 특별히 규정한 바가 없다고 하여도 변명과 소명자료를 준비할 만한 상당한 기간을 두고 개최일시와 장소를 통보하여야 하며, 이러한 변명과 소명자료를 준비할 만한 시간적 여유를 주지 않고 촉박하게 이루어진 통보는 실질적으로 변명과 소명자료제출의 기회를 박탈하는 것과 다를 바 없어 부적법하다고 보아야 할 것이고, 설사 징계대상자가 그 징계위원회에 출석하여 진술을 하였다 하여도 스스로 징계에 순응하는 것이 아닌 한 그 징계위원회의 의결에 터 잡은 징계해고는 징계절차에 위배한 부적법한 징계권의 행사라 할 것이다."[41]라고 판시한 것입니다.

---

39) 대법원 2013. 2. 15. 선고 2010두20362 판결
40) 서울고등법원 2013. 5. 30. 선고 2012누4236 판결
41) 대법원 2004. 6. 25. 선고 2003두15317 판결

또한 이와 같은 취지로 단체협약이나 취업규칙 등에서 징계대상자에게 징계사항을 통보하도록 규정한 경우와 같은 절차에 있어 그 취지는 징계대상자로 하여금 징계혐의사실에 대한 변명을 위하여 자신에게 이익이 되는 소명자료를 준비·제출할 수 있는 기회를 보장하는 한편, 징계권자로 하여금 비위사실을 정확하게 파악하고 사건을 공정하게 처리하게 하려는 데 있다고 할 것이므로 위와 같은 절차에 위반한 징계도 원칙적으로 무효라고 보았습니다. 이에 판례는 회사가 근로자에게 징계위원회 출석지시를 통보하면서 징계사유가 된 행위의 시기나 내용 등을 전혀 구체적으로 기재하지 않았고, 회사가 통보한 징계사유가 복무규칙 중 어떠한 징계사유에 해당하는지도 특정하지 않았으며 징계위원회 도중 근로자가 위원들의 질문에 대해 그 내용이 출석지시서에 명시된 징계사유 중 어느 항에 해당하는 것인지를 묻자 위원들이 이를 특정해 주지 않으면서 근로자가 답변하려고 할 때마다 "예" 또는 "아니요"의 답변만을 요구하며 소명의 기회는 나중에 줄 것이라고만 하고 그 후 소명기회 없이 퇴장을 명한 사안에서 이러한 절차를 거쳐 이루어진 해고는 그 절차적 정당성을 결여하여 무효라고 판시한 것입니다.[42]

그러나 판례는 예외적으로 징계회부 통보를 함에 있어 기본적인 징계사유만 적시하였을 뿐 구체적인 사실을 적시하지 아니하는 등의 절차상의 하자가 있음에도 불구하고 피징계자가 스스로 징계위원회에 출석하여 절차에 대한 이의를 제기함이 없이 비위행위에 대한 해명기회를 부여받아 충분한 변명과 소명을 한 경우에 있어서는 해당 절차상의 하자가 치유된다고 봅니다. 이에 "회사가 근로자에게 징계사유를 '회사 지

---

42) 부산지방법원 2013. 4. 26. 선고 2012가합6991 판결

시사항 위반, 운수사업법 위반, 교통사고 은폐처리, 허위사실 유포 및 선동 등'이라고 통보한 것은 징계사유의 기재가 추상적이어서 구체적 징계사유를 모두 알기에는 다소 미흡하다고 할 것이나, 근로자가 징계위원회에 출석하여 구체적인 징계사유를 통보받은 후, 징계사유 통지 미비에 대한 이의 없이 징계사유에 대한 소명을 한 이상 징계사유 통보가 부적법하다는 이유로 해고처분을 무효라고 할 수 없다"고 본 사례가 있습니다.[43]

한편, 징계위원회가 개최되어 징계여부를 심리함에 있어 징계위원회가 가지는 권한의 범위와 의결 가능한 내용에 대하여 판례는 "취업규칙 등 징계규정에서 근로자에게 일정한 징계사유가 있을 때 징계의결 요구권자가 먼저 징계사유를 들어 징계위원회에 징계의결 요구를 하고 징계의결 결과에 따라 징계처분을 하되 징계위원회는 징계대상자에게 진술의 기회를 부여하고 이익되는 사실을 증명할 수 있도록 하며 징계의결을 하는 경우에는 징계의 원인이 된 사실 등을 명시한 징계의결서에 의하도록 규정하고 있을 경우, 징계위원회는 어디까지나 징계의결 요구권자에 의하여 징계의결이 요구된 징계사유를 심리대상으로 하여 그에 대하여만 심리·판단하여야 하고 징계의결이 요구된 징계사유를 근본적으로 수정하거나 징계의결 이후에 발생한 사정 등 그 밖의 징계사유를 추가하여 징계의결을 할 수는 없다."고 판시하였는바, 징계의결 요구권자가 별도로 있는 경우 징계위원회는 어디까지나 의결이 요구된 징계사유를 심리의 대상으로 할 수 있는 것이며 징계사유를 근본적으로 변경·추가하는 것은 허용되지 않는다고 보았습니다. 이에, 징계의결 요구권

---

43) 서울행정법원 2013. 4. 18. 선고 2012구합24931 판결

자가 징계위원회에 근로자의 사내 전자게시판 게시글 게시행위만을 징계사유로 삼아 인사규정 위반을 이유로 경징계를 요구하였으나 근로자가 징계위원회에 음주상태로 출석하여 진술하자 '진술 시 품위손상'을 별도의 독립한 징계사유로 추가하여 중징계한 것은 징계의결 요구 시 없었던 사유를 추가한 것이고, 비록 근로자가 음주상태로 징계위원회에 출석하게 된 경위에 관하여 답변하였다고 하였더라도 이를 징계사유에 대한 변명과 소명자료를 제출할 기회를 부여받았다고 할 수는 없는 것이어서 결국 이러한 절차를 거쳐 이루어진 징계는 인사규정에서 정한 징계절차를 위반하여 이루어진 것이므로 무효라고 보았습니다.[44]

---

44) 대법원 2012. 1. 27. 선고 2010다100919 판결

08 해고 협의·동의 조항

 근로자를 해고함에 있어(특히 노동조합 간부, 조합원인 경우) 노동조합의 협의 또는 동의를 요한다는 규정을 단체협약에 두는 경우가 있습니다. 판례는 이 같은 해고 협의·동의 조항에 대하여 "인사권이 원칙적으로 사용자의 권한에 속한다고 하더라도 사용자는 스스로의 의사에 따라 그 권한에 제약을 가할 수 있는 것이므로 사용자가 노동조합과 사이에 체결한 단체협약에 의하여 조합원의 인사에 대한 조합의 관여를 인정하였다면 그 효력은 협약규정의 취지에 따라 결정될 것"이라고 하여 그 유효성을 인정하고 있습니다. 따라서 스스로 자신의 권한을 제한한 사용자로서는 단체협약을 통해 이러한 협의·동의 절차를 둔 경우 해당 절차를 준수하여야 할 것입니다.

 판례는 원칙적으로 협의와 동의조항을 구별하여 해당 절차의 준수여부와 그에 따른 효력을 달리 보고 있다고 할 것인바, 다음은 판례의 입장입니다.

 "단체협약에서 조합간부의 인사에 대하여는 사전 '합의'를, 조합원의 인사에 대하여는 사전 '협의'를 하도록 용어를 구분하여 사용하고 있다면, 위 단체협약은 사용자의 인사권에 대하여 조합간부와 조합원을 구분하여 제한의 정도를 달리 정한 것으로 보아야 하고, 그 정도는 노조원에 대한 협의는 인사권의 신중한 행사를 위하여 의견수렴절차를 거치라는 뜻이나, 노조간부의 인사에 대하여는 노동조합과 의견을 성실하게 교환하여 노사 간에 '의견의 합치'를 보아 인사권을 행사하여야 한다는 뜻에서 사전 '합의'를 하도록 규정한 것이라고 해석하는 것이 타당하다. 단체협약 등에 규정된 인사협의나 합의조항의 구체적 내용이 사용자가 인사를 함에 있어서 신중을 기할 수 있도록 노동조합이 의견을 제시할 수 있는 기회를 주어야 하도록 규정된 경우에는 그 절차를 거치지 아니하였다고 하더라도 그 인사의 효력에는 영향이 없다고 보아야 할 것이지만, 사용자가 인사를 함에 있어 노동조합의 사전 동의나 승낙을 얻어야 한다거나 노동조합과 인사에 관한 논의를 하여 의견의 합치를 보아 인사를 하도록 규정된 경우에는 그 절차를 거치지 아니한 인사는 원칙적으로 무효라고 보아야 한다."[45]

이를 보다 자세히 살펴보면, '협의' 조항을 둔 경우(예: 회사는 노조간부에 대한 인사는 사전에 노조와 협의한다)에 대하여 판례는 "협의는 노동조합의 동의나 승인 또는 노동조합과 협의하여 결정하도록 함으로써 인사에 대하여 노동조합이 피고 회사와 공동결정권을 가지거나 노동조합과의 합치된 의사에 따르게 하는 경우와는 달리 이는 피고 회사의 자의적인 인사권의 행사로 인하여 노동조합의 활동이 저해되는 것을 방지하기 위하여 피고 회사가 노동조합에게 해고의 필요성 또는 정당성을 납득시키기 위한 노력을 충분히 하고 노동조합 측으로부터 의견을 제시받아 이를 참작하여야 한다는 취지로서 **징계해고가 그와 같은 사전협의 절차를 거치지 않은 채 행하여졌다고 하더라도 반드시 그 해고의 효력에**

---

45) 대법원 1993. 8. 24. 선고 92다34926 판결

영향을 미치는 것은 아니라고 할 것"[46]이라고 보아 협의는 노사 간의 의견교환 및 협상절차를 의미하며 반드시 일치된 결론을 내려야 하는 것으로 보고 있지는 않습니다. 이에 협의절차를 거치지 아니하였다고 하더라도 그 인사조치의 효력 자체에는 영향이 없다고 봅니다.

반면, '동의' 조항을 둔 경우에 대하여는 "노사 간의 협상을 통해 사용자가 그 해고 권한을 제한하기로 합의하고 **노동조합이 동의할 경우에 한하여 해고권을 행사하겠다는 의미로 해고의 사전 합의 조항을 단체협약에 두었다면, 그러한 절차를 거치지 아니한 해고처분은 원칙적으로 무효**"[47]라고 보아 협약상 동의절차의 준수 여부는 인사조치의 효력 유무를 결정한다고 보고 있습니다.

다만, 판례는 이 경우에도 동의가 없다고 언제나 인사조치가 무효가 되는 것은 아니며 "단체협약에 노동조합 간부에 대한 징계해고를 함에 있어서 노동조합과 사전 합의를 하도록 규정되었다 하여 사용자의 피용자에 대한 징계권 행사 그 자체를 부정할 수는 없는 것이므로, **노동조합의 사전 합의권 행사는 신의성실의 원칙에 따라 합리적으로 행사되어야 하는 것이고, 만일 피징계자에게 객관적으로 명백하고 중대한 징계사유가 있음에도 불구하고 노동조합 측이 피징계자가 노동조합 간부라는 이유만으로 징계를 거부하거나 사전 합의를 거부한다면 이는 합의권의 포기나 합의거부권의 남용에 해당되어 이러한 경우에는 사전 합의를 받지 아니하였다 하여 그 징계를 무효로 볼 수는 없다.**"[48] "단체협약에 해고의 사전 합의 조항을 두고 있다고 하더라도 사용자의 해고

---

46) 대법원 1992. 9. 25. 선고 92다18542 판결
47) 대법원 2007. 9. 6. 선고 2005두8788 판결
48) 대법원 1993. 8. 24. 선고 92다34926 판결

권한이 어떠한 경우를 불문하고 노동조합의 동의가 있어야만 행사할 수 있다는 것은 아니고, 노동조합이 사전동의권을 남용하거나 스스로 사전동의권을 포기한 것으로 인정되는 경우에는 노동조합의 동의가 없더라도 사용자의 해고권 행사가 가능하다."고 하여 노동조합의 사전동의권 남용 또는 포기가 없음에도 불구하고 동의절차를 거치지 않은 경우에 한하여 무효가 된다고 판시하였습니다.

그리고 이때 "**노동조합이 사전동의권을 남용한 경우라 함은 노동조합 측에 중대한 배신행위가 있고 그로 인하여 사용자 측의 절차의 흠결이 초래되었다거나, 피징계자가 사용자인 회사에 대하여 중대한 위법행위를 하여 직접적으로 막대한 손해를 입히고 비위사실이 징계사유에 해당함이 객관적으로 명백하며 회사가 노동조합 측과 사전 합의를 위하여 성실하고 진지한 노력을 다하였음에도 불구하고 노동조합 측이 합리적 근거나 이유 제시도 없이 무작정 반대함으로써 사전 합의에 이르지 못하였다는 등의 사정이 있는 경우에 인정되는 것**이고 이러한 경우에 이르지 아니하고 단순히 해고사유에 해당한다거나 실체적으로 정당성 있는 해고로 보인다는 이유만으로는 노동조합이 사전동의권을 남용하여 해고를 반대하고 있다고 단정하여서는 아니 된다."[49]고 보아 동의가 없는 이상 원칙적으로 해고처분은 무효인데 노동조합이 사전동의권을 남용하거나 포기한 경우에는 예외로 한다는 법리에서 노동조합이 사전동의권을 남용하거나 포기하였다고 볼 수 있는 경우를 엄격히 해석함으로써 노사 간 해고처분 시 협의가 아닌 동의를 거치도록 한 당초의 취지를 보다 존중하는 방향으로 나아가고 있다고 보입니다.

---

49) 대법원 2007. 9. 6. 선고 2005두8788 판결

결론적으로, 해고와 관련한 협의·동의 조항은 판례가 이 둘의 효과를 달리 보고 있기는 하나 협의과정에서도 동의(합의)에 이르도록 서로 간에 최선의 노력을 다할 필요가 있을 것이며, 동의조항이 있는 경우라 하더라도 이것이 반드시 동의(합의)에 이르지 아니하면 해당 인사조치가 효력이 없는 것이 아니라 경우에 따라 신의칙에 의거 동의권을 남용하거나 포기하였다고 해석될 수 있는 경우가 있음을 고려하여 노사 간에 합의도출을 위한 노력을 기울일 필요가 있을 것입니다.

09 해고예고

근로기준법 제26조는 "사용자는 근로자를 해고(경영상 이유에 의한 해고를 포함한다)하려면 적어도 30일 전에 예고를 하여야 하고, 30일 전에 예고를 하지 아니하였을 때에는 30일분 이상의 통상임금을 지급하여야 한다. 다만, 천재·사변, 그 밖의 부득이한 사유로 사업을 계속하는 것이 불가능한 경우 또는 근로자가 고의로 사업에 막대한 지장을 초래하거나 재산상 손해를 끼친 경우로서 고용노동부령으로 정하는 사유에 해당하는 경우에는 그러하지 아니하다."고 규정하여 해고예고 기간을 원칙적으로 30일로 하되 30일분의 통상임금을 지급하는 경우 해고예고 없이 즉시해고가 가능한 것으로 규율하고 있습니다.

해고예고는 "근로자로 하여금 해고에 대비하여 새로운 직장을 구할 수 있는 시간적 또는 경제적 여유를 주려는 것이므로, **사용자의 해고예고는 일정 시점을 특정하여 하거나 언제 해고되는지를 근로자가 알 수 있는 방법으로 하여야"**[50] 합니다. 따라서 사용자가 근로자에게 "후임으로 발령받은 乙이 근무하여야 하니 업무 인수인계를 해 달라.", "당분간 근무를 계속하며 乙에게 업무 인수인계를 해 주라."고만 말하고 해고한 경우 위와 같은 말만으로는 해고일자를 특정하거나 이를 알 수 있는

---
50) 대법원 2010. 4. 15. 선고 2009도13833 판결

방법으로 예고한 것이라고 볼 수 없어 적법하게 해고예고를 하였다고 할 수 없을 것입니다.

또한 "해고의 예고는 적어도 30일 전에 하도록 되어 있기 때문에 반드시 해고할 날을 역일(曆日)로 명시하여 행해야 하는 점, 해고예고 기간은 통지가 상대방에게 도달한 다음 날부터 기산하므로 통지가 근로자에게 언제 도달하였는지 확인되어야 하는 점, 해고의 예고는 사용자가 일방적으로 행하는 근로계약 해지의 의사표시로서 근로자의 법적 지위에 매우 중대한 영향을 미치는 사항이라는 점 등을 고려하면, 근로기준법 제26조에 따른 해고의 예고는 특별한 형식을 요하지는 않으나 해고대상자 개개인에게 해야 하고, 폐업예정 통보는 개별 근로자에게 통지한 것이 아니므로 이는 해고의 예고로 보기 어려우며, … 해고의 예고는 근로자에게 새로운 직장을 구할 최소한의 시간을 부여하거나 그 기간 동안 생계유지를 지원하기 위한 목적으로 마련된 제도이므로 사용자가 일방적으로 행하는 근로계약 해지의 의사표시로서 불확정 기한이나 조건을 붙인 해고의 예고는 효력이 없다."[51]고 할 것입니다.

한편, 이와 같은 해고예고는 근로기준법 제35조에 따라 ① 일용근로자로서 3개월을 계속 근무하지 아니한 자, ② 2개월 이내의 기간을 정하여 사용된 자, ③ 월급근로자로서 6개월이 되지 못한 자, ④ 계절적 업무에 6개월 이내의 기간을 정하여 사용된 자, ⑤ 수습 사용 중인 근로자에게는 적용되지 아니하며, "근로계약기간을 정한 경우 근로계약 당사자 사이의 근로관계는, 계약서의 내용과 근로계약이 이루어지게 된 동기 및 경위, 기간을 정한 목적과 당사자의 진정한 의사, 동종의 근로

---
51) 중앙행정심판위원회 2011. 11. 29. 2011-09226

계약 체결방식에 관한 관행 그리고 근로자보호법규 등을 종합적으로 고려하여 그 기간의 정함이 단지 형식에 불과하다는 등 특별한 사정이 인정되지 않는 이상, 그 기간이 만료함에 따라 사용자의 해고 등 별도의 조처를 기다릴 것 없이 당연히 종료되므로 **기간의 정함이 있는 계약이 유효하고 그 기간이 만료한 이상, 위와 같은 특별한 사정이 없는 한 재계약을 거절하거나 해고통고를 하더라도 이를 두고 근로기준법 제23조의 '해고'라고 할 수 없으므로, 해고예고 규정은 적용되지 아니**"[52]합니다.

---

52) 대구지방법원 2008. 11. 21. 선고 2008고정744 판결

10 해고 서면 통지

근로기준법 제27조는 "① 사용자는 근로자를 해고하려면 해고사유와 해고시기를 서면으로 통지하여야 한다. ② 근로자에 대한 해고는 제1항에 따라 서면으로 통지하여야 효력이 있다. ③ 사용자가 제26조에 따른 해고의 예고를 해고사유와 해고시기를 명시하여 서면으로 한 경우에는 제1항에 따른 통지를 한 것으로 본다."고 규정하고 있습니다. 즉, 해고의 서면 통지는 해고의 효력을 좌우하는 사항으로서 매우 중요한 절차인 것입니다.

이에 판례는 "근로기준법 제27조는 사용자가 근로자를 해고하려면 해고사유와 해고시기를 서면으로 통지하여야 효력이 있다고 규정하고 있는데, 이는 해고사유 등의 서면통지를 통해 사용자로 하여금 근로자를 해고하는 데 신중을 기하게 함과 아울러, 해고의 존부 및 시기와 그 사유를 명확하게 하여 사후에 이를 둘러싼 분쟁이 적정하고 용이하게 해결될 수 있도록 하고, 근로자에게도 해고에 적절히 대응할 수 있게 하기 위한 취지이다. 따라서 **사용자가 해고사유 등을 서면으로 통지할 때는 근로자의 처지에서 해고사유가 무엇인지를 구체적으로 알 수 있어야 하고, 특히 징계해고의 경우에는 해고의 실질적 사유가 되는 구체적 사실 또는 비위내용을 기재하여야 하며 징계대상자가 위반한 단체협약이나 취업규칙의 조문만 나열하는 것으로는 충분하다고 볼 수 없다."53)고 판시하여 해고 사유를 서면으로 통지함에 있어서는 진정한 해고 사유를 알 수 있도록 구체적으로 그 내용을 기재할 것을 요구하고 있습니다.

따라서 휴대폰 문자메시지 또는 전화로 해고를 통보한 것은 다음과 같은 이유로 서면 통보의 요건을 준수하지 않아 무효라고 할 것입니다.

휴대폰 문자메시지를 통해 해고를 통보한 사례

"근로기준법 제27조는 법적 분쟁이 발생할 경우 해고사유, 해고시기 등에 관한 입증을 용이하게 있고, 사용자의 일시적인 감정에 의한 해고를 방지하기 위한 것인 점, 위 규정은 사용자의 부당한 해고로부터 근로자의 권익을 보호하기 위한 것이라는 점에서 엄격하게 해석하여야 하는 점, 휴대전화 문자메시지는 해고자의 서명·날인 등이 존재하지 않아 진정한 의사를 확인하기 어려운 점, 원고가 보낸 휴대전화 문자메시지에 해고시기 및 해고사유가 특정되어 있지 않는 점 등에 비추어 보면, 원고가 보낸 휴대전화 문자메시지를 서면과 동일하게 취급할 수 없다. 따라서 원고의 참가인에게 해고사유와 해고시기를 기재한 서면으로 해고를 통지하였음을 인정할 아무런 증거가 없으므로, 원고의 참가인에 대한 해고는 절차적 정당성을 갖추지 못하여 효력이 없다고 할 것이므로, 더 나아가 해고 사유의 정당성 여부를 살펴볼 필요 없이 부당해고라고 할 것이다."54)

전화를 통해 해고를 통보한 사례

"사용자는 베이커리 코너 보조업무의 경우 특성상 여성인력을 활용하는 것이 더 적합하다는 경영적 판단 아래 여성인력으로 교체 결정을 한 후 이를 당일 통보한 점, 베이커리 코너에 여성 직원이 더 적합하다는 경영적 판

---

53) 대법원 2011. 10. 27. 선고 2011다42324 판결
54) 서울행정법원 2010. 4. 16. 선고 2009구합31878 판결

> 단이 있었다고 하더라도 다른 코너로 배치전환이 가능함에도 이러한 노력 없이 즉시 인력공급업체를 통해 유선상으로 이 사건 근로자에게 '내일부터 당장 남자 아르바이트가 필요 없게 됐다.'고 통보한 사실이 있는 점 등을 종합해 볼 때 해고과정에서 근로기준법 제27조에 따른 서면통지 요건을 위반했음을 알 수 있다. 따라서 해고의 절차적 정당성이 부인되는 이상 해고사유의 정당성 여부는 더 살펴 볼 필요가 없다."[55]

다만 이메일을 통한 해고 통지와 관련하여 판례는 "근로기준법 제27조 제1항의 서면이란 종이로 된 문서를 의미하고, 전자문서는 사용자가 전자결재체계를 완비하여 전자문서로 모든 업무의 기안 결재, 시행 과정을 관리하는 등 특별한 사정이 있는 경우 이외에는 위 조항의 서면에 해당된다고 볼 수 없다."[56]고 판시하고 있는바, 문자메시지나 통화와는 달리 사용자와 근로자 간 업무연락 수단으로 이메일만을 사용하였다거나, 장소적·기술적 이유 등으로 이메일 이외에 의사연락 수단이 없는 경우, 또는 사용자가 전자결재체계를 완비하여 이를 통하여 업무가 이루어지는 특별한 사정에서 전자시스템상의 이메일 등을 이용하여 해고 통지를 한 경우에는 예외적으로 유효성이 인정될 수도 있을 것입니다.

---

55) 중앙노동위원회 2014. 11. 11. 2014부해892
56) 서울행정법원 2013. 9. 12. 선고 2012구합36941 판결

11 권고사직·희망퇴직과 해고

근로자가 스스로 사직서를 작성하여 제출한 이상 의원면직이 된 것이므로 해고에 해당하지 않는다고 오해하는 경우가 있습니다. 그러나 사용자가 근로자에게 사직을 권고하여 근로자가 사직서를 제출한 경우 구체적 사정에 따라 이러한 사직처리가 실질적으로 해고에 해당하는 경우가 있습니다.

판례는 "**사용자가 사직의 의사 없는 근로자로 하여금 어쩔 수 없이 사직서를 작성·제출하게 한 후 이를 수리하는 이른바 의원면직의 형식을 취하여 근로계약관계를 종료시키는 경우에는 실질적으로 사용자의 일방적인 의사에 의하여 근로계약관계를 종료시키는 것이어서 해고에 해당한다고 할 것이나, 그렇지 않은 경우에는 사용자가 사직서 제출에 따른 사직의 의사표시를 수락함으로써 사용자와 근로자의 근로계약관계는 합의해지에 의하여 종료되는 것이므로 사용자의 의원면직처분을 해고라고 볼 수 없다.**"[57]는 기준을 제시하고 있습니다. 즉, "원칙적으로 근로자가 사직서를 제출하고 사용자가 이에 따라 사직의 의사표시를 수락함으로써 사용자와 근로자 사이 근로계약관계가 합의해지에 의해 종료됐다면 이러한 경우 사용자의 의원면직처분을 해고라고 볼 수는

---

57) 대법원 2010. 3. 25. 선고 2009다95974 판결

없을 것이나, 근로자의 사직서 제출이 진의 아닌 의사표시에 해당하는 경우 이는 무효이고 사용자의 사직서 수리행위는 실질적으로 사용자의 일방적 의사에 의하여 근로계약관계를 종료시키는 해고에 해당한다."[58]는 것입니다.

그렇다면 과연 어떠한 경우를 진의 아닌 의사표시라고 볼 것인가에 대하여 역시 판례는 "진의 아닌 의사표시에 있어서의 **'진의'란 특정한 내용의 의사표시를 하고자 하는 표의자의 생각을 말하는 것이지 표의자가 진정으로 마음속에서 바라는 사항을 뜻하는 것은 아니므로 표의자가 의사표시의 내용을 진정으로 마음속에서 바라지는 아니하였다고 하더라도 당시의 상황에서는 그것이 최선이라고 판단하여 그 의사표시를 하였을 경우에는 이를 내심의 효과의사가 결여된 진의 아닌 의사표시라고 할 수 없다.**"[59]고 합니다. 쉽게 말하면 내심 사직을 원하지 아니하였으나 사직서를 제출한 모든 경우를 진의 아닌 의사표시에 해당한다고 보는 것이 아니라 내심으로는 원하지는 않았더라도 근로자가 여타 상황을 종합적으로 고려하여 사직이 최선이라고 생각하여 사직을 결심하고 사직서를 제출한 경우라면 이를 무효로 볼 수는 없다는 것입니다.

그런데 실무에서 문제가 된 구체적인 사안들을 살펴보면 사직의사가 없는 근로자로 하여금 어쩔 수 없이 사직서를 제출케 한 경우, 즉 비진의 의사표시에 의한 사직서 제출을 해고로 본다는 판례법리는 쉽게 적용되지는 않습니다. 사용자의 권고사직이 강요나 종용 또는 협박에 이

---

58) 대법원 2005. 9. 9. 선고 2005다34407 판결
59) 대법원 2003. 4. 25. 선고 2002다11458 판결

르는 정도로 행하여지는 경우보다 경제적 유인 등을 통해 보다 세밀하게 이루어지는 경우가 많고 판례가 비진의 의사표시에서의 진의를 근로자의 내심의 진의라기보다 객관화·외부화된 진의를 기준으로 삼고 있기 때문입니다. 다음의 판례들은 근로자의 사직의 의사표시가 비진의 의사표시에 해당하지 않음을 이유로 사직서 수리행위가 해고에 해당하지 않는다고 본 사례들인바, 판례가 어떠한 사실들을 근거로 이러한 판단을 내리게 되었는지를 살펴볼 수 있을 것입니다.

사직서 제출을 의원면직으로 본 사례

"원고들이 특별퇴직을 신청하는 과정에서 피고 은행의 구조조정에 관한 경영상의 의지 표명 및 간부 직원들을 통한 권유로부터 일정한 영향을 받은 점은 인정되지만, 그러한 경영상의 의지 표명 또는 권유의 정도를 넘어 사직의 의사가 전혀 없는 원고들로 하여금 어쩔 수 없이 특별퇴직을 신청하게 하였다고 볼 수 있을 정도의 강압이나 퇴직의 종용이 있었다고 볼 수는 없고, 원고들로서는 그 당시 피고 은행의 경영상태 및 장래의 전망, 구조조정에 관한 경영진의 확고한 의지, 피고 은행이 제시한 특별퇴직의 조건, 각 개인들의 개별적 사정과 장래의 불확실성, 특별퇴직을 할 경우와 하지 않을 경우의 이해관계 등 제반 사정을 종합적으로 고려하여 원고들 스스로의 판단에 따라 그와 같은 퇴직의사를 결정하였거나, 마음속으로는 피고 은행의 특별퇴직 권고를 선뜻 받아들일 수는 없었다 할지라도 당시의 상황으로서는 그것이 최선이라고 판단하여 이 사건 특별퇴직을 신청한 것으로 봄이 상당하고, 달리 원고들에 대하여 부당한 방법에 의한 강압이나 퇴직의 종용이 있었음을 인정할 증거가 없다."[60]

"노동조합과 사전협의를 거쳐 희망퇴직자들에게 주택자금의 상환을 유예하고 퇴직위로금 재원을 조성하여 이를 지급하는 등 배려방안을 마련하고

---

60) 대법원 2010. 3. 25. 선고 2009다95974 판결

희망퇴직제를 실시하기로 한 뒤 원고들에게 희망퇴직 의사를 물어 원고들의 명시적인 퇴직의사에 기하여 면직처분을 한 점, 그 과정에서 노동조합과 협의하여 마련한 고용조정기준에 따라 원고들을 희망퇴직 대상자로 선정한 점, 원고들은 3년간의 근무성적평정이 동일 직급 내에서 최하위여서 노사합의에 따른 고용조정기준에 부합하였던 점, 원고들은 퇴직대상자 선정에 관하여 피고 인사계장에게 항의하였으나 효과가 없자 장래 퇴직가산금 추가 지급사유가 발생할 경우 이를 지급받기로 하는 외에 달리 이의를 보류하거나 조건을 제시함이 없이 희망퇴직원을 제출하고 피고로부터 퇴직금과 희망퇴직가산금 및 창업재취업교육비를, 노동조합으로부터 퇴직위로금을 아무런 이의 없이 수령하였으며, 면직처분이 있은 뒤에도 즉시 노동위원회 등에 불복신청을 하지 아니하고 그때로부터 약 2년 10개월이 경과한 후에야 비로소 위 면직처분의 무효확인을 구하는 이 사건 소를 제기한 점 등 원고들에 대한 면직처분 전후의 사정에 비추어 보면, 원고들이 당시 희망퇴직의 권고를 선뜻 받아들일 수는 없었다고 할지라도 그 당시의 국내 경제상황, 피고의 구조조정계획, 피고가 제시하는 희망퇴직의 조건, 퇴직할 경우와 계속 근무할 경우에 있어서의 이해관계 등을 종합적으로 고려하여 심사숙고한 결과 당시의 상황으로는 희망퇴직을 하는 것이 최선이라고 판단하여 본인의 의사에 기하여 희망퇴직신청원을 제출한 것이라고 봄이 상당하다 할 것이므로, 원고들의 희망퇴직신청이 피고의 강요에 의하여 어쩔 수 없이 내심의 의사와 다르게 이루어진 것이라고 할 수는 없다."[61]

"피고 회사에서는 노동조합과 사전협의를 거쳐 희망퇴직자들에게 퇴직금 등의 지급조건을 우대하여 주는 내용으로 희망퇴직제를 실시하기로 한 뒤, 원고들에게 희망퇴직의사를 물어 원고들의 명시적인 퇴직의사에 기하여 면직처분을 하였고, 그 과정에서 희망퇴직제의 실패로 정리해고를 시행할 경우 적용될 연령이나 근속기간 등의 정리기준을 고려할 때에 정리해고 대상자에 포함될 가능성이 상당한 원고들에게 희망퇴직을 적극적으로 권유한 것에 지나지 않는 점 등에 비추어 보면, 원고들이 사직의 의사가 없었음에도 불구하고 피고 회사 측의 강요에 의하여 공포심을 느낀 결과

---

61) 대법원 2005. 9. 9. 선고 2005다34407 판결

어쩔 수 없이 사직서를 제출하였다고 보기 어려운 반면, 원고들은 당시 희망퇴직의 권고를 선뜻 받아들일 수는 없었다고 할지라도 그 당시의 경제상황, 피고 회사의 구조조정계획, 피고 회사가 제시하는 희망퇴직의 조건, 정리해고를 시행할 경우 정리기준에 따라 정리해고 대상자에 포함될 가능성, 퇴직할 경우와 계속 근무할 경우의 이해득실 등 제반 사항을 종합적으로 고려하여 심사숙고한 결과 사직서를 제출하였다고 봄이 상당하고, 따라서 원고들과 피고 회사 사이의 근로계약은 원고들이 피고 회사에 대하여 사직서를 제출하고 피고 회사가 이를 수리하여 원고들을 면직함으로써 합의해지에 의하여 종료되었다."[62]

"피고 회사가 어려운 경제상황과 경영상태를 극복하고 살아남기 위하여 불가피하게 조직을 축소개편하고 잉여인력에 대한 구조조정의 일환으로 희망퇴직을 실시하기로 하고 피고 회사의 본부장, 임원, 부서장들이 원고 등을 포함한 과장급 이상 직원들을 상대로 그들의 의사와는 관계없이 희망퇴직을 권유하는 과정에서 당시 또는 앞으로 다가올 피고 회사의 어려운 상황이나 인원감축의 불가피성을 다소 과장하여 설명하고 퇴직 권유에 불응하여 이 사건 희망퇴직의 기회를 놓치게 될 경우 신분상 또는 경제상 어떤 불이익을 입을 수도 있다는 취지의 언급을 하고 그 무렵 일정기간 재택근무 후 보직을 받지 못하는 경우 당연퇴직한다는 내용의 재택근무제도를 신설한 후 재택근무 인사발령이 나면 불이익이 클 것이라는 암시를 주고 무보직발령 및 역발령을 내기도 한 사실은 인정되나, 피고 회사가 신설한 재택근무제도는 당시 어려운 경제상황을 극복하고 살아남기 위하여 조직의 축소개편과 잉여인력에 대한 구조조정이 불가피한 상황에서 이에 대처하기 위하여 인력재배치의 차원에서 신설된 제도로서 당시 피고 회사가 경영상 필요한 경우 할 수 있도록 되어 있던 기존의 보직해임제도보다 급여 및 처우 면에서 직원들에게 더 유리한 내용을 담고 있을 뿐만 아니라, 실제 피고 회사는 재택근무 인사명령을 내린 적이 한 번도 없었으며, 또한 무보직발령 또는 역발령은 위와 같은 어려운 경제상황에서 조직의 축소개편으로 인하여 보직의 수가 감소하여 경영상의 필요에 따라 어쩔 수 없이

---

62) 대법원 2003. 4. 11. 선고 2002다60528 판결

이루어진 것으로서 그 경영상의 필요에 합리성이 있다고 할 것이어서 피고 회사의 인사권이나 경영권을 남용한 것이라고 볼 수 없는 점에 비추어 보면, 이러한 것들이 희망퇴직을 실시하는 과정에서 있었다는 사정만으로 원고 등에게 퇴직을 강요하기 위해서 한 것이라고 단정할 수 없고, 원고 등의 이 사건 퇴직경위와 그 전후 사정 등에 비추어 보면 원고 등이 피고 회사의 강박에 의하여 퇴직의 의사표시를 한 것이라거나 내심으로는 퇴직의 의사가 전혀 없음에도 피고 회사의 위와 같은 강요로 어쩔 수 없이 희망퇴직원을 제출하였다고 보기 어렵다."[63]

"회사의 사직 권고에 따라 직접 사직서를 작성하면서 내용에 '본인의 의사와 관계없이'라고 표시하였다 하더라도 마지막 문구에는 '퇴사를 허락하여 주시기 바랍니다'라고 명시하여 사용자에게 허락을 요하는 등 전반적인 문구로 볼 때 사직권고에 따라 사직서를 쓴 취지로 읽혀지고 특히 퇴직사유에 '권고사직'이라고 명백히 적시하여 제출하였으며, 더욱이 사직을 권고받았다 하더라도 굳이 사직서를 작성·제출해야 하는지에 대한 의구심이 들 뿐만 아니라 출근하려는 노력조차도 하지 않았다. 또한 일단 사직서를 제출하고 나서 해명을 통해 다시 복직되길 바랐던 점과 실업급여 수급을 대비했던 점으로 보아 의사결정을 스스로 할 수 있는 여지를 박탈당한 강박 상태에서 사직서가 작성되었다고 볼 수도 없다. 따라서 비록 사직을 진정으로 원하지는 않았다 하더라도 권고사직을 받아들이는 것이 최선이라고 판단하여 본인 스스로 사직서를 직접 작성하고 서명하여 제출하였다면 이를 진의 아닌 의사표시라고 볼 수 없다 할 것이므로 근로자가 제출한 사직서를 사용자가 수리함으로써 근로계약관계는 정당하게 종료되었다."[64]

---

63) 대법원 2004. 6. 25. 선고 2002다68058 판결
64) 중앙노동위원회 2014. 2. 5. 2013부해1084

12 경영상 이유에 의한 해고

근로기준법 제24조는 경영상 이유에 의한 해고(정리해고)에 대하여 제한을 가하고 있는바, "① 사용자가 경영상 이유에 의하여 근로자를 해고하려면 긴박한 경영상의 필요가 있어야 하며 이 경우 경영 악화를 방지하기 위한 사업의 양도·인수·합병은 긴박한 경영상의 필요가 있는 것으로 보고, ② 사용자는 해고를 피하기 위한 노력을 다하여야 하며, 합리적이고 공정한 해고의 기준을 정하고 이에 따라 그 대상자를 선정하여야 하고 이 경우 남녀의 성을 이유로 차별하여서는 아니 되며, ③ 사용자는 해고를 피하기 위한 방법과 해고의 기준 등에 관하여 그 사업 또는 사업장에 근로자의 과반수로 조직된 노동조합이 있는 경우에는 그 노동조합(근로자의 과반수로 조직된 노동조합이 없는 경우에는 근로자의 과반수를 대표하는 자를 말한다)에 해고를 하려는 날의 50일 전까지 통보하고 성실하게 협의하여야 하며, ④ 일정한 규모 이상의 인원을 해고하려면 대통령령으로 정하는 바에 따라 고용노동부장관에게 신고를 하여야 한다."고 규정하고 있습니다. 즉, 경영상 이유에 의한 해고8는 이같이 긴박한 경영상의 필요, 해고 회피 노력, 합리적이고 공정한 해고의 기준 및 대상자 선정, 이에 대한 노동조합과의 협의를 갖추어 한 경우에 한하여 정당한 이유가 있는 해고를 한 것으로 인정되는 것입니다.

그리고 이러한 법률상 요건에 대하여 판례는 "**각 요건의 구체적 내용은 확정적·고정적인 것이 아니라 구체적 사건에서 다른 요건의 충족 정도와 관련하여 유동적으로 정해지는 것이므로 구체적 사건에서 경영상 이유에 의한 당해 해고가 위 각 요건을 모두 갖추어 정당한지 여부는 각 요건을 구성하는 개별사정들을 종합적으로 고려하여 판단하여야 한다.**"[65]고 판시하고 있는바, 판례는 법률규정 소정의 위 각 요건들을 경영상 이유에 의한 해고를 유효하게 하는 개별 구성요소로 보는 것이 아니라 각 요소들을 종합하여 정리해고의 정당성 여부를 판단하는 것입니다. 각 요건들의 구비 여부와 이에 따른 정리해고의 정당성 판단을 이렇듯 종합적으로 한다는 법리에 따라 각 요건들에 대한 판례의 구체적인 해석을 살펴보면 다음과 같습니다.

첫째, '긴박한 경영상의 필요'라 함은 반드시 기업의 도산을 회피하기 위한 경우에 한정되지 아니하고, 장래에 올 수도 있는 위기에 미리 대처하기 위하여 인원 삭감이 객관적으로 보아 합리성이 있다고 인정되는 경우도 포함됩니다. 따라서 기업의 전체 경영실적이 흑자를 기록하고 있더라도 일부 사업부문이 경영악화를 겪고 있으며, 그러한 경영악화가 구조적인 문제 등에 기인한 것으로 쉽게 개선될 가능성이 없고 해당 사업부문을 그대로 유지할 경우 결국 기업 전체의 경영상황이 악화될 우려가 있는 등 장래 위기에 대처할 필요가 있다면, 해당 사업부문을 축소 또는 폐지하고 이로 인하여 발생하는 잉여인력을 감축하는 것이 객관적으로 보아 불합리한 것이라고 볼 수 없습니다.[66] 또한 기업 운영에

---

65) 대법원 2011. 1. 27. 선고 2008두13972 판결
66) 대법원 2012. 2. 23. 선고 2010다3735 판결

필요한 인력의 규모가 어느 정도인지, 잉여인력은 몇 명인지 등은 상당한 합리성이 인정되는 한 경영판단의 문제에 속하는 것이므로 특별한 사정이 없다면 경영자의 판단을 존중하여야 할 것이며,[67] 긴박한 경영상의 필요가 있었는지 여부는 정리해고를 할 당시의 사정을 기준으로 판단하여야 합니다.[68]

둘째, '해고를 피하기 위한 노력을 다하여야 한다.'는 것은 경영방침이나 작업방식의 합리화, 신규채용의 금지, 일시휴직 및 희망퇴직의 활용 및 전근 등 사용자가 해고범위를 최소화하기 위하여 가능한 모든 조치를 취하는 것을 의미하는바, 그 방법과 정도는 확정적·고정적인 것이 아니라 당해 사용자의 경영위기의 정도, 정리해고를 실시하여야 하는 경영상의 이유, 사업의 내용과 규모, 직급별 인원상황 등에 따라 달라질 수 있습니다.[69]

셋째, '합리적이고 공정한 해고의 기준' 역시 확정적·고정적인 것은 아니고 당해 사용자가 직면한 경영위기의 강도와 정리해고를 실시하여야 하는 경영상의 이유, 정리해고를 실시한 사업 부문의 내용과 근로자의 구성, 정리해고 실시 당시의 사회경제상황 등에 따라 달라지는 것입니다. 그러나 기준은 객관적 합리성과 사회적 상당성을 가진 구체적인 내용으로 마련되어야 하고 그 기준을 실질적으로 공정하게 적용하여 정당한 해고대상자의 선정이 이루어져야 합니다.[70] 그리고 해고대상자의 선별 기준은, 대상 근로자들의 사정뿐 아니라 사용자 측의 경영상 이해

---

67) 대법원 2014. 11. 13. 선고 2014다20875, 2014다20882 판결
68) 대법원 2013. 6. 13. 선고 2011다60193 판결
69) 대법원 2013. 6. 13. 선고 2011다60193 판결
70) 대법원 2012. 5. 24. 선고 2011두11310 판결

관계와 관련된 사정도 객관적 합리성이 인정되는 한 함께 고려하여 정할 수 있습니다. 따라서 해고 대상 근로자의 범위를 현실적으로 잉여인력이 발생한 생산직 근로자로 정한 다음 근로자 측 고려요소로 입사경력과 부양가족수 및 연령, 사용자 측 고려요소로 근태불량과 정시 미출근을 함께 고려하는 선정 기준을 정하고 그에 따라 해고대상자를 결정한 것은 그 선정 기준이 불합리하다거나 불공정하다고 보기는 어려울 것입니다.[71]

넷째, '사용자는 해고를 피하기 위한 방법 및 해고의 기준 등에 관하여 당해 사업 또는 사업장의 근로자대표에 대하여 미리 통보하고 성실하게 협의하여야 한다.'는 절차적 요건을 규정한 것은 경영상 이유에 의한 해고에 있어 실질적 요건의 충족을 담보함과 아울러 비록 불가피한 정리해고라 하더라도 협의 과정을 통한 쌍방의 이해 속에서 실시되는 것이 바람직하다는 이유에서라고 할 것이므로, 근로자의 과반수로 조직된 노동조합이 없는 경우에 그 협의의 상대방이 형식적으로는 근로자 과반수의 대표로서의 자격을 명확히 갖추지 못하였더라도 실질적으로 근로자의 의사를 반영할 수 있는 대표자라고 볼 수 있는 사정이 있다면 위의 절차적 요건도 충족하였다고 보아야 할 것입니다.[72]

한편, 근로기준법 제25조 제1항은 경영상 이유로 근로자를 해고한 사용자가 근로자를 해고한 날부터 3년 이내에 해고된 근로자가 해고 당시 담당하였던 업무와 같은 업무를 할 근로자를 채용하려고 할 경우에는 제24조에 따라 해고된 근로자가 원하면 그 근로자를 우선적으로

---

71) 대법원 2013. 6. 13. 선고 2011다60193 판결
72) 대법원 2011. 1. 27. 선고 2008두13972 판결

고용하여야 한다는 우선 재고용의무를 규정하고 있습니다. 그런데 "이는 사용자가 신규채용의 기회가 생기기만 하면 반드시 정리해고자를 우선 재고용하여야 한다는 법적인 의무를 부과한 것이 아니라, 사용자가 신규채용하고자 하는 직책에 맞는 정리해고자가 있으면 그를 우선적으로 고용하도록 노력하라는 취지에 불과하다 할 것이므로 정리해고자가 사용자가 신규채용하려는 직책에 맞는 사람이라고 볼 만한 사정이 인정되지 아니한다면 사용자가 그의 합리적인 경영판단에 의하여 다른 근로자를 채용하였다고 하더라도 근로기준법이 정한 위 우선재고용 노력의무를 위반하였다고 평가할 수는 없을 것"입니다.[73] 그런데 최근 한 하급심 판례에서는 "구 근로기준법 제31조의2는 '제31조의 규정에 의하여 근로자를 해고한 사용자는 근로자를 해고한 날부터 2년 이내에 근로자를 채용하고자 할 때에는 제31조의 규정에 의하여 해고된 근로자가 원하는 경우 해고 전의 직책 등을 감안하여 그 근로자를 우선적으로 고용하도록 노력하여야 한다.'고 규정하여 노력규정에 불과하였던 것을 근로자 보호 및 고용안정성의 도모를 위해 의무규정으로 전환한 것인 점, 위와 같이 개정한 입법자의 의도는 정리해고를 한 사용자에게 재고용 노력의무를 넘어 법적인 재고용의무를 부과한 것으로 볼 수 있는 점, 정리해고된 근로자는 자신에게 귀책사유가 없음에도 사용자의 경영상 판단에 따라 고용상실의 불이익을 감수하였고 이러한 근로자의 과거의 희생에 대한 사후적 보상의 필요성이 인정되는 점, 정리해고의 대상이 되는 근로자에 대한 사회적 보호장치가 충분히 마련되지 않은 상태에서 경영상의 이유에 의한 해고만을 강화한다는 것은

---

73) 대법원 2006. 1. 26. 선고 2003다69393 판결

사회적 시장경제체제를 근간으로 하는 헌법 원리에 부합하지 않는다 할 것인 점 등에 비추어 보면, 이 사건 규정은 정리해고된 근로자가 이를 근거로 사용자에 대하여 고용의무의 이행을 구할 수 있는 사법상의 청구권으로서의 성격을 가진다고 봄이 타당하다. 따라서 근로기준법 제25조 제1항이 정리해고된 근로자에게 우선 재고용될 권리를 인정하는 근로기준법의 취지, 업무내용의 변경은 원칙적으로 사용자의 권한에 속하는 것으로 업무상 필요한 범위 안에서는 상당한 재량이 사용자에게 인정되는 점, 업무의 동일성과 관련하여 재고용의무가 인정되는 근로자의 범위가 넓게 인정하는 경우 사용자로서도 재고용 적격자를 선택할 수 있는 가능성이 더 많게 되므로 이러한 해석이 사용자에게 일방적으로 불이익하다고는 보이지 아니하는 점 등에 비추어 보면, 근로기준법 제25조 제1항 상의 채용대상 업무와 해고 당시 근로자의 업무가 그 주된 내용에는 차이가 있다고 하더라도 동일한 수준의 직업능력·자격을 요하는 경우 동일한 업무라고 해석함이 상당하다. 그리고 근로자의 우선 재고용에 관한 권리를 실질적으로 보호하기 위하여 사용자는 근로기준법 제25조 제1항의 적용을 받는 신규 채용 절차에 앞서 재고용 우선권을 갖는 근로자에게 개별적 통지의 방식으로 채용절차를 고지하고 이에 관한 의사를 확인하여야 한다고 봄이 타당한 바, 사용자가 정리해고 이후 1년여가 지나 유사업무 담당자를 채용하면서 정리해고 근로자에 대해 우선 재고용 절차를 이행하지 않은 채 신규 채용 절차를 진행한 것은 위법이므로 사용자는 정리해고 근로자에 대하여 고용의 의사를 표시할 의무가 있고, 더불어 다른 근로자를 신규채용한 날부터의 임금상당액을 지급할 의무가 있다."[74]고 하여 해고근로자의 우선 재고용 권리를 사법상 청구권으로 인정하고 사용자가 우선 재고용 의무를 위반한 경우 손해배상책임을 부담한다는 판시를 하였는바, 향후 상급심 결과에 귀추가 주목된다고 할 것입니다.

---

74) 인천지방법원 2014. 9. 25. 선고 2013가합17168 판결

13 복직

　노동위원회가 구제신청에 관하여 필요한 조사를 마친 후 부당해고 등이 성립한다고 판정하여 부당해고가 확정된 경우 사용자는 노동위원회의 구제명령에 따라 근로자를 원직복직시켜야 합니다. 이와 같은 노동위원회의 구제명령은 사용자의 근로자에 대한 해고 등 불이익처분에 대하여 부당성을 인정함으로써 사용자의 처분으로 인하여 침해된 근로자의 권리를 일단 원상으로 회복시키고자 하는 것이고, 이러한 원상회복은 형식적인 원상회복이 아닌 실질적인 원상회복이 되어야 하므로, 일반적으로 신분상 침해된 근로자의 권리가 회복되는 원직복직 명령과 부당해고 기간 동안의 근로자의 경제적 불이익에 대한 회복조치로서 임금상당액의 지급 명령이 함께 부과됩니다. 한편 사용자가 원직복직 명령을 이행하였다고 하기 위해서는 사용자가 근로자에게 해고 전과 실질적으로 동일하거나 적어도 유사한 직무를 부여하여야[75] 하는데 이때 부당해고를 다투는 과정에서 상당한 시일이 흘렀다거나 근로자의 업무 능력, 회사의 조직 구성 등과 관련하여 변동이 발생하였을 가능성이 높아 과연 어떠한 경우를 정당한 원직복직이 이루어졌다고 볼 수 있을지 여부가 문제 됩니다. 특히 실무에서는 인사부서에서 원직복직 근

---

75) 서울행정법원 2012. 12. 13. 선고 2012구합19601 판결

로자에 대한 복직 인사명령을 하게 될 것인데 이때 정당한 원직복직으로 평가받기 위하여 고려하여야 할 요소에는 무엇이 있는지를 판례를 통해 살펴 볼 필요가 있습니다.[76]

판례는 원직복직과 관련하여 "**사용주가 지방노동위원회의 권고에 따라 해고되었던 근로자를 복직시키면서 해고 이후 복직 시까지 해고가 유효함을 전제로 이미 이루어진 인사질서, 사용주의 경영상의 필요, 작업환경의 변화 등을 고려하여 복직 근로자에게 그에 합당한 일을 시킨 경우, 그 일이 비록 종전의 일과 다소 다르더라도 이는 사용주의 고유권한인 경영권의 범위에 속하는 것이므로 정당하게 복직시킨 것으로 보아야 한다.**"[77]고 판시하였는바, 해고 당시의 상태를 기준으로 하는 것이 아니라 복직 시까지 발생한 인사질서 등을 유효하다고 보아 복직 당시를 기준으로 해당 근로자의 복직 인사발령을 할 수 있다고 보고 있으며, 직무내용과 관련하여서도 복직 전과 완전히 동일한 직무가 아니더라도 복직 근로자에게 합당한 직무인 경우 원직복직이 된 것으로 보고 있습니다. 다음은 이러한 법리에 따라 원직복직명령의 정당성을 인정한 사례입니다.

---

76) 참고로 근로기준법 제30조 제3항은 노동위원회가 구제명령을 할 때 근로자가 원직복직을 원하지 아니하면 원직복직을 명하는 대신 근로자가 해고기간 동안 근로를 제공하였더라면 받을 수 있었던 임금 상당액 이상의 금품을 근로자에게 지급하도록 명할 수 있는 제도를 두고 있습니다.
77) 대법원 2013. 2. 28. 선고 2010다52041 판결

정당한 원직복직으로 인정한 사례

"피고는 지방노동위원회의 원직복직명령에 따라 이 사건 파면처분을 취소하면서 원고들을 원직인 객실승원부로 복귀시킨 사실, 다만 피고는 지방노동위원회의 원직복직명령 사유가 징계사유와 징계처분 사이에 균형을 상실하였다는 것일 뿐 원고들이 취업규칙을 위반한 사실 자체는 인정되었기 때문에 향후 원고들에 대한 후속 징계절차가 예정되어 있어 그 절차가 마무리될 때까지 제2차 자택대기명령을 한 사실, 제2차 자택대기명령은 객실승무원에게 수시로 부여되는 근무형태 중 하나로서 실제 비행기에 탑승하여 승무업무를 수행하지 않을 뿐 장거리 비행준비를 하고 정해진 시간까지 회사와 연락할 수 있는 방법을 유지시키고 자택에서 대기하는 것으로 그 고유의 업무 내용을 가지고 있는 사실 등을 알 수 있으므로, 피고가 지방노동위원회의 원직복직명령에 따라 원고들을 원직인 객실승원부로 복귀시키면서 제2차 자택대기명령을 하였다는 사정만으로 지방노동위원회의 원직복직명령을 위반하였다고 볼 수 없다."[78]

"피고 회사가 영업용 택시의 고정기사로 근무하던 원고를 징계해고하였으나, 지방노동위원회가 피고 회사에게 원고를 복직시킬 것을 권고하여, 피고는 원고에게 영업용 택시의 주간 예비기사로 복직할 것을 통보한 사실, 1995년 초경 피고 회사가 운행하는 영업용 택시는 약 30대이고, 각 영업용 택시마다 고정기사가 1인씩 지정되어 있어 피고 회사의 고정기사는 약 30명이며, 예비기사는 약 7명인 사실, 피고 회사는 고정기사가 결원되는 경우 즉시 예비기사 중 가장 먼저 입사한 기사를 고정기사로 지정하고 있는데, 1994년 11월 고정기사였던 원고를 해고한 후 위 인사방침에 따라 예비기사 중 1인을 고정기사로 지정하여 영업용 택시를 운행하게 한 사실, 원고를 복직시킬 당시인 1995년 1월 피고 회사가 운행하는 모든 영업용 택시에 이미 고정기사가 지정되어 있어서 피고 회사는 원고를 예비기사로 복직시킨 사실, 예비기사는 고정기사가 휴무하는 경우 그 고정기사에게 지정된 영업용 택시를 운행하게 되는데, 고정기사의 근무일수와 예비기사의 근무일수는 큰 차이가 없는 사실을 인정한 다음, 피고 회사는 원고를 종

---

78) 대법원 2013. 2. 28. 선고 2010다52041 판결

> 전과 같이 운전기사로 복직시켰으므로 원고에게 합당한 직책을 부여한 것이라고 할 것이고, 다만 피고 회사가 원고를 종전의 직책인 고정기사가 아닌 예비기사로 복직시켰다 하더라도 이는 해고가 유효함을 전제로 하여 이미 이루어진 인사질서 및 피고 회사의 경영상의 필요에 비추어 불가피한 조치였으므로, 원고가 위와 같은 복직을 거부하면서 계속 결근한 행위는 피고 회사의 취업규칙상 해고사유인 3일 이상의 무단결근에 해당한다."[79]

반면에, 정당한 원직복직명령으로 인정한 위 사례들과는 달리 회사가 원직복직명령을 받았음에도 해당 근로자에 대하여 직위해제 및 대기발령을 한 사안에서는 이를 형식적으로는 근로자로서의 지위를 회복시켜 준 것으로 볼 수는 있을지라도 실질적으로 근로자에게 아무런 직무를 부여하지 아니한 것이므로 해고 전과 동일하거나 적어도 유사한 직무를 부여하여야 하는 원직복직명령을 이행하였다고 볼 수 없다고 판시하였습니다.[80]

한편, 회사가 정당한 원직복직명령을 하지 않는 것에 불과한 것이 아니라 해고가 무효임이 확정되었음에도 불구하고 근로자의 근로제공 의사에 반하여 정당한 이유 없이 근로자의 복직을 거부하는 경우 이러한 행위는 불법행위에 해당하여 위자료 지급 청구의 대상이 될 수 있습니다.

판례는 "근로계약에 따라 계속적으로 근로를 제공하는 근로자는 인간으로서의 존엄과 가치를 지닌 인격체이고 근로자는 자신의 전인격을 사용자의 사업장에 투입하고 있는 점에서 근로관계에 있어서 근로자의 근로제공은 자신의 인격과 분리될 수 없는 것이고, 한편 근로계약에 따

---

79) 대법원 1997. 5. 16. 선고 96다47074 판결
80) 서울행정법원 2012. 12. 13. 선고 2012구합19601 판결

른 근로자의 근로제공은 단순히 임금획득만을 목적으로 하는 것은 아니고 근로자는 근로를 통하여 자아를 실현하고 나아가 기술을 습득하고 능력을 유지·향상시키며 원만한 인간관계를 형성하는 등으로 참다운 인격의 발전을 도모함으로써 자신의 인격을 실현시키고 있다는 점도 부인할 수 없다. 그러므로 사용자는 특별한 사정이 없는 한 근로자와 사이에 근로계약의 체결을 통하여 자신의 업무지휘권·업무명령권의 행사와 조화를 이루는 범위 내에서 근로자가 근로제공을 통하여 이와 같이 참다운 인격의 발전을 도모함으로써 자신의 인격을 실현시킬 수 있도록 배려하여야 할 신의칙상의 의무를 부담한다고 할 것이다. 따라서 **사용자가 근로자의 의사에 반하여 정당한 이유 없이 근로자의 근로제공을 계속적으로 거부하는 것은 이와 같은 근로자의 인격적 법익을 침해하는 것이 되어 사용자는 이로 인하여 근로자가 입게 되는 정신적 고통에 대하여 배상할 의무가 있다.**"[81]고 판시하여 근로자들에 대한 해고처분이 무효라는 판결이 선고되어 확정되었음에도 불구하고 근로자들에게 판결에서 지급을 명한 금원만을 지급하고 있을 뿐 근로자들의 복직요구에도 불구하고 이들을 복직시키지 아니한 채 근로제공을 계속 거부하고 있었던 사안에서 회사가 근로자들의 복직요구에도 불구하고 계속 근로제공을 거부하면서 현실의 업무에 종사시키지 아니하는 것은 근로자들의 인격적 법익을 침해하는 것이 되어 근로자들이 상당한 정신적 고통을 받았을 것임이 경험칙에 비추어 명백하므로 불법행위가 성립하여 위자료 청구가 인정된다고 하였습니다.

참고로 소송법적으로는 "사용자가 복직의무를 이행하지 아니한 것이

---

81) 대법원 1996. 4. 23. 선고 95다6823 판결

채무불이행 또는 불법행위를 구성하는 경우, 근로자가 사용자의 복직의무 불이행과 관계없이 근로계약에 기한 임금청구권을 가진다고 할지라도, 위와 같은 사용자의 채무불이행 또는 불법행위로 인한 손해배상청구권은 실체법상 근로계약에 기한 임금청구권과 별개의 청구권으로 존재하고 소송법적으로도 소송물을 달리하므로, 근로자로서는 근로계약에 기한 임금채권을 가지고 있다 하더라도 아직 채권의 만족을 얻지 못한 경우에는 채무불이행 또는 불법행위로 인한 손해배상청구권에 관한 이행판결을 얻기 위하여 그에 관한 이행의 소를 제기할 수 있고 근로자가 먼저 해고무효 확인과 함께 해고가 무효일 경우 근로계약에 기한 임금을 청구하는 소를 제기하여 임금의 지급을 명하는 확정판결을 받았다고 하더라도 그 승소액을 넘는 금액에 대하여 채무불이행 또는 불법행위로 인한 손해배상청구권의 행사가 허용되지 않는 것도 아니"[82]라고 판시하기도 하였는바, 실무에서 관련 소송을 수행하는 경우 소송물이 이렇듯 구분된다는 점을 파악하고 있어야 할 것입니다.

---

82) 대법원 2014. 1. 16. 선고 2013다69385 판결

14 근로관계의 승계

회사가 합병·분할되거나 영업이 양도되는 경우 이에 따른 근로관계의 승계여부가 문제 될 수 있습니다. 다만 회사 합병의 경우에 있어서는 상법 제235조가 "합병 후 존속한 회사 또는 합병으로 인하여 설립된 회사는 합병으로 인하여 소멸된 회사의 권리의무를 승계한다."고 규정하고 있어 근로관계의 승계 또한 이에 근거하여 이루어진다고 볼 것이나 그 외에는 명문의 규정이 없어 해석상 문제가 되는 것입니다.

그런데 대법원은 최근 회사 분할과 관련하여 분할에 따라 일부 사업부문이 신설회사에 승계되는 경우 일정한 요건하에 승계되는 사업에 관한 근로관계가 신설회사에 승계되며, 다만 이때 근로자가 근로관계의 승계를 거부하고 분할하는 회사에 잔류할 수 있는 경우가 있다는 내용의 판결을 내렸는바, 그 내용은 다음과 같습니다.

"상법 제530조의10은 분할로 인하여 설립되는 회사(이하 '신설회사'라고 한다)는 분할하는 회사의 권리와 의무를 분할계획서가 정하는 바에 따라서 승계한다고 규정하고 있으므로, 분할하는 회사의 근로관계도 위 규정에 따른 승계의 대상에 포함될 수 있다. 그런데 헌법이 직업선택의 자유를 보장하고 있고 근로기준법이 근로자의 보호를 도모하기 위하여 근로조건에 관한 근로자의 자기결정권(제4조), 강제근로의 금지(제7조), 사용자의 근로조건 명시의무(제17조), 부당해고 등의 금지(제23조) 또는 경영상 이유에 의한 해고의 제한(제24조) 등을 규정한 취지에 비추어 볼 때, 회사 분할에 따른 근로관계의 승계는 근로자의 이해와 협력을 구하는 절차를 거치는 등 절차적 정당성을 갖춘 경우에 한하여 허용되고, 해고의 제한 등 근로자 보호를 위한 법령 규정을 잠탈하기 위한 방편으로 이용되는 경우라면 그 효력이 부정될 수 있어야 한다. 따라서 둘 이상의 사업을 영위하던 **회사의 분할에 따라 일부 사업 부문이 신설회사에 승계되는 경우 분할하는 회사가 분할계획서에 대한 주주총회의 승인을 얻기 전에 미리 노동조합과 근로자들에게 회사 분할의 배경, 목적 및 시기, 승계되는 근로관계의 범위와 내용, 신설회사의 개요 및 업무 내용 등을 설명하고 이해와 협력을 구하는 절차를 거쳤다면 그 승계되는 사업에 관한 근로관계는 해당 근로자의 동의를 받지 못한 경우라도 신설회사에 승계되는 것이 원칙이다. 다만 회사의 분할이 근로기준법상 해고의 제한을 회피하면서 해당 근로자를 해고하기 위한 방편으로 이용되는 등의 특별한 사정이 있는 경우에는, 해당 근로자는 근로관계의 승계를 통지받거나 이를 알게 된 때부터 사회통념상 상당한 기간 내에 반대 의사를 표시함으로써 근로관계의 승계를 거부하고 분할하는 회사에 잔류할 수 있다.**"[83]

즉 회사 분할에 따른 근로관계의 승계가 해고 제한 등의 근로기준법 규정을 잠탈하기 위한 목적이 아니고 분할 과정에서 근로자들의 이해와 협력을 구하는 등의 절차적 정당성을 갖추어 이루어진 경우라면 이 경우 해당 근로자의 동의가 없어도 유효하며 다만 근로기준법상 해고

---

[83] 대법원 2013. 12. 12. 선고 2011두4282 판결

의 제한을 회피하며 근로자를 해고하기 위한 방편으로 회사 분할이 이용되었다면 이때 근로자는 근로관계의 승계를 거부할 수 있다고 본 것입니다.

또한, 이러한 경우 외에도 근로자가 회사분할로 인하여 통상 예상할 수 있는 범위를 벗어나는 현저한 근로조건의 저하 등의 불이익을 입게 되는 경우에는 분할로 인한 근로관계의 승계에 대하여 거부권을 행사할 수 있다고 본 판례도 있습니다.

그러나 회사분할에 따른 적법한 근로관계의 승계가 있은 지 상당한 기간이 경과한 후에 분할한 회사 또는 신설회사의 급여체계나 인사평가방식에 변화가 생겨 결과적으로 분할한 회사에 잔류했을 경우와 비교하여 신설회사에서 그보다 적은 급여를 받게 되었다고 하더라도, 위 급여체계 등의 변경이 법령이나 협약에 따라 적법하게 이루어진 이상, 이러한 사정만을 들어 분할에 따른 고용승계가 무효가 된다거나 근로자가 근로관계의 승계에 대하여 거부권을 행사할 수는 없습니다.[84]

다음으로, 영업양도 시 근로관계의 승계 여부에 대하여는 분할과 마찬가지로 명문의 규정은 존재하지 않으나 판례가 축적되어 왔는바, 이를 논하기 위해서는 우선 영업양도의 의의를 정확히 알 필요가 있습니다. 영업양도로 볼 것인지 여부에 따라 근로관계 승계에 대한 법률효과가 달라지기 때문입니다.

판례는 "영업의 양도라 함은 일정한 영업목적에 의하여 조직화된 업체, 즉 인적·물적 조직을 동일성은 유지하면서 일체로서 이전하는 것으로서, 여기서 영업의 동일성 여부는 일반 사회관념에 의하여 결정되어

---

84) 서울고등법원 2014. 10. 23. 선고 2014누1033 판결

야 할 사실인정의 문제이기는 하지만 문제의 행위가 영업의 양도로 인정되느냐 안 되느냐는 단지 어떠한 영업재산이 어느 정도로 이전되어 있는가에 의하여 결정되어야 하는 것이 아니고 거기에 종래의 영업조직이 유지되어 그 조직이 전부 또는 중요한 일부로서 기능할 수 있는가에 의하여 결정되어야 하는 것이므로 영업재산의 전부를 양도했어도 그 조직을 해체하여 양도했다면 영업양도는 되지 않는 반면 그 일부를 유보한 채 영업시설을 양도했어도 그 양도한 부분만으로도 종래의 조직이 유지되어 있다고 사회관념상 인정되면 그것은 영업의 양도라 볼 것"이라고 하여 기존에 영위하던 사업을 기본 골격을 그대로 유지한 채 이를 토대로 사업을 수행하고 있는지 여부를 기준으로 영업양도를 판단하였습니다.

그리고 이러한 **"영업양도가 이루어진 경우에는 원칙적으로 반대의 특약이 없는 한 근로관계는 양수하는 기업에 포괄적으로 승계되지만 근로자가 반대 의사를 표시함으로써 양수기업에 승계되는 대신 양도기업에 잔류하거나 양도기업과 양수기업 모두에서 퇴직할 수도 있는 것이고 또한 이와 같은 경우 근로자가 자의에 의하여 계속 근로관계를 단절할 의사로 양도기업에서 퇴직하고 양수기업에 새로이 입사할 수도 있는 것**이며 이때 근로관계 승계에 반대하는 의사는 근로자가 영업양도가 이루어진 사실을 안 날부터 상당한 기간 내에 양도기업 또는 양수기업에 표시하여야 하고, 상당한 기간 내에 표시하였는지는 양도기업 또는 양수기업이 근로자에게 영업양도 사실, 양도 이유, 양도가 근로자에게 미치는 법적·경제적·사회적 영향, 근로자와 관련하여 예상되는 조치 등을 고지하였는지 여부, 그와 같은 고지가 없었다면 근로자가 그러한 정보를 알았거나 알 수 있었던 시점, 통상적인 근로자라면 그와 같은 정보를 바탕으로 근로관계 승계에 대한 자신의 의사를 결정하는 데 필요한 시간 등 제반 사정을 고려하여 판단하여야" 하는 것이라고 판시하였습니다. 즉 원칙적으로 영업양도 시에는 근로관계가 승계되는 것이며 다만 근로자로서는 이에 반대하는 의사표시로서 양도기업에 잔류할 수 있다고 보아 이 경우 퇴직금 지급의무를 양도기업이 진다고 본 것입니다.

이에 판례는 갑 병원을 운영하던 을 학교법인이 병 의료법인을 새로 설립하여 갑 병원 영업을 양도하면서 갑 병원 근로자들에게 그 사실을 고지하지 않았던 경우 나중에 영업양도 사실을 알게 된 정 등 갑 병원 근로자 일부가 을 법인을 상대로 퇴직금 지급을 구한 사안에서, "제반 사정에 비추어 을 법인과 병 법인 사이에 정 등에 대한 근로관계 승계가 이루어지지 않았고 을 법인과 정 등의 근로관계도 종료되었으므로, 을 법인이 정 등에게 퇴직금을 지급할 의무가 있다."고 판시하기도 하였습니다.[85]

한편, 이렇듯 영업이 양도되면 반대의 특약이 없는 한 양도인과 근로자 사이의 근로관계는 원칙적으로 양수인에게 포괄적으로 승계되는 것이고, **영업양도 당사자 사이에 근로관계의 일부를 승계의 대상에서 제외하기로 하는 특약이 있는 경우에는 그에 따라 근로관계의 승계가 이루어지지 않을 수 있으나 그러한 특약은 실질적으로 해고나 다름없으므로 근로기준법 제23조 제1항 소정의 정당한 이유가 있어야 유효하며 영업양도 그 자체만을 사유로 삼아 근로자를 해고하는 것은 정당한**

---

85) 대법원 2012. 5. 10. 선고 2011다45217 판결

이유가 있는 경우에 해당한다고 볼 수 없습니다. 나아가, 영업이 양도된 경우에 근로관계의 승계를 거부하는 근로자에 대하여는 그 근로관계가 양수하는 기업에 승계되지 아니하고 여전히 양도하는 기업과 사이에 존속되는 것이며, 이러한 경우 원래의 사용자는 영업 일부의 양도로 인한 경영상의 필요에 따라 감원이 불가피하게 되는 사정이 있다면 정리해고를 할 수 있을 것이나, 이 경우에도 반드시 정리해고로서의 정당한 요건이 갖추어져 있어야 하고 그 절차에 따라 승계를 거부한 근로자를 해고할 수 있을 뿐입니다.[86] 즉 영업의 양도 과정에서 근로관계의 일부 승계배제특약을 두는 경우 또는 근로자가 근로관계의 승계를 거부하여 양도기업에 잔류하고 양도기업이 경영상의 필요에 따라 불가피하게 감원을 하게 되는 경우는 모두 근로자를 해고하는 것이 되므로 근로기준법이 정한 해고 제한 규정 및 정리해고 제한 규정의 적용을 받는 것이고 따라서 이러한 해고가 정당하기 위해서는 근로기준법상의 각 요건을 모두 갖추어야 한다는 것입니다.[87]

---

86) 대법원 2000. 10. 13. 선고 98다11437 판결
87) 대법원 2010. 9. 30. 선고 2010다41089 판결

15 금품청산

　근로기준법 제36조는 "사용자는 근로자가 사망 또는 퇴직한 경우에는 그 지급 사유가 발생한 때부터 14일 이내에 임금, 보상금, 그 밖에 일체의 금품을 지급하여야 한다."고 규정하고 있으며, 동법 제109조 제1항은 위 규정을 위반한 경우 3년 이하의 징역 또는 2,000만 원 이하의 벌금에 처하도록 규정하고 있는바, 금품청산과 관련하여서는 위반 시 사용자의 형사처벌이 문제 될 수 있습니다.

　실무상으로는 퇴직 후 14일 이내에 임금 등을 지급받지 못한 근로자가 노동청에 임금체불, 금품청산 위반으로 진정을 내고 이에 대한 조사가 이루어짐에 따라 위반 사실이 인정되는 경우 사용자로 하여금 임금의 지급을 명하는 것으로 사건이 종결되나(노동청에 진정을 하는 것은 근로자를 보다 간이·신속하게 구제하기 위함이며 근로자는 당연히 사용자를 상대로 법원에 임금·법정수당·퇴직금 등 지급청구의 소를 제기할 수 있습니다. 그리고 이때 법원의 판결이 확정되기 이전에 임시로 근로자에게 임금의 지급을 명하는 임금지급가처분을 법원에 신청할 수도 있습니다), 사용자가 위반 사실이 인정되었음에도 임금을 지급하지 않거나 임금지급 여부에 대하여 다투는 경우 근로감독관은 해당 사건을 근로기준법 위반으로 검찰에 송치할 수 있습니다.

　금품청산에 대한 근로기준법 위반의 점에 대한 판단을 함에 있어 판례는 "근로기준법 제109조, 제36조에서 정하는 임금 및 퇴직금 등의 기일 내 지급의무 위반죄는 사용자가 그 지급을 위하여 최선의 노력을 다 하였으나, 경영부진으로 인한 자금사정 등으로 지급기일 내에 지급할 수 없었던 불가피한 사정이 사회통념에 비추어 인정되는 경우 면책될 수 있다. 그러나 단순히 사용자가 경영부진 등으로 자금압박을 받아 이를 지급할 수 없었다는 것만으로는 그 책임을 면할 수 없으며, '임금이나 퇴직금을 기일 안에 지급할 수 없었던 불가피한 사정'이 있었는지 여부를 판단함에 있어서는, 사용자가 퇴직 근로자 등의 생활안정을 도모하기 위하여 임금이나 퇴직금 등을 조기에 청산하기 위해 최대한 변제노력을 기울이거나 장래의 변제계획을 분명하게 제시하고 이에 관하여 근로자 측과 성실한 협의를 하는 등, 퇴직 근로자 등의 입장에서 상당한 정도 수긍할 만한 수준이라고 객관적으로 평가받을 수 있는 조치들이 행하여졌는지 여부도 하나의 구체적인 징표가 될 수 있다."[88]고 판시하여 임금 등 미지급으로 인한 근로기준법 위반죄의 책임조각사유와 한계를 들고 있습니다.

또한 "임금 등 지급의무의 존재에 관하여 다툴 만한 근거가 있는 경우라면 사용자가 임금 등을 지급하지 아니한 데 상당한 이유가 있다고 보아야 할 것이어서 사용자에게 근로기준법 제36조, 제109조 제1항 위반죄의 고의가 있었다고 인정하기 어렵고, 임금 등 지급의무의 존부 및 범위에 관하여 다툴 만한 근거가 있는지는 사용자의 지급거절 이유 및 지급의무의 근거, 사용자가 운영하는 회사의 조직과 규모, 사업 목적 등 제반 사항, 기타 임금 등 지급의무의 존부 및 범위에 관한 다툼 당시

---

[88] 대법원 2011. 11. 10. 선고 2011도10539 판결

제반 정황에 비추어 판단하여야 하며, 사후적으로 사용자의 민사상 지급책임이 인정된다고 하여 곧바로 사용자에게 같은 법 제36조, 제109조 제1항 위반죄의 고의가 인정된다고 단정해서는 안 된다."[89]고 판시하여 금품청산 위반의 근로기준법 위반죄가 성립하려면 민사상 지급책임과는 별개의 고의가 인정되어야 함을 분명히 하고 있습니다.

다만 판례는 甲 운수회사를 경영하는 피고인이 퇴직근로자 乙의 퇴직금을 지급기일 연장에 관한 합의 없이 지급사유 발생일로부터 14일 이내에 지급하지 않았다고 하며 근로기준법 위반으로 기소된 위 사안에서, "관련 민사사건에서 甲 회사에 법정퇴직금과 이미 중간정산하여 지급한 금액의 차액에 해당하는 퇴직금 지급의무가 있는 것으로 확정되기는 하였으나, 乙이 퇴직금 중간정산 시 아무런 이의를 제기하지 않았고 오히려 지급이 지연되면 회사에 지급을 요청하기도 하였던 점, 다른 근로자들도 퇴직금 중간정산에 대하여 이의를 제기하지 않았던 점, 乙의 6개월간 비정규직 촉탁제 근로기간은 종전 근로관계와 단절된 것으로 볼 여지가 있고, 따라서 피고인으로서는 乙과의 퇴직금 중간정산의 효력이 유효하고 1년 미만에 해당하는 위 근로계약기간에 대하여는 퇴직금 지급의무가 없다고 믿을 수 있었을 것으로 보이는 점 등 제반 사정을 종합할 때, 피고인이 퇴직금 지급의무 존부에 관하여 다툴 만한 근거가 있다고 볼 수 있어 같은 법 제36조, 제109조 제1항 위반죄의 고의가 있었다고 단정할 수 없다."고 보았는데 이 사안에서 근로기준법 위반죄의 고의가 부정된 것은 여러 제반사항을 고려하였을 때 구체적 사실관계를 통해 사용자가 금품청산을 14일 내에 하지 않은 것에 대하

---

[89] 대법원 2011. 10. 27. 선고 2010도14693 판결

여 수긍할 만한 사유가 인정되었기 때문이며 이와는 달리 단순히 사용자가 해당 근로자에 대하여 일방적인 정산을 거쳐 더 이상 지급할 금원이 없다고 주장하거나 퇴직금 등을 지급받지 않기로 합의하였다는 주장 등을 하는 경우까지 모두 고의가 부정되기는 어려울 것이므로, 실무에서는 체불사실이 인정되는 경우 노동청 조사과정에서 지급명령을 이행하여 사건을 조속히 종결하거나 반대로 체불의 고의가 없었던 경우 검찰 조사과정에서 금품청산을 하지 않을 수밖에 없었던 합리적인 사유를 분명히 제시하여야 할 것입니다.

16 통상임금

 통상임금은 휴일·야간·연장근로에 대한 가산임금, 해고예고·연차휴가수당, 육아휴직급여 등의 산정 기준이 되고 평균임금이 통상임금보다 작은 경우 통상임금이 평균임금으로 간주됨으로써 각종 임금의 지급 기준이 됩니다. 따라서 통상임금을 기준으로 하여 여러 다른 수당들이 산정됨으로 인해 통상임금의 범위를 어떻게 볼 것인가가 실무상 문제가 되고 있는 것입니다. 그런데 우리나라의 경우 기존에 기본급을 낮게 설정하고 각종 수당을 통해 전체 급여의 수준을 맞춰왔던 관행으로 인하여 수당이 고정화, 기본급화되며 근로자 측에서 이러한 고정화된 각종 수당을 통상임금에 포함시킬 것을 주장하며 최근 들어 통상임금이 법적이슈로 부각되고 있습니다.

 근로기준법은 통상임금에 대하여 시행령 제6조 제1항에서 "근로자에게 정기적이고 일률적으로 소정(所定)근로 또는 총 근로에 대하여 지급하기로 정한 시간급 금액, 일급 금액, 주급 금액, 월급 금액 또는 도급 금액을 말한다."고 규정하고 있습니다. 그리고 2013년 12월 이러한 통상임금에 대하여 그 정의와 판단기준을 명확히 하고 정기상여금, 설·추석상여금, 그 밖에 복리후생비의 통상임금 해당 여부를 밝히는 대법원 전원합의체 판례가 나오게 되었습니다. 현재까지 계속적으로 통상임금과 관련하여 여러 이슈가 되는 사항들은 바로 이 판례에 의해 촉발된 것이라고 할 수 있으므로 이 판례를 정리해볼 필요가 있는바, 주요내용은 다음과 같습니다.

공통 내용	통상임금이란, 근로자가 소정근로시간에 제공하는 소정근로의 대가로 지급하기로 약정한 금품으로 정기·일률·고정적으로 지급되는 임금. 따라서 소정근로시간의 근로와는 관련 없이 지급받는 임금은 통상임금에 속하지 아니하고, 1개월을 초과하는 기간마다 지급되는 임금도 정기·일률·고정적으로 지급되는 것이라면 통상임금에 포함
정기 상여금 사건[90]	**[주요내용]** • 원칙적으로 통상임금에 속하는 임금을 통상임금에서 제외하기로 하는 노사 합의는 무효 • 예외적으로 노사합의에서 정기상여금을 통상임금에서 제외하기로 합의하고 이를 전제로 임금수준을 정한 경우, 근로자가 추가 수당의 지급을 구함으로써, 노사가 합의한 임금수준을 훨씬 초과하는 이익을 추구하고 그로 인해 사용자에게 예측하지 못한 재정적 부담을 지워 중대한 경영상의 어려움을 초래하거나 기업의 존립을 위태롭게 한다면, 이 경우 추가 수당 청구는 신의칙에 위배 **[결론]** 상여금을 근속기간이 2개월을 초과한 근로자에게는 전액을, 2개월을 초과하지 않는 신규입사자나 2개월 이상 휴직 후 복직한 자, 휴직자에게는 미리 정해 놓은 비율을 적용하여 산정한 금액을 각 지급하고, 상여금 지급 대상기간 중에 퇴직한 근로자에게는 근무일수에 따라 일할계산하여 지급하였다면 위 상여금은 근속기간에 따라 지급액이 달라지기는 하나 일정 근속기간에 이른 근로자에게는 일정액의 상여금이 확정적으로 지급되는 것이므로, 위 상여금은 통상임금에 해당

90) 대법원 2013. 12. 18. 선고 2012다89399 판결

복리
후생비
사건[91]

[주요내용]

특정 시점에 재직 중인 근로자에게만 지급하기로 정해져 있는 임금은 특정 시점 도래 전 퇴직하면 임금을 지급받지 못하므로 고정성이 없어 통상임금에 해당하지 않음

[결론]

김장보너스는 노사협의를 통해 사후에 지급액을 정하도록 한 것으로 고정적인 임금이 아니고, 설·추석상여금 등은 지급일 전에 퇴사한 근로자에게는 지급하지 아니하였으므로 노사 간에 지급일에 재직 중일 것이라는 조건으로 임금을 지급하기로 하는 명·묵시적 합의가 이루어졌거나 그러한 관행이 확립된 것으로 볼 수 있어 설·추석상여금 등(하기휴가비, 김장보너스, 선물비, 생일자지원금, 개인연금지원금, 단체보험료)은 통상임금에 해당하지 않음

상기 판례는 통상임금이 정기·일률·고정적으로 지급되는 임금임을 다시 한 번 명확히 밝히며 이에 따라 1개월을 초과하는 기간마다 지급되는 임금이더라도 정기·일률·고정성을 지닌 것이라면 통상임금에 포함되는 것임을 분명히 하였고 정기상여금의 경우도 같은 기준에 따라 판단하여 통상임금에 해당할 수 있다는 해석을 하였습니다. 그러나 위 대법원 판례로 통상임금에 관한 논의가 정리되었다기보다 오히려 이후에 정기상여금과 관련한 재직자요건의 문제와 임금의 소급청구가 제한되는 신의칙에 위배되는 경우가 언제인지의 문제가 구체적 사실관계에 따라 다투어지며 여러 대립되는 판례들이 나오게 되었습니다. 특히 재직자요건이란 상여금의 지급에 있어 지급일 현재 재직 중인 자에게만 지급하는 것을 요건으로 하는 경우를 말하는데 고용노동부가 「통상임

---

91) 대법원 2013. 12. 18. 선고 2012다94643 판결

금노사지도지침(2014. 1. 23.)」을 제정하며 이러한 재직자요건이 있는 정기상여금은 고정성이 없어 통상임금에 해당하지 않는다는 지도를 한 이후 "(단체협약, 지급규정, 관행 등으로) 지급기준일 현재 재직 중인 근로자에게만 지급하도록 규정하고 있는 수당, 상여금은 통상임금에 해당하지 않는다."[92]는 내용으로 위 지침과 동일한 내용의 대법원 판결이 내려짐에 따라 정기상여금에 대한 통상임금 해당성 여부 논란이 더욱 가중된 것입니다.

이 전원합의체 판결은 통상임금을 판단하는 기준, 신의칙에 위배되는지 여부를 판단하는 원칙적인 기준을 제시하고 해당 사안의 구체적 사실관계에 따라 판단을 내린 것이기 때문에 모든 사안에 동일하게 적용될 수는 없을 것입니다. 회사마다 급여의 지급관행, 지급요건과 자격 등이 다르고 이에 대한 지급 근거도 취업규칙, 단체협약 등으로 저마다 다르기 때문입니다. 따라서 통상임금의 해당여부는 같은 정기상여금이라 하더라도 그 명칭에 따라 일률적으로 판단할 수는 없는 것이고 해당 회사의 임금 지급과 관련한 구체적 사실관계에 따라 개별적으로 판단될 수밖에 없을 것입니다. 이하에서는 통상임금 해당 여부 및 추가수당의 소급청구와 신의칙에 관한 다양한 판례의 설시들을 제시하고자 합니다.

> **통상임금성을 긍정한 사례**
>
> "고정적인 임금이라 함은 '임금의 명칭 여하를 불문하고 임의의 날에 소정근로시간을 근무한 근로자가 그다음 날 퇴직한다 하더라도 그 하루의 근

---

92) 대법원 2014. 2. 13. 선고 2011다86287 판결

로에 대한 대가로 당연하고도 확정적으로 지급받게 되는 최소한의 임금'을 말하므로, 근로자가 임의의 날에 소정근로를 제공하면 추가적인 조건의 충족 여부와 관계없이 당연히 지급될 것이 예정되어 지급 여부나 지급액이 사전에 확정된 임금은 고정성을 갖춘 것으로 볼 수 있다. 여기서 말하는 조건은 근로자가 임의의 날에 연장·야간·휴일 근로를 제공하는 시점에 그 성취 여부가 아직 확정되어 있지 않은 조건을 말하므로, 특정 경력을 구비하거나 일정 근속기간에 이를 것 등과 같이 위 시점에 그 성취 여부가 이미 확정되어 있는 기왕의 사실관계를 조건으로 부가하고 있는 경우에는 고정성 인정에 장애가 되지 않지만, 근로자가 소정근로를 했는지 여부와는 관계없이 지급일 기타 특정 시점에 재직 중인 근로자에게만 지급하기로 정해져 있는 임금은 그 특정 시점에 재직 중일 것이 임금을 지급받을 수 있는 자격요건이 된다. 그러한 임금은 기왕에 근로를 제공했던 사람이라도 특정 시점에 재직하지 않는 사람에게는 지급하지 아니하는 반면, 그 특정 시점에 재직하는 사람에게는 기왕의 근로 제공 내용을 묻지 아니하고 모두 이를 지급하는 것이 일반적이다. 그와 같은 조건으로 지급되는 임금이라면, 그 임금은 이른바 '소정근로'에 대한 대가의 성질을 가지는 것이라고 보기 어려울 뿐 아니라 근로자가 임의의 날에 근로를 제공하더라도 그 특정 시점이 도래하기 전에 퇴직하면 당해 임금을 전혀 지급받지 못하여 근로자가 임의의 날에 연장·야간·휴일 근로를 제공하는 시점에서 그 지급조건이 성취될지 여부는 불확실하므로, 고정성도 결여한 것으로 보아야 한다. 어떠한 임금이 통상임금으로서의 성격을 가지고 있는지는 그 근로계약이나 단체협약 또는 취업규칙 등에서 정한 내용에 따라 판단하여야 하고, 근로계약 등에 명시적인 규정이 없거나 그 내용이 불분명한 경우에는 그 임금의 성격이나 지급 실태, 관행 등 객관적 사정을 종합적으로 고려하여 판단하여야 한다. 따라서 상여금의 액수가 근속기간에 따라 일부 차이가 있다 하더라도 어느 하나의 근속기간에 속한 근로자들 사이에서는 일률적으로 각 소속 단계별로 정해진 동일한 액수의 정기상여금이 지급되는 이상 '일률성'을 인정할 수 있다. 그리고 정기상여금의 특성상 매월 월급 형태로 지급되지 않았다 하더라도 노사합의에서 미리 정해놓은 지급시기와 지급비율을 적용하여 산정한 금액에 따라 근로자들에게 정기적·일률적으로 일액이 지급되는 이상 '고정성'도 인정된다. 따라서 이 사건 상여금은 통상임금에 해당한다."[93]

"임금협정에서 정하는 바에 따라 모든 승무원들에게 1일당 2,000원의 교통비를 지급한 경우, 위 교통비는 실제 근무일수에 따라 그 지급액이 달라지기는 하지만 소정근로를 제공하기만 하면 일정액을 지급받을 것이 확정되어 있는 고정적 임금으로 통상임금에 해당한다."[94]

통상임금성을 부정한 사례

"'지급일 현재 재직하는 사원 중 근속기간이 6개월 이상인 자'에게만 지급하고 근속기간이 6개월이 넘었더라도 지급일에 재직하지 않는 사람에게는 지급하지 않는 것으로 정하여져 있고, 실제로도 이와 같이 정해진 기준대로 지급하여 온 이 사건 정기상여금은 임의의 날에 연장근로를 제공하더라도 지급일까지 재직하여야 한다는 추가적인 조건이 충족되어야 지급되는 고정성이 결여된 임금이므로 통상임금에 해당하지 아니한다."[95]

"어떤 임금이 통상임금에 속하기 위해서는 그것이 일률적으로 지급되는 성질을 갖추어야 하는데, '일률적'으로 지급되는 것에는 '모든 근로자'에게 지급되는 것뿐만 아니라 '일정한 조건 또는 기준에 달한 모든 근로자'에게 지급되는 것도 포함된다. 여기서 '일정한 조건'이란 고정적이고 평균적인 임금을 산출하려는 통상임금의 개념에 비추어 볼 때 고정적인 조건이어야 하며, 단체협약이나 취업규칙 등에 휴직자나 복직자 또는 징계대상자 등에 대하여 특정 임금에 대한 지급 제한사유를 규정하고 있다 하더라도, 이는 해당 근로자의 개인적인 특수성을 고려하여 그 임금 지급을 제한하고 있는 것에 불과하므로, 그러한 사정을 들어 정상적인 근로관계를 유지하는 근로자에 대하여 그 임금 지급의 일률성을 부정할 것은 아니다. 나아가 어떤 임금이 통상임금에 속하기 위해서는 그것이 고정적으로 지급되어

---

93) 부산고등법원 2014. 10. 23. 선고 2012나50711 판결
94) 대법원 2014. 8. 20. 선고 2013다10017 판결
95) 서울중앙지방법원 2014. 9. 19. 선고 2014가합22487 판결

야 한다. 이는 '근로자가 제공한 근로에 대하여 그 업적, 성과 기타의 추가적인 조건과 관계없이 당연히 지급될 것이 확정되어 있는 성질'을 말하고, '고정적인 임금'은 '임금의 명칭 여하를 불문하고 임의의 날에 소정근로시간을 근무한 근로자가 그다음 날 퇴직한다 하더라도 그 하루의 근로에 대한 대가로 당연하고도 확정적으로 지급받게 되는 최소한의 임금'을 말한다. 따라서 일정 근무일수를 충족하여야만 지급되는 임금은 소정근로를 제공하는 외에 일정 근무일수의 충족이라는 추가적인 조건을 성취하여야 비로소 지급되는 것이고, 이러한 조건의 성취 여부는 임의의 날에 연장·야간·휴일 근로를 제공하는 시점에서 확정할 수 없는 불확실한 조건이므로 고정성을 갖춘 것이라 할 수 없다. … 이 사건 상여금은 일정한 간격을 두고 계속적으로 지급되어 왔을 뿐만 아니라 일정한 조건 내지 기준에 달한 모든 근로자들에게 지급됨으로써, 일단 '정기성'과 '일률성'을 갖춘 것으로 평가된다. 그러나 이 사건 상여금은 지급제외자 규정에 따라 소정근로를 제공하는 외에 일정 근무일수의 충족이라는 추가적이고 불확실한 조건을 성취하여야 비로소 지급되므로, 고정성이 인정될 수 없다."[96]

"교통보조비가 지급되는 경우 교통지원비를 지급하지 않는 등 중복 지급을 하지 않는 것으로 볼 때 동일한 성격의 금원인 점, 근로자들의 업무특성상 보험상품을 판매하는 영업활동이 어느 정도 포함되어 있고, 교통비는 그러한 업무수행 과정에서 필요한 비용인 점, 이 사건 교통지원금은 실제 출근하여 영업활동의 가능성이 있는 사원들만을 지급대상으로 하고 있는 점, 취약지역 근무자의 경우 직급에 따른 교통지원비에 추가로 교통지원비를 더 지급하는 점, 원거리의 경우 현 연고지 주민등록등본을 첨부하여 신청하여야 하는 점, 교통보조비는 결근 1일당 10%를 삭감하고, 5일 이상 결근 시에는 아예 지급받지 못하게 되어 있는 점 등에 비추어 볼 때, 이 사건 교통지원금은 근로제공과 관련 없이 개별근로자의 특수하고 우연한 사정에 의하여 지급 여부, 지급금액 등이 좌우되므로 근로의 대상인 임금이라기보다는 실비변상적 성격에 더 가까운 금원이라 할 것이므로 통상임금에 해당한다고 할 수 없다."[97]

---

96) 서울중앙지방법원 2015. 1. 16. 선고 2013가합508519 판결
97) 서울중앙지방법원 2014. 9. 19. 선고 2014가합22487 판결

> "승무원 임금협정에서 정하는 바에 따라 승무원들 중 해당 월에 13일 이상을 승무(만근)한 근로자만을 대상으로 하여, 그중 6개월을 초과하여 근무한 자에게는 매월 330,000원의 상여금을, 1년 이상 계속 근무한 자에게는 1년당 10,000원씩을 가산한 근속수당을 지급한 경우, 위 상여금과 근속수당은 그 지급여부가 실제 근무성적에 따라 좌우되어 고정적 임금이라고 할 수 없으므로 통상임금에 해당하지 않는다."[98]

신의칙상 통상임금의 소급청구가 제한되는 사용자 측의 '중대한 경영상 어려움'을 판단하기 위한 요소 및 입증책임의 주체

> "노사 간의 합의에 의하여 통상임금의 산정기준에서 제외된 상여금 등 특정 항목의 급여가 통상임금에 해당하는 것으로 인정된 이상, 위와 같은 합의의 무효를 주장하는 근로자들의 임금청구에 응함으로써 기업 측이 추가적인 재정적 부담을 지게 되는 것은 근로기준법의 강행규정성에 따른 당연한 결과라고 할 것이다. 따라서 근로기준법에 반하여 통상임금 범위를 축소한 결과 부담하게 된 재정적 지출이라는 현상 자체를 근로기준법의 강행규정성에도 불구하고 이에 우선할 만한 예외적인 특별한 사정이 있을 것을 요구하는 신의칙 위배 주장의 충분 요건으로 삼기는 어렵다. 한편, 해당 기업의 규모, 소속 근로자의 수 및 근로자의 개별 임금수준이 타 기업에 비해 상대적으로 크거나 높아 그에 상응하여 지출하여야 할 임금 등 인건비의 규모 또한 상당한 수준에 이른다는 것은 매출액, 영업이익은 물론 보유·활용 가능한 재정적 규모와 능력 등의 측면에서 기업의 경영상 어려움이 아니라 오히려 그 반대의 사정을 징표할 여지가 있다는 점에서 근로자 측의 임금 소급청구로 인해 추가로 지출될 법정수당 등 규모만을 놓고 해당 기업 측의 중대한 경영상 어려움을 추단하는 것에도 신중할 필요가 있다. 따라서 원고들의 이 사건 임금 청구로 인해 피고에 중대한 경영상 어려움 등이 초래될 것인지 여부를 판단하기 위해서는, 단지 그로 인해 피고가 소급하여 부담하게 될 추가적인 급여의 액수를 평면적으로 살펴보는 것만으로는 부족하고, 이에 더하여 피고의 매출액, 당기순이익이

---

[98] 대법원 2014. 8. 20. 선고 2013다10017 판결

나 현금성 자산 등의 보유 규모 등 영업적·재정적 현황은 물론, 해당 업종의 시장상황 및 그와 관련한 피고의 투자 등 사업계획까지를 고려한 종합적인 검토가 요구된다고 할 것이며, 그에 대한 입증책임은 원칙적으로 피고 측이 부담한다고 보아야 한다." [99]

근로자 측의 추가 법정수당 청구가 신의칙에 위배되지 않는다고 본 사례

"단체협약 등 노사합의의 내용이 근로기준법의 강행규정을 위반하여 무효인 경우에, 그 무효를 주장하는 것이 신의칙에 위배되는 권리의 행사라는 이유로 이를 배척한다면 강행규정으로 정한 입법취지를 몰각시키는 결과가 될 것이므로 그러한 주장이 신의칙에 위배된다고 볼 수 없음이 원칙이다. 그러나 신의칙을 적용하기 위한 일반적인 요건을 갖춤은 물론, 근로기준법의 강행규정성에도 불구하고 신의칙을 우선하여 적용하는 것을 수긍할 만한 특별한 사정이 있는 예외적인 경우에 한하여 그 노사합의의 무효를 주장하는 것은 신의칙에 위배되어 허용될 수 없다. 즉 노사합의에서 정기 상여금이 그 자체로 통상임금에 해당하지 아니한다고 오인한 나머지 이를 통상임금 산정기준에서 제외하기로 합의하고 이를 전제로 임금수준을 정한 경우, 근로자 측이 당해 임금협상의 방법과 경위, 실질적인 목표와 결과 등은 도외시한 채 임금협상 당시 전혀 생각하지 못한 사유를 들어 정기상여금을 통상임금에 가산하고 이를 토대로 추가적인 법정수당의 지급을 구함으로써, 노사가 합의한 임금수준을 훨씬 초과하는 예상외의 이익을 추구하고 그로 말미암아 사용자에게 예측하지 못한 새로운 재정적 부담을 지워 중대한 경영상의 어려움을 초래하거나 기업의 존립을 위태롭게 한다면, 이는 종국적으로 근로자 측에까지 그 피해가 미치게 되어 노사 어느 쪽에도 도움이 되지 않는 결과를 가져오므로 정의와 형평 관념에 비추어 신의에 현저히 반하고 도저히 용인될 수 없음이 분명하다. 그러므로 이와 같은 경우 근로자 측의 추가 법정수당 청구는 신의칙에 위배되어 받아들일 수 없다. 그런데 피고 회사는 2010년, 2011년, 2012년에 각 당기순이익을 기록한 점, 피고 회사의 매출액은 매년 상승하는 추세에 있는

---

99) 서울중앙지방법원 2015. 1. 16. 선고 2013가합508519 판결

점, 피고 회사는 자본금이 8,000억 원이 넘는 규모의 회사인 점, 피고 회사의 주장에 의하더라도 이 사건 상여금이 통상임금에 포함될 경우 매년 93억 원의 인건비 추가 지출이 예상된다는 것인데, 이는 피고 회사가 매년 지출하고 있는 인건비인 6,817억 원의 약 1.3%에 불과한 점 등에 비추어 보면 피고 회사가 이 사건 상여금을 통상임금에 포함시켜 연장·야간·연차휴가 근로수당 미지급분을 추가 지급한다고 하여 피고 회사에 '중대한'경영상의 어려움이 초래되거나 피고 회사의 존립을 위태롭게 한다고 보기 어렵다."[100]

"단체협약이나 취업규칙상 상여금 조항에서 퇴직자에 대한 일할계산규정을 두고 있지 않고, 실제로 6년여에 걸쳐 24명이라는 많지 않은 수의 퇴직자들에게 상여금을 지급하지 않았는바, 이에 대하여 근로자들이나 노동조합이 별다른 이의를 제기하지 않았다고 하더라도 그러한 사정을 가지고 노사 간의 명시적인 합의의 결과 또는 피고가 근로자 전체에 통일적으로 적용될 근로조건에 관하여 정한 준칙인 이 사건 단체협약과 취업규칙의 해석에 우선하는 의미를 두어 상여금 지급일에 재직 중인 근로자에게만 상여금을 지급한다는 노사 간의 묵시적 합의가 이루어졌다거나 그러한 관행이 확립되었다고 추단하는 것은 무리이고, 노동조합이 위와 같은 상여금의 지급 실태를 명확히 인식하고 용인하였다고 보기도 어렵다. 이 사건 단체협약과 취업규칙이 퇴직자에게도 상여금을 근무일수에 따라 일할계산하여 지급하도록 정하고 있다고 해석되고 노동조합과 피고 사이에서 이와 다른 합의 내지 확립된 관행이 있었다고는 보기 어려운 이상, 이 사건 상여금은 실제 근무일수에 따라 지급액이 달라지기는 하나 근로자가 임의의 날에 소정근로를 제공하기만 하면 그에 대하여 일정액을 지급받을 것이 확정되어 있다고 할 것이므로 고정적 임금에 해당한다. 상여금을 통상임금에 포함시킬 경우 통상임금액이 증가하여 단체협약에서 예정한 통상임금의 액수를 훨씬 초과할 뿐 아니라 그로 인하여 추가지급될 법정수당 등으로 인하여 피고가 새로운 재정적 부담을 지게 될 것으로 보이기는 하나, 그로 인하여 피고가 부담할 재정적 부담이 중대한 경영상의 어려움을 초래하거나 기업의 존립을 위태롭게 할 정도라고는 보이지 않으므로 상여

---

100) 서울중앙지방법원 2014. 5. 29. 선고 2012가합33469 판결

금을 통상임금에 포함하여 법정수당 등의 지급을 구하는 원고들의 청구가 신의칙에 반한다고 할 수 없다."[101]

근로자 측의 추가 법정수당 청구가 신의칙에 위배된다고 본 사례

"피고는 이 사건 상여금이 통상임금에 해당한다는 점을 인식하지 못한 채 그동안의 사회적 인식과 근로관행에 따라 노동조합과 사이에 이 사건 상여수당을 통상임금에서 제외하는 내용의 단체협약을 체결하였고, 이 사건 상여금이 통상임금에 산입될 경우 근로자들은 당초 노사 간 임금협상 등을 통하여 받은 이익을 초과하는 예상 밖의 이익을 기대할 수 있게 되는 한편, 피고로서는 예측하지 못한 새로운 재정적 부담을 지게 되어 중대한 경영상의 어려움을 초래한다. 따라서 원고들이 이 사건 상여수당을 포함하여 계산한 통상시급을 기초로 과거의 미지급 연장·야간 및 휴일근로수당의 지급을 구하는 것은 노사 양측이 합의 당시 상호 공통적으로 이해하고 있었던 것과는 전혀 다른 법리적 사유를 들어 사용자에게 정기상여금이 포함된 통상임금을 토대로 한 추가적인 법정수당 지급의무를 부과함으로써 피고의 중대한 경영상의 어려움을 초래하게 되어 정의와 형평의 관념에 비추어 용인될 수 없다."[102]

---

101) 창원지방법원 2014. 11. 20. 선고 2013가합7073 판결
102) 광주지방법원 순천지원 2014. 4. 23. 선고 2011가합3368 판결

17 임금의 삭감·반납

경제위기 등의 외부적 환경 변화 또는 회사 내부적 사정에 의한 경영상 위기 등에 의해 임금의 삭감 또는 반납을 실시하게 되는 경우가 종종 발생하여 법적으로 문제가 되는 경우가 있습니다. 판례는 임금의 삭감 또는 반납이 가능한지, 가능하다면 어떠한 요건을 갖추어야 하는지에 대하여 장래 발생할 임금 채권 일부에 대한 포기의 의미인 '삭감'과 이미 발생한 임금 채권에 대한 포기 또는 반환의 의미로서의 '반납'을 구분하여 규율하고 있다고 할 것입니다.

즉 삭감에 대하여는 근로조건의 불이익한 변경으로 보아 이에 대한 근로자집단의 동의가 있는 경우 유효하다고 봅니다. 예컨대 판례는 상여금을 삭감하기로 하는 급여규정의 변경에 과반수의 근로자가 동의한 사안에서 "피고 회사의 직원들은 경영합리화를 통한 자구노력의 일환으로 이루어진 상여금 삭감의 필요성에 관한 회사의 설명을 듣고 그 사정을 충분히 인식한 상태에서 자유로운 의견교환과 판단에 따라 각 부서별로 동의 서명한 이상 피고 회사 측의 간섭이나 개입은 없었다고 보아야 하므로 위 각 변경에는 근로자 과반수의 적법한 동의가 있었다."[103]고 판단하여 장래 지급받을 상여금에 대한 삭감이 근로자집단의

---

103) 대법원 2003. 11. 14. 선고 2001다18322 판결

동의를 거쳤으므로 유효하다고 판시하였습니다.

반면, 반납에 대하여는 "이미 구체적으로 그 지급청구권이 발생한 임금(상여금 포함)이나 퇴직금은 근로자의 사적 재산영역으로 옮겨져 근로자의 처분에 맡겨진 것이어서, 노동조합이 근로자들로부터 개별적인 동의나 수권을 받지 않는 이상 사용자와 사이의 단체협약만으로 이에 대한 포기나 지급유예와 같은 처분행위를 할 수 없으므로, **단체협약으로 근로자에게 이미 지급한 임금을 반환하도록 하는 것은 그에 관하여 근로자들의 개별적인 동의나 수권이 없는 한 효력이 없다.**"[104] "따라서 단체협약을 소급적용하여 이미 근로자들에게 지급한 시간외근무수당 등이 전부 또는 일부 발생하지 아니하는 것으로 정리하는 것은 근로자들로부터 개별적인 동의나 수권이 없는 이상 그 효력이 없다고 보아야 한다. 왜냐하면 근로기준법 제42조 제1항 본문에서 '임금은 통화로 직접 근로자에게 그 전액을 지급하여야 한다.'라고 규정하여 이른바 임금 전액 지급의 원칙을 선언한 취지는 사용자가 일방적으로 임금을 공제하는 것을 금지하여 근로자에게 임금 전액을 확실하게 지급받게 함으로써 근로자의 경제생활을 위협하는 일이 없도록 그 보호를 도모하려는 데 있는바, 노동조합이 근로자들로부터 개별적인 동의나 수권을 받지 않고 사용자와 사이의 단체협약만으로 일방적으로 근로자에게 이미 지급한 임금을 반환하도록 하는 것은 위 규정에 반하기 때문이다."[105]라고 판시하여 반납의 경우 근로자집단의 동의만으로는 불가하며 개별 근로자들의 동의가 필요하다는 입장입니다. 행정해석 또한 "임금 삭감·반납에

---

104) 대법원 2010. 1. 28. 선고 2009다76317 판결
105) 부산고등법원 2014. 10. 23. 선고 2012나50711 판결

대한 단체협약을 체결한 경우라도 임금반납은 달리 볼 사정이 없는 한 근로자의 동의가 필요하다"[106]고 하여 같은 견해를 취하고 있습니다.

이 같은 판례의 입장은 장래 발생할 임금에 대한 사항은 근로조건에 대한 것으로서 근로자집단의 동의에 의한 불이익 변경이 가능하지만, 이미 발생한 임금에 대한 부분은 개인에게 속한 채권을 제한하거나 포기하는 것이므로 집단적 동의에 의하여는 불가능하며 개별 동의가 있어야 한다는 것을 의미합니다. 이러한 판례의 기본입장에 따르면 워크아웃(기업개선작업) 기간 동안 임금 및 상여금 일부를 '반납'하기로 한 K타이어 노동조합의 단체협약이 유효하다는 최근의 판결[107]도 쉽게 이해할 수 있을 것입니다. 사안을 간략히 설명하면 다음과 같습니다.

K타이어는 2007년 이후 경영 악화로 적자를 보던 중 2009년 12월 31일 채권은행에 '워크아웃'을 개시해 줄 것을 신청하여 2010년 1월 '워크아웃' 절차에 들어갔습니다. 이후 그해 4월 사측과 노조는 기본급 10% 삭감 및 워크아웃 기간 동안 5% 반납, 워크아웃 기간 동안 상여금 200%를 반납하는 내용의 2010년 임금 및 단체협약을 체결하였고 K타이어는 이에 따라 삭감된 임금을 지급하였는데, 이때 단체협약에 워크아웃 기간 동안 '반납'한다는 표현이 문제가 된 것입니다. 원고 근로자들은 '반납' 약정은 근로자들로부터 개별적인 동의를 받아야 하는데 이러한 동의를 받지 않고 임의로 체결한 단체협약은 무효라며 임금청구소송을 제기한 것입니다.

1심에서는 "근로자들의 개별적인 동의의 필요성 여부는 단체협약과

---

106) 2011. 2. 9. 근로기준과-630
107) 대법원 2014. 12. 24. 선고 2012다107334 판결

임금의 구체적인 발생 시점을 위주로 판단해야 하는 것이지, '삭감'이나 '반납'이란 용어의 사전적 의미에 좌우될 것은 아니며 '삭감' 및 '반납'이라는 용어의 구분 사용은 워크아웃 종료 후 자동적으로 원상회복되는 임금의 수준을 별도로 정해두기 위함이었던 것으로 보일 뿐이고, 그 본질이 장래 발생할 임금에 관한 근로조건의 변경이라는 점에서는 아무런 차이도 없으며 따라서 이 약정에 관해 근로자의 개별적인 동의가 필요하지 않다"고 하여 원고 패소하였습니다. 이에 근로자들이 항소하였으나 2심 역시 "이 단체협약 임금에 관한 사항이 삭감의 대상에 대해서는 기한의 제한이 없는 반면 반납의 대상에 대해서는 '워크아웃 기간 동안'이라는 제한을 가하고 있는 사실을 고려하면, 임금의 '반납'은 '워크아웃 기간' 동안에만 적용되는 임금의 감액이라는 의미이고 임금의 '삭감'은 그러한 시간적 제한을 두지 않은 임금의 감액이라는 뜻으로 각 구별돼 사용한 것이라는 피고의 주장에 설득력이 있고 이 단체협약에서 표현된 '반납'은 장래 워크아웃 기간 동안 임금 및 상여금을 감액한다는 것으로 해석하는 것이 타당하다. 따라서 단체협약 상의 기본급 5%의 반납과 상여금 200%의 반납이 장래의 근로에 대해 발생할 임금의 일부에 대한 청구권을 사전에 포기하고 이를 회사에 반납하는 약정이라고 할 수 없다. 나아가 설령 '반납'의 의미를 원고들의 주장과 같은 의미로 해석한다고 하더라도 이는 장래 발생할 임금에 대한 것으로서 단체협약 체결 당시 이미 지급청구권이 구체적으로 발생된 것이라고 할 수 없으므로 그러한 내용의 노사 간의 합의를 무효라고 할 수도 없다."고 판시하며 항소기각 되었습니다. 그리고 대법원에서 다음과 같이 원고 패소 판결의 원심이 확정된 것입니다.

"이미 구체적으로 그 지급청구권이 발생한 임금(상여금 포함)이나 퇴직금은 근로자의 사적 재산영역으로 옮겨져 근로자의 처분에 맡겨진 것이기 때문에 노동조합이 근로자들로부터 개별적인 동의나 수권을 받지 않는 이상, 사용자와 사이의 단체협약만으로 이에 대한 포기나 지급유예와 같은 처분행위를 할 수는 없으나, **협약자치의 원칙상 노동조합은 사용자와 사이에 근로조건을 유리하게 변경하는 내용의 단체협약뿐만 아니라 근로조건을 불리하게 변경하는 내용의 단체협약을 체결할 수 있으므로, 근로조건을 불리하게 변경하는 내용의 단체협약이 현저히 합리성을 결하여 노동조합의 목적을 벗어난 것으로 볼 수 있는 경우와 같은 특별한 사정이 없는 한 그러한 노사 간의 합의를 무효라고 볼 수는 없고, 노동조합으로서는 그러한 합의를 위하여 사전에 근로자들로부터 개별적인 동의나 수권을 받을 필요가 없다** 할 것이며, 단체협약이 현저히 합리성을 결하였는지 여부는 단체협약의 내용과 그 체결경위, 당시 사용자의 경영상태 등 여러 사정에 비추어 판단할 것이다. 이 사건 단체협약에서 표현된 '반납'은 장래 워크아웃 기간 동안 임금 및 상여금을 감액한다는 것으로 해석함이 타당하고, 이는 장래 발생할 임금에 대한 것으로서 이 사건 단체협약 체결 당시 이미 그 지급청구권이 구체적으로 발생된 것이라고 할 수 없으므로 그러한 내용의 노사 간의 합의를 무효라고 할 수 없다."

즉 이 사건은 임금의 삭감과 반납에 대하여 기존의 견해를 변경한 것이 아니고, 삭감이 장래에 발생할 임금에 관한 것, 반납이 이미 발생한 임금에 대한 것이라는 단어 구분에 따른 형식에 구속되지 아니하고 삭감 또는 반납을 실시하기로 한 대상의 임금이 장래 발생할 것인지, 현재 발생해 있는 것인지의 실질에 따라 그 동의의 주체가 근로자집단 또는 개별 근로자가 된다는 것을 다시 한 번 강조한 판결이라고 해석할 수 있을 것입니다. 결론적으로 사안에서 단체협약상의 표현은 반납으로 되었지만 이는 장래 워크아웃 기간 동안의 임금을 감액하기로 한 것이므로 아직 발생하지 않은 임금채권에 대한 포기이고 노동조합이 이러한 내용의 단체협약을 체결한 것은 그 내용이 현저히 합리성을 결하지 않은 이상 집단적 동의를 거친 것으로서 유효하며 달리 개별 근로자의 동의는 필요하지 않다는 것입니다.

따라서 실무에서는 감액 또는 반납하기로 하는 대상의 임금채권 발생시기에 따라 그에 맞는 절차를 준수하여야 할 것이며 집단적 동의에 의해 감액을 결의하는 경우에도 그 내용이 현저히 합리성을 결하지 않는 수준이 되도록 하여야 임금 삭감·반납의 정당성을 인정받을 수 있을 것입니다.

18 포괄임금제

포괄임금제란 근로형태와 업무의 성질 등을 참작하여 계산의 편의와 직원의 근무의욕을 고취하는 뜻에서 기본임금을 미리 산정하지 아니한 채 제수당을 합한 금액을 월급여액이나 일당임금으로 정하거나 매월 일정액을 제수당으로 지급하는 내용의 임금지급계약을 의미합니다.

이러한 포괄임금제의 유효성과 관련하여 판례는 "사용자는 근로계약을 체결함에 있어서 기본임금을 결정하고 이를 기초로 하여 근로자가 실제로 근무한 근로시간에 따라 시간외근로·야간근로·휴일근로 등이 있으면 그에 상응하는 시간외근로수당·야간근로수당·휴일근로수당 등의 법정수당을 산정하여 지급함이 원칙이라 할 것이다. 이러한 원칙적인 임금지급방법은 근로시간 수의 산정을 전제로 한 것인데, **예외적으로 감시단속적 근로 등과 같이 근로시간, 근로형태와 업무의 성질을 고려할 때 근로시간의 산정이 어려운 것으로 인정되는 경우가 있을 수 있고, 이러한 경우에는 사용자와 근로자 사이에 기본임금을 미리 산정하지 아니한 채 법정수당까지 포함된 금액을 월급여액이나 일당임금으로 정하거나 기본임금을 미리 산정하면서도 법정 제수당을 구분하지 아니한 채 일정액을 법정 제수당으로 정하여 이를 근로시간 수에 상관없이 지급하기로 약정하는 내용의 이른바 포괄임금제에 의한 임금 지급계약을 체결하더라도 그것이 달리 근로자에게 불이익이 없고 여러 사정에 비추어 정당하다고 인정될 때에는 유효하다** 할 것이다."[108]라고 판시하여 포괄임금제가 언제나 유효한 것은 아니고 근로시간의 산정이 곤란한 경우로서 계약의 내용이 근로자에게 불이익이 없고 정당한 경우에 한하여 유효성이 인정된다고 보고 있습니다.

따라서 "근로시간의 산정이 어려운 경우가 아니라면 달리 근로기준법상의 근로시간에 관한 규정을 그대로 적용할 수 없다고 볼 만한 특별한 사정이 없는 한 근로기준법상의 근로시간에 따른 임금지급의 원칙이 적용되어야 할 것이므로, 이러한 경우에도 근로시간 수에 상관없이 일정액을 법정수당으로 지급하는 내용의 포괄임금제 방식의 임금 지급계약을 체결하는 것은 그것이 근로기준법이 정한 근로시간에 관한 규제를 위반하는 이상 허용될 수 없고, 근로시간의 산정이 어려운 등의 사정이 없음에도 포괄임금제 방식으로 약정된 경우 그 포괄임금에 포함된 정액의 법정수당이 근로기준법이 정한 기준에 따라 산정된 법정수당에 미달하는 때에는 그에 해당하는 포괄임금제에 의한 임금지급계약 부분은 근로자에게 불이익하여 무효라 할 것이고, 사용자는 근로기준법의 강행성과 보충성 원칙에 의해 근로자에게 그 미달되는 법정수당을 지급할 의무가 있는 것"[109]입니다.

즉, 근로시간을 산정하는 데 문제가 없다면 포괄임금제 방식의 임금 지급계약은 효력이 없다고 할 것입니다. 이에 판례는 최근 병원의 간호사, 간호조무사, 조리원 등으로 근무하던 이들이 임금청구소송을 제기

---

108) 대법원 2010. 5. 13. 선고 2008다6052 판결
109) 대법원 2010. 5. 13. 선고 2008다6052 판결

한 사례에서 근로계약에 해당 근로자들의 근로시간을 명시하고 있어 근로시간 산정에 어려움이 없으므로, 그렇다면 임금의 개별항목을 구별하지 않고 각종 수당을 포괄하여 총액 지급하는 포괄임금 약정은 효력이 없고, 병원 측이 지급하는 각종 수당에 기본급 외 연장·휴일·야간근로수당과 연차수당이 포함되어 있다는 규정이 있는 이상 사용자는 이로 인하여 근로자에게 최저임금에 미달되는 임금과 근로기준법상 법정수당에 미달되는 수당을 지급할 의무가 있다고 판시한 바 있습니다. 이 같은 판례의 입장은 포괄임금제가 근로시간과 제수당의 지급에 있어 근로자들에게 부당한 손해를 가하는 편법으로 이용되지 않도록 하고 다만 근로형태와 업무의 성질에 따라 근로시간에 관한 규정을 그대로 적용할 수 없는 예외적인 경우에 한하여 사용될 수 있도록 하는 데 의의가 있다고 할 것입니다.

반면에, 최근의 한 고등법원 판례 중에는 직행버스 기사의 수당을 산정함에 있어 근로 시간 단위 방식이 아닌 운행거리를 기준으로 수당을 산정하여 임금협정을 맺은 것에 대하여 "노사 간 임금협정은 근로시간 산정이 어려운 경우(운행일보상의 출발·도착 시간 기재, 원형 또는 전자 태코미터기 등으로도 정확한 근로시간 산정이 어렵다고 봄)에 적용되는 포괄임금제로서 승무사원들에게 불이익하지 않고 정당하며, 임금협정에 따라 받은 월 급여에는 연장·야간 근로수당이 모두 포함되어 있어 사측이 추가로 수당을 지급할 의무가 없다."고 판시한 사례가 있습니다. 이 사안에서는 버스기사의 근로시간은 실근로시간으로 산정하기 어렵고 운행거리를 기준으로 하는 것이 불가피하다는 입장을 보인 것입니다. 그런데 해당 판결은 "최근 기술 발달로 버스 운행속도와 안전성 등이 향상되고 운행시간도 정확히 측정할 수 있게 돼 운행거리가 아닌 근로시간을 기준으로 수당을 산정하여야 한다."는 원심의 판결을 뒤집은 것이어서 향후 대법원의 판결을 주목해 볼 필요가 있을 것입니다. 결국 특정 직종 근로자에 대한 포괄임금제의 유효성은 고정·불변의 것이 아니라 기술 등의 발전 또는 구체적 근무형태의 변경으로 인하여 근무시간 산정 가능성의 여부에 따라 달라질 수 있음을 유의하여야 할 것입니다.

19 퇴직금 분할 약정

퇴직금 분할 약정의 효력에 대하여는 판례가 명확한 입장을 밝히고 있음에도 불구하고 고액 연봉의 전문직 종사 직군 또는 외국계 기업 등에서 여전히 퇴직금이 포함된 총액 연봉제 형식의 계약이 빈번하게 이루어지고 있습니다. 이러한 퇴직금 분할 약정에 대한 판례의 원칙적인 입장은 **"사용자와 근로자가 매월 지급하는 월급이나 매일 지급하는 일당과 함께 퇴직금으로 일정한 금원을 미리 지급하기로 약정을 하였다면, 그 약정은 퇴직금 중간정산으로 인정되는 경우가 아닌 한 최종 퇴직 시 발생하는 퇴직금청구권을 근로자가 사전에 포기하는 것으로서 강행법규에 위배되어 무효이고, 그 결과 퇴직금 분할 약정에 따라 사용자가 근로자에게 퇴직금 명목의 금원을 지급하였다 하더라도 퇴직금 지급으로서의 효력이 없다."**[110]는 것입니다.

그리고 이때, "근로관계의 계속 중에 퇴직금 분할 약정에 의하여 월급이나 일당과는 별도로 퇴직금 명목의 금원을 지급하였으나 퇴직금 분할 약정이 위와 같은 이유로 무효여서 퇴직금 지급으로서의 효력이 없다면 위 약정에 의하여 이미 지급한 퇴직금 명목의 금원은 '근로의 대가로 지급하는 임금'에도 해당한다고 할 수 없고, 따라서 사용자는 법률

---

110) 대법원 2010. 5. 20. 선고 2007다90760 판결

상 원인 없이 근로자에게 퇴직금 명목의 금원을 지급함으로써 그 금액 상당의 손해를 입은 반면 근로자는 같은 금액 상당의 이익을 얻은 셈이 되므로, 근로자는 수령한 퇴직금 명목의 금원을 부당이득으로 사용자에게 반환하여야"[111] 합니다.

그렇다면 이 경우 사용자가 근로자에 대하여 가지는 부당이득반환채권과 근로자가 퇴직금 분할 약정이 무효로 됨에 따라 지급받지 못한 퇴직금을 청구하는 퇴직금채권이 서로 상계 가능한 것인지가 문제 될 수 있습니다. 이에 대하여 판례는 "임금은 통화로 직접 근로자에게 그 전액을 지급하여야 하므로 사용자가 근로자에 대하여 가지는 채권으로써 근로자의 임금채권과 상계를 하지 못하는 것이 원칙이고, 이는 경제적·사회적 종속관계에 있는 근로자를 보호하기 위한 것인바, 근로자가 받을 퇴직금도 임금의 성질을 가지므로 역시 마찬가지이다. 다만 계산의 착오 등으로 임금을 초과 지급한 경우에, 근로자가 퇴직 후 그 재직 중 받지 못한 임금이나 퇴직금을 청구하거나, 근로자가 비록 재직 중에 임금을 청구하더라도 위 초과 지급한 시기와 상계권 행사의 시기가 임금의 정산, 조정의 실질을 잃지 않을 만큼 근접하여 있고 나아가 사용자가 상계의 금액과 방법을 미리 예고하는 등으로 근로자의 경제생활의 안정을 해할 염려가 없는 때에는, 사용자는 위 초과 지급한 임금의 반환청구권을 자동채권으로 하여 근로자의 임금채권이나 퇴직금채권과 상계할 수 있다. 그리고 이러한 법리는 사용자가 근로자에게 이미 퇴직금 명목의 금원을 지급하였으나 그것이 퇴직금 지급으로서의 효력이 없어 사용자가 같은 금원 상당의 부당이득반환채권을 갖게 된 경우

---

111) 대법원 2012. 10. 11. 선고 2010다95147 판결

에 이를 자동채권으로 하여 근로자의 퇴직금채권과 상계하는 때에도 적용된다. 한편 민사집행법 제246조 제1항 제5호는 '퇴직금 그 밖에 이와 비슷한 성질을 가진 급여채권의 2분의 1에 해당하는 금액'을 압류금지채권으로 규정하고 있고, 민법 제497조는 압류금지채권의 채무자는 상계로 채권자에게 대항하지 못한다고 규정하고 있으므로, 사용자가 근로자에게 퇴직금 명목으로 지급한 금원 상당의 부당이득반환채권을 자동채권으로 하여 근로자의 퇴직금채권을 상계하는 것은 퇴직금채권의 2분의 1을 초과하는 부분에 해당하는 금액에 관하여만 허용된다고 봄이 상당하다."[112]고 판시하였는바, 결국 퇴직금채권의 2분의 1을 초과하는 부분에 대하여는 상계가 가능하다는 입장인 것입니다.

다만, 위와 같은 부당이득반환의 법리는 사용자와 근로자 사이에 실질적인 퇴직금 분할 약정이 존재함을 전제로 하여 비로소 적용할 것이어서, 사용자와 근로자가 체결한 당해 약정이 그 실질은 임금을 정한 것에 불과함에도 불구하고 사용자가 퇴직금의 지급을 면탈하기 위하여 퇴직금 분할 약정의 형식만을 취한 것인 경우에는 이를 적용할 수 없습니다. 즉 사용자와 근로자 사이에 월급이나 일당 등에 퇴직금을 포함시키고 퇴직 시 별도의 퇴직금을 지급하지 않는다는 취지의 합의가 존재할 뿐만 아니라, 임금과 구별되는 퇴직금 명목 금원의 액수가 특정되고, 위 퇴직금 명목 금원을 제외한 임금의 액수 등을 고려할 때 퇴직금 분할 약정을 포함하는 근로계약의 내용이 종전의 근로계약이나 근로기준법 등에 비추어 근로자에게 불이익하지 아니하여야 하는 등, 사용자와 근로자가 임금과 구별하여 추가로 퇴직금 명목으로 일정한 금원을 실

---

112) 대법원 2010. 5. 20. 선고 2007다90760 전원합의체 판결

질적으로 지급할 것을 약정한 경우에 한하여 위와 같은 법리가 적용되는 것입니다.[113]

따라서 급여 내역 중에 임금과 구별되는 퇴직금 명목 금원의 액수가 특정되었다고 볼 수 없는 경우에는 실질적인 퇴직금 분할 약정이 존재하였다고 인정할 수 없어 근로자는 해당 금원에 대한 부당이득반환의무를 부담하지 않을 뿐더러 이미 퇴직금을 수령하였다고 볼 수도 없으므로 퇴직금을 다시 청구한다고 하더라도 이는 이중청구에 해당하지 않습니다.

---

113) 대법원 2012. 10. 11. 선고 2010다95147 판결

20 휴게시간

근로기준법 제54조는 "① 사용자는 근로시간이 4시간인 경우에는 30분 이상, 8시간인 경우에는 1시간 이상의 휴게시간을 근로시간 도중에 주어야 한다. ② 휴게시간은 근로자가 자유롭게 이용할 수 있다."고 규정하고 있습니다.

실무에서는 근로자들이 휴게시간으로 주어졌으나 자유롭게 휴식을 취하지 못하였으므로 근로시간으로 보아야 한다는 주장을 하는 경우가 자주 문제 됩니다. 이에 대한 판례의 기본 입장은 "근로기준법상의 근로시간은 근로자가 사용자의 지휘·감독 아래 근로계약상의 근로를 제공하는 시간을 말하는바, **근로자가 작업시간의 도중에 현실로 작업에 종사하지 않은 대기시간이나 휴식·수면시간 등이라 하더라도 그것이 휴게시간으로서 근로자에게 자유로운 이용이 보장된 것이 아니고 실질적으로 사용자의 지휘·감독 아래 놓여있는 시간이라면 이는 근로시간에 포함**된다."는 것입니다.[114] 즉, 근로자에게 사용자의 지휘·감독에서 벗어난 자유로운 시간의 이용이 보장되었는지 여부가 휴게시간을 판단하는 기준이 되는 것입니다.

다음은 휴게시간을 보장하였다는 사용자의 주장을 부정적으로 판단

---

114) 대법원 2006. 11. 23. 선고 2006다41990 판결

한 사례인바, 내용을 살펴보면 구체적 사실관계 속에서 근로자에게 휴게시간의 자유로운 이용이 보장됐는지 여부를 어떻게 증명할 것인지 혹은 반대로 근로자들이 휴게시간의 자유로운 이용이 보장되지 않았음을 증명하는 방법에는 어떤 것들이 있는지를 알 수 있습니다.

"원심이 피고와 근로계약을 체결하고 1일 실제 근로시간을 산정함에 있어, '휴식시간은 점심시간 1시간과 저녁시간 1시간이며, 야간에는 3~4시간 정도 숙면을 취하고 있는 실정'이라는 내용으로 이 사건 아파트의 일부 경비원들이 작성한 확인서들을 근거로 하여, 12:00부터 13:00까지와 18:00부터 19:00까지의 점심 및 저녁식사를 위한 휴게시간 2시간과 심야의 4시간 정도 수면시간을 실제 근로시간에서 제외한 조치는 다음과 같은 이유에서 수긍하기 어렵다. 즉 기록에 의하면, ** 아파트 관리사무소가 작성한 관리원 근무수칙에는 '야간근무 중 계속 수면을 취하다 동대표, 관리소장, 관리반장에게 적발 시는 책임자 조치에 따른다.'라고 기재되어 있을 뿐만 아니라, 위 아파트의 관리원 및 관리반장으로 10년간 근무한 적이 있는 ○○○은 원심법정에 증인으로 출석하여 '피고가 6시간의 휴식시간을 준 사실이 없으며, 관리반장으로 재직할 때 주간에는 수시로, 야간에는 23시부터 다음날 05시까지 자전거를 타고 관리원들의 근무초소를 순찰하면서 졸고 있거나 심야시간에 혹시라도 수면을 취하는 근무자를 적발하기 위한 감시·감독을 실행한 사실이 있다.'라고 증언하였고, 원고들을 포함한 위 아파트의 전·현직 관리원들이 '재직 중 어떠한 휴게시간도 공식적으로 제공받은 사실이 없었다. 점심·저녁 식사시간은 전혀 없었고, 심야시간대에도 신발을 신고 의자에 앉아서 깜박깜박 졸면서 근무한 경우 말고는 24시간 근무 중 단 1시간도 휴게시간은 없었다.'라는 내용의 확인서를 작성·제출하였으며, 또한 피고의 전 대표자 □□□는 원고들의 임금 지급 요구와 관련하여 지방노동사무소에서 조사를 받으면서 '경비직 근무자들의 경우 격일제로 근무하며 휴게시간은 알아서 쉬고 있다.'라고 진술하였음을 알 수 있는바, 위 증거들에 비추어 보면, 원심이 증거로 거시한 각 확인서의 기재만으로 원고들에게 1일 6시간의 휴게시간이 주어졌다고 인정하기에는 부족하다고 하지 않을 수 없고, 적어도 원심으로서는 원고들의 점심·저녁식사 및 심야시간의 근무실태에 대하여 구체적으로 심리해 본 후 사용자인 피고의 지휘명령으로부터 완전히 해방되어 원고들의 자유로운 이용이 보장된 식사시간 및 수면시간이 주어진 것으로 인정되는 경우에 한하여 그 시간만을 실제 근로시간에서 제외하였어야 할 것이다."[115]

한편, 근로기준법 제63조 제3호는 "감시 또는 단속적으로 근로에 종사하는 자로서 사용자가 고용노동부장관의 승인을 받은 자에 대하여는 휴게에 관한 규정을 적용하지 아니한다."고 규정하고 있습니다. 즉 근로기준법 제54조의 휴게시간은 모든 근로자에게 동일하게 적용되는 것은 아니라는 점을 파악하고 있어야 합니다.

다만, 휴게시간에 관한 규정의 적용이 제외되는 단속적 근로자로 승인을 받은 자에게 근로계약상 무급 휴게시간을 부여할 수 있는지 여부에 대하여 법제처는 "근로기준법 제63조 제3호에 따르면 감시 또는 단속적으로 근로에 종사하는 자로서 사용자가 고용노동부장관의 승인을 받은 자에 대해서는 같은 법 제4장 및 제5장의 규정 중 근로시간, 휴게

---

115) 대법원 2006. 11. 23. 선고 2006다41990 판결

와 휴일에 관한 규정을 적용하지 않도록 되어 있고, 같은 법 시행규칙 제10조 제3항에 따르면 단속적으로 근로에 종사하는 자는 근로가 간헐적·단속적으로 이루어져 휴게시간이나 대기시간이 많은 업무에 종사하는 자로 정하고 있으며, 같은 법 제54조에 따르면 사용자는 근로시간이 4시간인 경우에는 30분 이상, 8시간인 경우에는 1시간 이상의 휴게시간을 근로시간 도중에 주도록 하고 있고, 같은 법 제50조 제1항 및 제2항에 따르면 근로시간은 1주에 40시간, 1일에 8시간을 초과할 수 없으며, 휴게시간은 제외하되 작업을 위하여 근로자가 사용자의 지휘·감독 아래에 있는 대기시간 등은 근로시간으로 보도록 하고 있는바, 우선 근로기준법 제63조에서 사용자는 근로자에게 근로시간이 4시간인 경우에는 30분 이상, 8시간인 경우에는 1시간 이상의 휴게시간을 근로시간 도중에 주어야 한다고 정하고 있는 같은 법 제54조를 배제하고 있더라도, 같은 법 제3조에서 근로기준법에서 정하는 근로조건은 최저기준이라 정하고 있는 점을 감안할 때, 휴게시간 적용 제외는 근로기준법에서 근로자에게 부여하도록 정하고 있는 최소한의 휴게시간에 구애받지 않고 휴게시간의 부여 여부 및 휴게시간의 간격이나 길이를 자율적으로 결정할 수 있도록 하는 의미로 보아야 할 것이고, 그 밖에 휴게시간 부여를 금지하거나 제한하는 규정은 없으므로, 같은 법 제63조에서 휴게시간 적용을 배제하고 있다고 하여 사용자의 근로자에 대한 휴게시간 부여를 절대적으로 금지하는 효과를 발생시킨다고 볼 수는 없으며, 단속적 근로자의 휴게시간은 사업장의 특성이나 근무 환경 등을 고려하여 사용자와 근로자의 계약에 따라 자유롭게 정할 수 있을 것이다. 또한, 근로기준법에서는 휴게시간에 대한 별도의 정의를 하고는 있지 않으나, 일반적으로 휴게시간은 근로자가 작업시간 중에 실제로 작업에 종사하지 않은 대기시간이나 휴식, 수면시간 등으로 실질적인 사용자의 지휘·감독 없이 근로자의 자유로운 이용이 보장된 시간이라 할 것인데, 비록 고용계약에서 정한 무급 휴게시간에 실제로 근무를 해야 하는 상황이 있는 경우 근로계약 위반이 되는 것은 별론으로 하더라도, 단속적 근로자에게 휴게시간을 부여하지 못한다고 볼 수는 없다. 따라서 단속적 근로자에게 부여된 무급 휴게시간이 실제로는 근로시간에 해당하는지는 별론으로 하더라도, 단속적 근로자로 승인을 받은 자에게 근로계약상 무급 휴게시간을 부여할 수 있다고 할 것이다."라는 법령해석을 한 바 있습니다.[116]

휴게시간과 관련하여 자주 문제가 되는 쟁점 중 다른 하나는 '휴게시간 중의 재해가 업무상 재해에 해당하는지 여부'입니다. 우선 산업재해보상보험법 제37조 제1항 제1호 마목은 "휴게시간 중 사업주의 지배·관리하에 있다고 볼 수 있는 행위로 발생한 사고를 업무상 사고로 본다."고 하여 모든 휴게시간 중의 행위가 업무상 재해에 해당하는 것이 아니라 그 행위가 사업주의 지배·관리하에 있을 것을 요건으로 합니다. 이에 판례는 "휴게시간 중에는 근로자에게 자유행동이 허용되고 있으므로 통상 근로자는 사업주의 지배·관리 하에 있다고 할 수 없고, 따라서 근로자가 휴게시간 중에 사업장 내 시설을 이용하여 어떠한 행위를 하다가 부상을 입은 경우에는 업무상 재해라고 할 수 없으나, **휴게시간 중의 근로자의 행위는 휴게시간 종료 후의 노무제공과 관련되어 있으므로, 그 행위가 당해 근로자의 본래의 업무행위 또는 그 업무의 준비**

---

116) 2014. 4. 2. 법제처 14-0060

행위 내지는 정리행위, 사회통념상 그에 수반되는 것으로 인정되는 생리적 행위 또는 합리적·필요적 행위라는 등 그 행위 과정이 사업주의 지배·관리 하에 있다고 볼 수 있는 경우에는 업무상 재해로 인정할 수 있다고 할 것이고, 산업재해보상보험법 시행규칙 제35조의2[117]는 업무상 재해의 요건으로 사업장 내에서 발생한 사고일 것을 요구하고 있으나, 위 규정은 그 성질과 내용에 비추어 행정기관 내부의 사무처리준칙을 규정한 것에 불과한 것이므로 결국 휴게시간 중의 행위로 근로자가 사망한 경우 그 사망이 업무상 재해로 인정되기 위하여는 사업장 내외를 불문하고 그 행위 과정이 사업주의 지배·관리하에 있다고 볼 수 있는가에 달려 있다."[118]는 기준을 제시하고 있습니다.

그리고 이와 같은 기준에 따라 판례는 △ 구내식당이 없는 사업장에 근무하던 근로자가 사업주의 허락하에 평소와 같이 점심식사시간에 사업장 인근의 자택에서 점심식사를 한 후 바로 사업장으로 복귀하던 중 일어난 재해,[119] △ 10분간의 휴게시간을 이용하여 회사 정문 옆 구내매점에 간식을 사러 가다가 교통사고를 당하였는데 그 사고 장소가 회사의 사업장시설인 제품하치장인 경우의 재해,[120] △ 통상적으로 새벽근무 후 아침식사를 위해 자택으로 가던 중 발생한 재해[121]는 휴게시간 중 발생한 업무상 재해에 해당하다고 보았으며, 반면에 △ 1차 작업 후

---

117) 제35조의2(휴게시간 중 사고) 근로기준법 제54조에 따라 사업주가 근로자에게 제공한 휴게시간 중에 사업장내에서 사회통념상 휴게시간 중에 할 수 있다고 인정되는 행위로 인하여 발생한 사고로 사상한 경우에는 이를 업무상 재해로 본다. 다만, 취업규칙 등을 위반하거나, 고의·자해 및 범죄행위 또는 그것이 원인이 되어 사상한 경우에는 그러하지 아니하다.
118) 대법원 2000. 4. 25. 선고 2000다2023 판결
119) 대법원 2004. 12. 24. 선고 2004두6549 판결
120) 대법원 2000. 4. 25. 선고 2000다2023 판결
121) 2013. 11. 8. 요양부-8882

2차 작업까지의 대기시간 중에 낚시를 하다가 익사한 경우,[122] △ 사업주가 제공한 시설물 등의 하자 또는 관리 소홀로 발생한 것이 아닌 휴게시간에 족구 중 발생한 사고,[123] △ 집에 가서 쉬고 내일 출근하라고 조퇴 허락을 받은 후 집에 가지 않고 직원탈의실 역기대에 누워 역기를 들어 올렸다가 실수 또는 기력미진으로 놓쳐 목에 떨어져 내린 역기의 강한 충격으로 순간적으로 사망에 이른 사고[124]에 대하여는 휴게시간 중 발생한 업무상 재해에 해당하지 않는다고 보았습니다.

---

122) 부산지방법원 2013. 5. 15. 선고 2012구단1932 판결
123) 2012. 9. 14. 요양부-5958
124) 대법원 2008. 5. 29. 선고 2007두3077 판결

21 연차유급휴가 사용촉진

근로기준법 제61조는 "사용자가 근로자의 연차유급휴가의 사용을 촉진하기 위하여 법률상 일정 조치를 취하였음에도 불구하고 근로자가 휴가를 사용하지 아니하는 경우 근로자의 미사용 연차휴가에 대하여 보상의무를 면제"하는 연차유급휴가의 사용촉진 제도를 두고 있습니다. 이러한 사용촉진 제도는 근로자에게는 휴가 사용을 장려하여 재충전의 시간을 갖도록 하고 사용자에게는 연차휴가보상금에 대한 부담을 덜어준다는 점에서 다수의 기업에서 이용되고 있는바, 사용자가 보상의무를 면제받기 위해서는 다음과 같은 조치를 취하여야 합니다.

첫째, 사용자는 연차휴가를 사용할 수 있게 된 날부터 1년의 기간이 끝나기 6개월 전을 기준으로 10일 이내에 각 근로자별로 사용하지 아니한 휴가 일수를 알려주고, 근로자가 그 사용 시기를 정하여 사용자에게 통보하도록 서면으로 촉구하여야 합니다. 둘째, 이러한 촉구에도 불구하고 근로자가 촉구를 받은 때부터 10일 이내에 사용하지 아니한 휴가의 전부 또는 일부의 사용 시기를 정하여 사용자에게 통보하지 아니하면 사용자는 휴가 사용 가능 기간(1년)이 끝나기 2개월 전까지 그 근로자가 사용하지 아니한 휴가의 사용 시기를 정하여 근로자에게 서면으로 통보하여야 합니다.

사용촉진제도는 기존의 휴가제도가 근로자로 하여금 재충전과 사회적·문화적 생활을 영위할 수 있도록 하자는 제도의 취지를 상실한 채 모자라는 임금을 보전하거나, 임금을 더 받기 위한 수단으로 이용되는 실태를 개선하고 휴가제도의 실효성을 확보하기 위한 것이므로, 연차유급휴가 사용촉진제도가 근로자와 사용자 사이의 단체협약에 규정되어 있지 않다고 하더라도 근로기준법의 최저기준성에 비추어 사용자는 노사 간의 합의가 없더라도 근로기준법 제61조에 따라 연차유급휴가 사용촉진 제도를 시행할 수 있으며,[125] 단체협약으로 사용자의 일방적인 휴가사용촉진조치를 금지하거나 노사 간의 합의 또는 협의를 전제로 하는 규정 등이 있는 경우에는 그에 따라야 할 것이지만, 그러한 규정 등이 없는 이상 사용자는 임의로 휴가사용 촉진조치를 실시할 수 있습니다.[126]

또한 정규직근로자는 물론이고 기간제근로자의 근로계약기간이 2년 미만인 경우에도 사용자가 연차휴가 시기지정 및 휴가사용을 촉구해 휴가 지정일에 근로자가 연차휴가를 소진할 수 있는 경우, 연차 유급휴가 사용촉진 조치가 이루어진 것으로 볼 수 있습니다.[127]

한편, 사용촉진 제도는 근로자의 휴가 미사용으로 사용자에게 발생하는 수당 지급의무를 면제시켜준다는 측면에서 사용자의 조치의무를 엄격하게 해석할 필요가 있는바, 이에 고용노동부에서는 "사용자로 하여금 서면으로 촉구 또는 통보하도록 규정한 것은 휴가사용촉진조치가 명확하게 이행되도록 하여 근로자의 권리보호를 보다 충실하게 하고 불

---

125) 창원지방법원 2011. 5. 17. 선고 2010가단22081 판결
126) 2004. 10. 12. 근로기준과-5454
127) 2014. 9. 2. 근로개선정책과-4885

명확한 조치로 인한 당사자 간 분쟁을 방지하려는 취지로 볼 수 있는 것이므로 사내전산망의 이메일을 통해 통보하는 것은 개별 근로자가 메일을 미확인하는 등의 이유로 근로자 개인별로 서면 촉구 또는 통보하는 것에 비해 도달 여부의 확인 등이 불명확한 경우에는 인정되기 어렵다."고 하여 이메일로 통보를 한 경우 이를 서면으로 볼 수 없어 수당 지급의무가 면제되지 않는다고 보았습니다.[128]

즉 "근로기준법 제61조에 따라 사용자가 근로자별로 미사용 휴가일수를 알려주어 근로자가 사용시기를 정하여 사용자에게 통보하도록 '서면'으로 촉구토록 하고, 촉구를 받은 근로자가 이를 통보하지 아니한 경우 사용자가 미사용휴가의 사용시기를 정하여 근로자에게 '서면'으로 통보하도록 규정하고 있는 이상, 기존의 종이로 된 문서 외에 **전자문서로서 연차유급휴가사용촉진이 가능하기 위해서는 회사가 전자결재체계를 완비하여 전자문서로 모든 업무의 기안, 결재, 시행과정이 이루어져 근로자 개인별로 명확하게 촉구 또는 통보되는 경우여야 할 것**"입니다.[129]

끝으로, 휴가사용촉진조치에 따라 근로자가 휴가사용시기를 정하여 사용자에게 휴가 사용계획서를 제출하였다면 그 지정된 시기에 연차유급휴가를 사용하겠다는 의사표시로 볼 수 있을 것이므로 휴가를 청구한 것으로 볼 수 있고 다만 근로자가 휴가사용시기를 지정하고도 해당 일자에 출근을 하고 이때 사용자가 노무수령 거부의 의사표시 없이 근로를 제공받았다면 휴가일 근로를 승낙한 것으로 보아야 할 것이므로

---

128) 2013. 11. 1. 근로개선정책과-6488
129) 2011. 12. 19. 근로개선정책과-5353

사용자는 해당일에 대하여 연차유급휴가근로수당을 지급하여야 할 것입니다.[130]

---

130) 2007. 11. 13. 임금근로시간정책팀-3353

22 자살과 업무상 재해

업무상 재해라 함은 업무수행 중 그 업무에 기인하여 발생한 근로자의 부상·질병·신체장애 또는 사망을 뜻하는 것으로서 업무와 재해발생 사이에는 인과관계가 있어야 하고 그 인과관계는 이를 주장하는 측에서 증명하여야 할 것입니다. 그런데 근로자가 업무상 스트레스로 인한 우울증 등으로 자살한 경우 이를 업무와 재해 사이에 상당인과관계가 있다고 판단하여 업무상 재해로 인정할 것인지 여부가 문제 됩니다. 특히 자살의 경우 원칙적으로는 산재보상의 범위에 해당하지 않는 자해행위에 속한다고 볼 수 있기 때문입니다.

이에 대한 판례의 입장은 "인과관계의 유무는 반드시 의학적, 자연과학적으로 명백히 증명되어야 하는 것이 아니라 규범적 관점에서 상당인과관계의 유무로 판단되어야 하므로 **근로자가 자살행위로 사망한 경우 근로자가 업무로 인하여 질병이 발생하거나 업무상 과로나 스트레스가 질병의 주된 발생원인에 겹쳐서 질병이 유발 또는 악화되고, 그러한 질병으로 인하여 심신상실 내지 정신착란의 상태 또는 정상적인 인식능력이나 행위선택능력, 정신적 억제력이 현저히 저하된 정신장애 상태에 빠져 자살에 이르게 된 것이라고 추단할 수 있는 때에는 업무와 사망 사이에 상당인과관계가 있다.**"는 것으로서 규범적 관점에 따른 상당인과관계를 인정하여 자살의 경우에도 업무상 재해에 해당할 수 있다고 봅니다. 그리고 이때 "그와 같은 상당인과관계를 인정하기 위하여는 자살자의 질병 내지 후유증상의 정도, 그 질병의 일반적 증상, 요양기간, 회복가능성 유무, 연령, 신체적·심리적 상황, 자살자를 에워싸고 있는 주위상황, 자살에 이르게 된 경위 등을 종합적으로 고려하여야 한다."[131]고 보고 있습니다.

그러나 동시에 판례는 "자살은 본질적으로 자유로운 의사에 따른 것이므로 **근로자가 업무를 수행하는 과정에서 받은 스트레스로 말미암아 우울증이 발생하였고 우울증이 자살의 동기나 원인과 무관하지 않다는 사정만으로 곧 업무와 자살 사이에 상당인과관계가 있다고 함부로 추단해서는 안 되며** 자살자의 나이와 성행 및 직위, 업무로 인한 스트레스가 자살자에게 가한 긴장도 또는 중압감 정도와 지속시간, 자살자의 신체적·정신적 상황과 자살자를 둘러싼 주위 상황, 우울증 발병과 자살행위 시기 기타 자살에 이르게 된 경위, 기존 정신질환 유무 및 가족력 등에 비추어 **자살이 사회평균인 입장에서 보아 도저히 감수하거나 극복할 수 없을 정도의 업무상 스트레스와 그로 말미암은 우울증에 기인한 것이 아닌 한 상당인과관계를 인정할 수 없다.** 그리고 업무와 재해 사이에 상당인과관계가 있는지는 보통 평균인이 아니라 당해 근로자의 건강과 신체조건을 기준으로 하여 판단해야 하므로, 근로자가 자살한 경우에도 자살 원인이 된 우울증 등 정신질환이 업무에 기인한 것인지는 당해 근로자의 건강과 신체조건 등을 기준으로 하여 판단하게 되나, 당해 근로자가 업무상 스트레스 등으로 인한 정신질환

---

131) 대법원 2010. 8. 19. 선고 2010두8553 판결

으로 자살에 이를 수밖에 없었는지는 사회평균인 입장에서 앞서 본 모든 사정을 종합적으로 고려하여 판단하여야 한다."[132]고 하여 원칙적으로 자살이 산재보상법의 보호범위에서 제외되는 자해행위임을 감안하여, 근로자가 자살을 한 경우에는 제반 사정을 면밀히 따져본 후 자살이 우울증의 병적인 발현에 따른 것인지 혹은 망인의 정상적이고 자유로운 의사에 기한 것인지를 검토하여 우울증과 사망 사이의 인과관계 및 그에 따른 업무와 사망 사이의 인과관계의 존부를 엄격히 판단하여 상당인과관계를 인정하여야 한다고 보고 있습니다. 이하는 각 자살이 업무상 재해에 해당하지 않는다고 본 사례와 해당한다고 본 사례인바, 판례가 구체적으로 어떠한 요소들에 착안하여 상당인과관계의 여부를 판단하는지 여부를 살펴 볼 수 있을 것입니다.

자살이 업무상 재해에 해당하지 않는다고 본 사례

"망인은 1952년생으로 2005년경에는 배차부장으로 승진하여 배차업무를 담당하는 외에 사납금 정리, 세차장 폐수관리업무, 야간경비업무 등도 담당하였던 사실, 망인은 특별한 경우 외에는 휴일 없이 거의 매일 출근하였는데, 택시기사들이 일찍 출근하기 때문에 05:00에 출근하여 18:00까지 근무하였던 사실, 망인은 오전에는 다른 직원과 함께 사납금 정리를 하였고, 그 이후에는 폐수처리업무 외에는 별다른 일 없이 있다가 17:00경부터 퇴근 시까지 배차업무를 하였는데, 기사가 모자라는 경우에는 퇴근시간을 초과하여 두 시간 정도 배차업무를 하기도 하였던 사실, 망인은 A택시 소속이었지만 B택시의 배차업무를 같이 하는 등 100여 대의 택시 배차업무를 하였는데, 운전기사가 모자라는 경우 망인이 다른 운전기사에게 연락하여 운전을 부탁하여야 하므로 배차업무에 걸리는 시간이 늘어나기도 하고 택시기사 중에는 거친 성격을 소유한 사람도 있어 배차과정에서 운전

---

132) 대법원 2012. 3. 15. 선고 2011두24644 판결

을 거부하는 택시기사와 실랑이를 벌이거나 말다툼을 하는 경우도 있었던 사실, 망인은 2008. 5. 15.경 우울증진료를 위한 입원 때문에 회사를 휴직하였다가 2008. 10. 21. 퇴직하였는데, 망인은 2006. 11. 15.부터 약 한 달간 C신경정신과의원에서 신경성 불면증으로 진료받았고, 2007. 7. 16.부터 2008. 3. 11.까지 D병원에서 불면증과 그로 인한 피로감으로 총 9차례 통원치료를 받았으며, 2008. 3. 27.부터 약 한 달간 E대학교병원에서 불면, 우울감, 집중력 저하 등의 증상으로 통원치료를 받았고, 2008. 5. 17.부터 약 한 달간 F병원에서 반복성 우울증으로 입원진료를 받고 같은 해 11. 7.까지 통원진료를 받다가 같은 해 12. 13. 투신자살한 사실, 망인의 주치의 소견에 의하면, 망인은 반복성 우울증으로 의욕저하, 정신운동성지체, 과다수면, 집중력 저하, 발병 이후 병의 경과 중에 자살사고, 대인기피증 등을 호소하였고 그와 같은 증상의 완화와 악화가 반복되는 상태였으며, 직장에서의 배차업무로 스트레스를 많이 받았고 2006년부터 불면증이 오고 이후로 증상이 나빠졌으며 모든 사람이 원하는 대로 해줄 수 없어 힘들었음을 호소하였던 사실, 자살은 우울증 등의 회복기에도 자주 발생하는 경향이 있는 사실 등을 알 수 있다. 이러한 사실관계에 의하면, 망인이 배차부장으로 근무하면서 배차인원 부족으로 어려움을 겪었고, 휴일 없이 매일 새벽에 출근하여 저녁까지 근무하는 등 업무로 인한 스트레스를 받았으며, 우울증 치료가 장기화되면서 오랜 기간 근무하였던 회사로부터 퇴직요구를 받게 되어 정신적으로 스트레스를 받았을 것으로 보인다. 그러나 망인의 담당업무가 우울증을 유발할 정도로 과중한 것으로 보이지 아니하고 자신의 담당업무에 대하여 상사나 동료로부터 질책을 받거나 모욕을 당하는 등의 일이 있었다는 자료는 기록상 보이지 않는다. 그리고 퇴직으로 인하여 망인이 다소 정신적 스트레스를 받았을 것으로 보이나 그 정도의 스트레스는 퇴직에 따른 통상적인 것이고, 기록상 퇴직이나 퇴직금 정산 과정에서 회사관계자로부터 크게 부당한 대우를 받은 것으로 보이지 않는다. 즉 망인에게 노출된 업무상 스트레스가 객관적으로 보아 우울증을 유발하거나 심화시킬 정도의 극심한 스트레스라고 보기는 어렵고, 망인이 우울증을 앓게 된 주요 원인은 내성적이면서 꼼꼼한 성격, 지나친 책임의식, 예민함 등 개인적 소인에 있는 것으로 보인다. 따라서 망인의 업무량이 근무일과 근무시간 면에서 다소 과도한 면은 있다 하더라도 그로 인하여 우울증이 발병하였다거나 심화되었다고 단정할 수 없다. 한편 망인은 2008. 5.경 우울증 치료를 위하여 회사를 휴직하고 입원하였는데, 그 당시 건강이 회복되면 회사로 복귀하여 일을 하고 싶다는 의사를 표시하였던 점, 망인은 입원치료를 받은 후 상태가 호전되어 집에서 통원치료를 받다가 2008. 12. 13. 자살하였는데 이때는 업무상 스트레스로부터 상당 기간 해방된 상태였던 점 등의 기록에 나타난 제반 사정을 고려하면, 사회평균인의 입장에서 보았을 때 망인이 도저히 감수하거나 극복할 수 없을 정도의 업무상 스트레스와 그로 인한 우울증으로 자살에 이르렀다고 단정할 수 없다."[133]

자살이 업무상 재해에 해당한다고 본 사례

"망인은 2006. 7. 1. A건설에 경력직 과장으로 입사하여 서울 A구에 있는 B갤러리관에서 근무하며 주택분양관리팀 입주관리파트의 팀장으로 입주자관리업무를 담당한 사실, 망인이 속한 입주관리파트는 팀장인 망인과 대리인 소외 2, 3 등 정직원 3명과 4~5명의 계약직 내지 파견직 여직원들로 구성되어 있었는데, 입주관리파트에서는 고객관리, 분양대금 관리, 입주관리, 등기 및 제세공과금 관리 등의 업무를 담당한 사실, 입주관리파트 직원들이 담당하는 업무 중에는 모델하우스와 차이가 있다거나 아파트 가격의 하락을 이유로 분양계약의 해지를 요청하는 민원인들을 상대하거나 분양대금을 독촉하고 연체료를 부과하는 과정에서의 항의성 전화 등 민원처리 업무가 가장 큰 비중을 차지하였는데, 복잡한 민원에 대하여는 팀장인 망인이 직접 처리한 사실, 망인이 입주관리파트에서 근무하기 시작한 2007년 9월경 경기가 침체되어 아파트 가격이 하락하는 등으로 인하여 분양계약의 해지를 요청하는 민원이 다수 발생하였고, 2007년 12월경부터 2008년 4월경까지 사이에 다수의 입주프로젝트가 동시에 진행되는 바람에 관리해야 할 입주세대가 최대 13,000여 세대에까지 이르러 그에 따른 민원의 폭주로 1일 통화량이 100건이 넘는 날도 있었던 사실,

---
133) 대법원 2012. 3. 15. 선고 2011두24644 판결

2008년 2월 중순 및 2008년 4월 말경 민원상담 경력이 있는 베테랑 여직원 2명이 퇴사하고 신입 여직원들이 채용되었는데, 신입 여직원들이 민원인들의 항의에 유연하게 대처하지 못하자 망인이 직접 상대하여야 하는 민원이 늘어났고, 그 과정에서 민원인들로부터 심한 항의와 욕설을 듣는 경우도 흔히 있었던 사실, 평소 망인은 술, 담배를 하지 않고, 내성적이고 남들에게 싫은 소리를 하지 못하는 여린 성격이었으며, 매사에 꼼꼼하여 직원들 중 가장 먼저 출근하여 가장 늦게 퇴근하는 일이 빈번하였던 사실, 망인은 2008. 4. 9. 업무상 스트레스로 인한 우울, 불안, 불면증, 자살충동 등을 호소하면서 정신과 의원에 내원한 이래 2008. 5. 31.까지 정신과 치료를 받은 사실, 위 의원의 외래기록지에는 "하던 업무가 바뀜. 힘듦. 기존 직원도 힘들어서 그만두고, 정신적인 스트레스, 정상적인 업무를 하기가 힘들다. 지하철 보면 뛰어내리고 싶은 생각도 들고, 그런 생각이 더 잦아진다. 의욕저하, 불면증, 중간에 자꾸 깬다. 소화불량, 자살충동, 자기 무가치감이 든다.", "원래 하던 일 감당 못할 것 같다.", "출근하려니 다시 중압감 느껴지고, 식은땀을 흘린다. 몸무게 6kg 빠져서 89~90kg"등이 기재되어 있는 사실, 망인은 2008. 4. 10. 직속상관인 소외 4 부장에게 입주관리업무 수행에 따른 스트레스로 인하여 정신적, 심적으로 정상적인 업무수행이 불가능한 상태라는 이유로 사직서를 제출하였는데, 소외 4는 다시 생각해 볼 것을 권유한 사실, 망인은 2008. 4. 20. 다시 소외 4를 찾아가 사직의사를 표명하였는데, 소외 4로부터 그만두라는 취지의 말을 듣고는 그렇다면 병가를 신청하겠다고 하였고, 그다음 날인 2008. 4. 21. 위 정신과 의원에서 '중등도의 우울성 에피소드'라는 상병으로 진단서를 발급받아 이를 소외 4에게 제출한 사실, 위 진단서에는 '상기환자는 수개월 전부터 우울, 불안, 불면증을 주소로 내원한 분입니다. 원인은 회사업무로 인한 스트레스로 사료되며 한 달 정도의 요양과 6개월 이상의 약물치료 등의 정신과적 치료가 필요합니다.'라는 치료의견이 기재되어 있는 사실, 망인은 2008. 6. 2. 출근하여 소외 4로부터 마케팅팀으로 보직을 변경하여 주겠다는 말을 들었고, 본사로 가서 보직변경을 확인하였는데, 마케팅팀에서 망인이 맡게 될 업무는 기존에 대리직급의 사원이 담당하던 것이었던 사실, 망인은 위와 같이 보직변경을 확인한 후 근무하던 사무실로 가서 같은 날 11:50경 소외 4와 전화통화를 하면서 점심식사를 하러 간 여직원에 대해 "계약직 여직원이 업무가 힘들어 도망갔다."라고 하는 등 횡설수설을 하기도 하였고, 하루 종일 멍하니 모니터만 보는 망인을 이상히 여긴 소외 3이 망인에게 퇴근을 권유하기도 한 사실, 망인은 같은 날 18:40경 사무실을 나갔다가 모두 퇴근한 19:30경 다시 사무실에 들어와서 20:30경 딸과 마지막으로 통화한 후 새벽까지 원고의 전화를 계속 받지 않고 혼자 사무실에 있다가 그다음 날인 2008. 6. 10. 01:00경부터 07:00경까지 사이에 사무실 3층에서 투신하여 사망한 사실, 한편 망인은 2001. 11. 9. 및 같은 달 13일 정신과 의원에서 우울병 에피소드로 치료를 받은 적이 있는데, 당시 의무기록에는 '6개월간 과도한 민원 건으로 스트레스를 많이 받음'이라고 기재되어 있고, 그 후로 더 이상 치료를 받은 적은 없는 사실, 망인은 처와 딸을 두고 정상적인 가정생활을 하고 있었고, 자살을 할 만한 다른 원인은 찾아볼 수 없는 사실을 알 수 있다. 이러한 사실관계에 나타난 바와 같이 망인이 담당하던 주된 업무는 민원인들로부터 심한 항의와 욕설을 듣기도 하는 민원처리 업무로서 그 업무의 양을 떠나 스트레스를 많이 받을 수밖에 없는 업무인 점, 과거에도 민원 업무로 인한 스트레스로 정신과 치료를 받은 적이 있는 망인이 다시 민원 업무를 맡게 됨으로써 그 스트레스가 더욱 컸을 것으로 보일 뿐만 아니라, 경기침체, 다수의 입주프로젝트 진행, 여직원 퇴사 등으로 망인의 업무가 가중되면서 망인이 우울, 불안, 불면증, 자살충동, 체중감소 등을 겪다가 업무상 스트레스로 인한 '중등도의 우울성 에피소드'라는 정신질환이 발병되어 2달 가까이 정신과 치료를 받은 점, 망인은 업무수행에 따른 스트레스로 인하여 업무수행이 불가능하다며 두 차례에 걸쳐 사직의사를 표명하기까지 한 점, 망인이 업무 이외의 다른 요인으로 인해 우울증에 걸렸다거나 자살에 이르게 된 것이라고 볼 만한 자료가 없는 점 등의 사정을 앞서 본 법리에 비추어 살펴보면, 망인은 업무상의 과로나 스트레스로 인하여 우울증이 발생하였다고 봄이 상당하고, 2001년 발생한 우울증이 이 사건 자살 당시까지 지속되었다고 볼 자료가 없는 이상 약 7년 전의 우울증 병력만으로 망인의 업무상 스트레스와 이 사건 우울증 사이의 인과관계를 부정할 수는 없다. 또한 상관의 만류로 사직서가 반려되고 휴가 후 다시 업무에 복귀하는 것에 대하여 망인은 중압감을 갖고 있었고, 복귀 후 강등으로 받아들일 만한 보직변경을 확인하고는 정신적 충격을 받은 것으로 보이는 점, 보직변경을

> 확인한 날 망인은 횡설수설을 하는 등 이상행동을 보인 점 등 망인이 자살에 이르게 된 전후 경위, 자살 전에 보인 망인의 행동, 자살시간, 장소와 방법의 선택, 망인이 유서를 남기지 아니하였던 점 등의 여러 사정에다가 의학상 우울증의 일반적인 증세로서 의욕상실, 자신감 저하, 불면증, 식욕감퇴, 불안 등 이외에 자살사고 유발이 포함되어 있고 심한 우울증이 있는 사람은 15% 정도가 자살에 의해 사망한다고 알려져 있는 점을 보태어 보면, 망인은 자살 직전 심야에 혼자 사무실에 있으면서 우울증의 심화로 정신병적 증상이 발현됨으로써 정상적인 인식능력이나 행위선택능력, 정신적 억제력이 현저히 저하된 상태에서 자살에 이르게 된 것이라고 추단할 여지가 충분히 있어 보인다. 그리고 업무와 재해 사이의 상당인과관계의 유무는 보통 평균인이 아니라 당해 근로자의 건강과 신체조건을 기준으로 하여 판단하여야 한다는 것이 대법원의 확립된 판례이므로, 망인이 우울증을 앓게 된 데에 망인의 내성적이고 소심한 성격 등 개인적인 취약성이 영향을 미쳤다고 하더라도, 업무상의 과로나 스트레스가 그에 겹쳐서 우울증이 유발 또는 악화되었다면 업무와 우울증 사이에 상당인과관계를 인정함에 아무런 지장이 없다."[134]

---

134) 대법원 2011. 6. 9. 선고 2011두3944 판결

23 취업규칙

　근로기준법 제93조는 상시 10명 이상의 근로자를 사용하는 사용자로 하여금 취업규칙을 작성하여 고용노동부장관에게 신고하여야 할 의무를 규정하고 있으며 이를 변경하는 경우에도 같은 절차를 거치도록 하고 있습니다. 또한 취업규칙에는 "① 업무의 시작과 종료 시각, 휴게시간, 휴일, 휴가 및 교대 근로에 관한 사항, ② 임금의 결정·계산·지급 방법, 임금의 산정기간·지급시기 및 승급에 관한 사항, ③ 가족수당의 계산·지급 방법에 관한 사항, ④ 퇴직에 관한 사항, ⑤ 근로자퇴직급여 보장법 제4조에 따라 설정된 퇴직급여, 상여 및 최저임금에 관한 사항, ⑥ 근로자의 식비, 작업 용품 등의 부담에 관한 사항, ⑦ 근로자를 위한 교육시설에 관한 사항, ⑧ 출산전후휴가·육아휴직 등 근로자의 모성 보호 및 일·가정 양립 지원에 관한 사항, ⑨ 안전과 보건에 관한 사항, ⑩ 근로자의 성별·연령 또는 신체적 조건 등의 특성에 따른 사업장 환경의 개선에 관한 사항, ⑪ 업무상과 업무 외의 재해부조에 관한 사항, ⑫ 표창과 제재에 관한 사항, ⑬ 그 밖에 해당 사업 또는 사업장의 근로자 전체에 적용될 사항"이 담겨 있어야 합니다. 그리고 취업규칙은 사용자가 근로자의 복무규율과 임금 등 당해 사업의 근로자 전체에 적용될 근로조건에 관한 준칙을 규정한 것을 말하는 것이므로 이와 같은

내용을 담고 있으면 그 명칭을 불문합니다.[135]

근로기준법 제96조에 따라 "취업규칙은 법령이나 해당 사업 또는 사업장에 대하여 적용되는 단체협약과 어긋나서는 아니 되며, 고용노동부장관은 법령이나 단체협약에 어긋나는 취업규칙의 변경을 명할 수" 있습니다. 또한 동법 제97조에 따라 취업규칙에서 정한 기준에 미달하는 근로조건을 정한 근로계약은 그 부분에 관하여는 무효로 되고 이 경우 무효로 된 부분은 취업규칙에 정한 기준에 따르게 됩니다.

취업규칙과 관련하여 실무에서 빈번하게 문제가 되는 사항은 근로기준법 제94조 취업규칙의 작성 및 변경 절차와 관련한 것입니다. 동 조항은 "① 사용자는 취업규칙의 작성 또는 변경에 관하여 해당 사업 또는 사업장에 근로자의 과반수로 조직된 노동조합이 있는 경우에는 그 노동조합, 근로자의 과반수로 조직된 노동조합이 없는 경우에는 근로자의 과반수의 의견을 들어야 한다. 다만, 취업규칙을 근로자에게 불리하게 변경하는 경우에는 그 동의를 받아야 한다. ② 사용자는 제93조에 따라 취업규칙을 신고할 때에는 제1항의 의견을 적은 서면을 첨부하여야 한다."고 규정하고 있는데 이러한 취업규칙 변경 절차를 두고서 근로자집단의 의견을 듣거나 동의를 얻는 과정에서 다수의 분쟁이 발생하고 있습니다.

예컨대 최근 모 항공사의 경우 정기상여금이 통상임금에 해당한다는 판결이 있은 후 상여금을 통상임금에서 제외시키는 내용으로의 취업규칙 변경을 사측에서 추진하자 노조 측이 "사측에서 취업규칙 변경에 필요한 근로자 과반 이상의 동의를 얻으려 직원들에게 동의하지 않으면

---

135) 부산지방법원 2014. 10. 10. 선고 2014가합42311 판결

인사상 불이익을 받을 수 있다고 압력을 가하는 식의 방법을 동원하고 있으며 동의율이 저조하자 취업규칙 개정을 위한 동의서 서명 기간을 부당하게 연장했다."는 주장을 하는가 하면 이에 대하여 사측은 "취업규칙 변경을 위한 연명부 동의 방식은 노동부가 권장한 방식으로 대부분의 기업이 이용하는 일반적인 방식이고 취업규칙 변경절차는 관련법에 따라 적법하게 진행하고 있다."며 반박을 하고 있으며, 모 병원의 경우에는 노조 측이 "근로기준법 제94조 제1항에 따라 취업규칙 변경 시 근로자 동의는 자율적 의사결정이 가능해야 하며, 집단적 의사결정으로 이루어져야 하는데 사측이 취업규칙 변경에 따른 노동조건 변화를 설명하지 않고 동의서에 서명을 강요하고 있다. 더욱이 집단적 의사결정이 불가능한 일대일 면담을 통해 서명이 이뤄지고 있다. 심지어는 비정규직 직원을 따로 불러 서명을 종용하기도 했다."고 주장하자, 사측은 정부의 공공기관 정상화 지침에 따라 취업규칙 개정을 하는 것뿐이라며 대립하고 있습니다.

이와 같이 취업규칙을 변경하는 과정에서 특히 내용을 근로자 측에게 불리하게 변경하는 경우[136] 동의를 얻는 과정에서 동의의 방식 등과 관련하여 이를 진정한 동의로 볼 수 있는지 여부가 문제 되는 것입니다. 근로자집단의 동의의 방식과 관련하여 판례는 다음과 같은 기본입장을 견지하고 있습니다.

"사용자가 취업규칙의 변경에 의하여 기존의 근로조건을 근로자에게

---

136) 여기서 근로자에게 불리한 변경에 해당하는지 여부는 근로자 전체에 대하여 획일적으로 결정되어야 할 것이고, 그 변경이 일부 근로자에게는 유리하지만 다른 일부 근로자에게는 불리할 수 있어서 근로자에게 전체적으로 유리한지 불리한지를 단정적으로 평가하기가 어려운 경우에는 근로자에게 불이익한 것으로 취급하여 근로자들 전체의 의사에 따라 결정하게 하는 것이 타당합니다(대법원 1993. 5. 14. 선고 93다1893 판결).

불리하게 변경하려면 종전 근로조건 또는 취업규칙의 적용을 받고 있던 근로자의 집단적 의사결정방법에 의한 동의를 요하고, 이러한 동의를 얻지 못한 근로조건이나 취업규칙의 변경은 효력이 없으며, 그 동의의 방법으로는 근로자 과반수로 조직된 노동조합이 있는 경우에는 그 노동조합의 동의를 요하고, 그와 같은 노동조합이 없는 경우에는 근로자들의 회의방식에 의한 과반수의 동의를 요한다. 그리고 **회의방식에 의한 동의는 전 근로자가 반드시 한 자리에 모여 회의를 개최하는 방식만이 아니라 한 사업 또는 사업장의 기구별 또는 단위 부서별로 사용자 측의 개입이나 간섭이 배제된 상태에서 근로자 간에 의견을 교환하여 찬반을 집약한 후 이를 전체적으로 모으는 방식도 허용된다.** 여기서 사용자 측의 개입이나 간섭은 사용자 측이 근로자들의 자율적이고 집단적인 의사결정을 저해할 정도로 명시 또는 묵시적인 방법으로 동의를 강요하는 것을 의미하며, 사용자 측이 단지 변경될 근로조건이나 취업규칙의 내용을 근로자들에게 설명하고 홍보하는 데 그친 경우에는 사용자 측의 부당한 개입이나 간섭이 있었다고 할 수 없다."[137]

즉 회의방식에 의한 동의는 반드시 전 근로자가 한자리에 모여 회의를 개최할 것을 의미하는 것은 아니나, 사용자 측의 간섭이나 개입이 배제된 근로자 간의 자유로운 의견 교환 및 찬반의 집약을 통한 집단적 의사결정 방식에 의하여야 하는 것입니다. 이에 판례는 교원연수회에서 연봉제 시행에 대한 설명을 한 다음 교원들로부터 개별적으로 연봉제 적용 동의서를 제출받은 것은 교원들이 집단적인 의사결정을 거

---

137) 대법원 2010. 1. 28. 선고 2009다32362 판결

처 동의한 것이라고 볼 수 없다고 판단한 바 있습니다.[138]

결국 회의방식에 의한 동의가 진정한 동의가 될 것인지 여부는 동의 당시의 구체적인 사정을 고려하여 이러한 집단적 의사결정 방식을 거쳤는지에 따라 판단할 수밖에 없을 것입니다. 다음은 이 사안과는 달리 취업규칙의 불리한 변경에 근로자 측의 동의가 있었음을 긍정한 사례인 바, 판례가 동의가 있었음을 인정한 근거가 무엇인지를 찾아볼 수 있을 것입니다.

"예인사업이나 방제조합의 업무는 그 사업소 또는 지부가 전국 해안에 걸쳐 소규모로 산재해 있어 근로자 전체가 한 자리에 모이는 것이 곤란하였던 점, 이에 각 부서별, 사업소·지부별로 설명회를 개최하여 근로조건의 변경 및 퇴직금지급률 변경 사항을 설명하였고, 근로자들은 각 부서별, 사업소·지부별로 설명회에 참석함으로써 상호간에 의견을 교환할 수 있는 기회가 주어진 것으로 보이는 점, 이러한 과정을 거쳐 원고들을 포함한 근로자들은 공기업 구조조정의 일환으로 진행된 정년 단축 및 퇴직금지급률 변경의 필요성을 인식하고 이를 감수하는 입장에서 위 각서와 동의서에 서명하였고, 일부 근로자는 각서를 제출하지 않거나 반대의사를 명백히 표시한 점 등을 종합하면 사용자 측이 변경될 내용을 근로자들에게 설명하고 홍보하는 데 그치지 않고 나아가 근로자들의 동의를 강요하는 등 부당하게 개입하거나 간섭한 것으로는 보이지 아니한다. 따라서 예선사업 및 방제조합의 각 부서별, 사업소·지부별로 근로자들의 협의 및 의견 집약이 근로자들의 자유로운 의사에 따라 이루어진 것으로 보아야 하므로 근로자의 집단적 의사결정방

---

138) 대법원 2012. 6. 28. 선고 2010다17468 판결

법에 의한 동의가 있었다고 봄이 상당하다."[139]

한편, 사용자가 취업규칙에서 정한 근로조건을 근로자에게 불리하게 변경함에 있어서 근로자의 동의를 얻지 못한 경우에는 취업규칙을 변경할 수 없는 것은 아니고 그 변경으로 인하여 기득이익이 침해되는 기존의 근로자에 대한 관계에서는 변경의 효력이 미치지 않게 되어 종전 취업규칙의 효력이 그대로 유지되지만, 변경 후에 변경된 취업규칙에 따른 근로조건을 새롭게 수용하고 근로관계를 갖게 된 신규근로자에 대한 관계에서는 당연히 변경된 취업규칙이 적용됩니다.[140]

---

139) 대법원 2010. 1. 28. 선고 2009다32522 판결
140) 대법원 2011. 6. 24. 선고 2009다58364 판결

24 수습·시용 근로자

수습기간은 채용이 확정된 후 일정기간 동안 직무 적응, 교육, 평가 등을 위하여 임시적으로 두는 기간을 의미합니다. 수습기간과 관련하여 근로기준법 제35조는 수습 사용 중인 근로자에 대하여 예외적으로 동법 제26조의 해고예고 조항이 적용되지 않음을 규정하고 있습니다. 그러나 이 규정은 수습근로자에 대한 해고예고의 예외를 정하고 있는 것일 뿐 수습근로자에 대한 해고가 자유롭다는 의미는 아니라고 할 것입니다. 즉, **"수습근로자라고 할지라도 근로관계를 종료시키기 위해서는 정당한 사유가 있어야 하고 취업규칙에 징계절차가 정해져 있는 경우 이에 따라야"** 하며,[141] "수습기간을 거친 후 본채용을 거부한 사유가 합리적이고 사회통념상 상당한 이유가 있다고 보기 어려운 경우 이는 부당해고에 해당"합니다.[142]

한편, 근로기준법 시행령 제2조는 "수습 사용 중인 기간과 그 기간 중에 지급된 임금은 평균임금 산정기준이 되는 기간과 임금의 총액에서 제외한다."고 규정하고 있는바, 이와 관련하여 최근의 판례는 "근로기준법 시행령 제2조 제1항 제1호는, 그 기간을 제외하지 않으면 평균

---

141) 2012. 8. 20. 근로개선정책과-4200
142) 중앙노동위원회 2011. 10. 26. 2011부해728

임금이 부당하게 낮아짐으로써 결국 통상의 생활임금을 사실대로 반영함을 기본원리로 하는 평균임금 제도에 반하는 결과를 피하고자 하는데 입법 취지가 있으므로, 그 적용범위는 평균임금 산정사유 발생일을 기준으로 그 전 3개월 동안 정상적으로 급여를 받은 기간뿐만 아니라 수습기간이 함께 포함되어 있는 경우에 한한다고 봄이 상당하다. 따라서 근로자가 수습을 받기로 하고 채용되어 근무하다가 수습기간이 끝나기 전에 평균임금 산정사유가 발생한 경우에는 위 시행령과 무관하게 평균임금 산정사유 발생 당시의 임금, 즉 수습사원으로서 받는 임금을 기준으로 평균임금을 산정하는 것이 평균임금 제도의 취지 등에 비추어 타당하다."고 하여 동 규정은 평균임금을 산정하여야 할 사유가 발생하기 전 3개월 동안에 일부 수습기간이 포함되어 있는 경우에 적용되는 것이고 수습기간 중에 평균임금의 산정사유가 발생한 경우에는 평균임금 산정의 기본원리인 근로자의 통상 생활임금을 사실대로 반영하는 방법으로 평균임금을 산정할 수밖에 없다고 판시한 바 있습니다.[143]

또한 최저임금법 제5조 제2항 제1호는 "수습 사용 중에 있는 자로서 수습 사용한 날부터 3개월 이내인 자(다만, 1년 미만의 기간을 정하여 근로계약을 체결한 근로자는 제외한다)에 대하여는 최저임금법에 따른 최저임금액과 다른 금액으로 최저임금액을 정할 수 있다."고 규정하고 있습니다. 따라서 수습 근로자에 대하여 별도의 임금체계를 적용하는 것은 위법하지 않다고 할 것입니다. 다만, "정규직 사원으로 발령받기 이전의 수습기간 동안 정규직 사원과 동일한 시간에 출근과 퇴근을 하였고, 회사 영업부 고객창구에서 입·출금 전표에 담당자로서 날인하고, 상급자의 결재

---

143) 대법원 2014. 9. 4. 선고 2013두1232 판결

를 받는 등 상사의 근무감독을 받았으며, 정규직 사원과 일·숙직 근무를 명받아 일·숙직업무를 하였다면 비록 정규직 사원으로 발령받지 않았다고 하더라도 수습기간 동안에도 회사와 사용종속관계에 있었다고 봄이 상당하므로 수습기간은 퇴직금 산정을 위한 근속기간에는 포함"됩니다.[144]

시용기간은 본채용 전에 일정기간 근무를 하면서 정규사원으로서의 적격성 여부를 판단하는 기간을 의미하는 것으로서 아직 채용이 확정된 것이 아니라는 점에서 수습기간과 구분됩니다. 다만, 수습기간과 시용기간의 구분은 이러한 명칭에 따를 것이 아니라 채용이 확정된 상태인지 여부의 고용관계의 실질에 따라 구분하는 것이 타당할 것입니다.

판례는 이 같은 시용근로자에 대하여 "**시용기간 중에 있는 근로자를 해고하거나 시용기간 만료 시 본계약의 체결을 거부하는 것은 사용자에게 유보된 해약권의 행사로서, 당해 근로자의 업무능력, 자질, 인품, 성실성 등 업무적격성을 관찰·판단하려는 시용제도의 취지·목적에 비추어 볼 때 보통의 해고보다는 넓게 인정되나, 이 경우에도 객관적으로 합리적인 이유가 존재하여 사회통념상 상당하다고 인정되어야 할 것**이다."[145]라고 판시하고 있는바, 시용근로자에 대한 해고(또는 본채용의 거부)는 시용제도의 취지와 목적에 기반을 둔 객관적이고 합리적인 이유가 존재하여야 그 정당성을 인정받을 수 있다고 할 것입니다.

그렇다면 어떠한 경우가 해고 또는 본계약 체결의 거부가 객관적으로 합리적인 이유가 존재하여 사회통념상 상당하다고 인정될 것인지를 살

---

144) 광주지방법원 2003. 4. 18. 선고 2002가단1180 판결
145) 대법원 2005. 7. 15. 선고 2003다50580 판결

펴보면, 판례는 당해 회사가 시용기간을 둔 취지와 목적, 시용근로자들에 대한 업무부적격성, 성실성, 능력과 자질 등에 대한 객관적 평가와 평가자료의 존재, 해고 대상자(본채용 거부자) 선정의 공정성 등을 종합적으로 고려하여야 한다고 보고 있습니다. 다음의 두 사안은 수습·시용근로자에 대한 해고와 본계약 체결의 거부를 위법·무효라고 본 판례인바, 수습·시용근로자들에 대한 해고 또는 본계약 체결의 거부에 사용자가 통상의 근로자들보다 재량권을 갖는다 하더라도 이는 어디까지나 사회통념상 상당성 또는 합리적인 이유가 있어야 정당성을 인정받을 수 있다는 점을 유의하여야 할 것입니다.

> **수습·시용 근로자들에 대한 해고 또는 본계약 체결 거부가 무효라고 본 사례**
>
> "이 사건 수습사원근로계약은 원고를 수습사원으로 채용한 후 일정기간 동안 업무능력, 자질, 인품, 성실성 등 업무적격성을 관찰·판단하여 본채용 여부를 결정하기 위한 것으로서 일종의 해약권유보부 근로계약이라고 할 것인데, 피고 회사가 원고에 대하여 한 이 사건 해고는 원고가 노동조합을 결성하자 곧바로 임박한 기한을 설정하여 피고 회사의 취업규칙에 규정되어 있지도 않은 구비서류의 제출을 요구하면서 이를 지키지 못하였다는 이유로 단행된 것으로서 시용근로계약에 있어 해약권유보의 본래 취지나 목적과는 거리가 먼 점, 이 사건 해고는 원고를 포함하여 노동조합원들만을 대상으로 하였던 점, 원고가 이 사건 해고 시점까지 약 2개월 동안 업무부적격성이나 불성실함을 보였다는 자료가 전혀 없는 점 등에 비추어 보면, 피고 회사에게 유보된 해약권을 행사하는 데에 있어 객관적으로 합리적인 이유가 존재하여 사회통념상 상당하다고 인정하기 부족하므로 이 사건 해고는 위법하다고 할 것이다."[146]

---

146) 대법원 2005. 7. 15. 선고 2003다50580 판결

> "피고 은행이 각 지점별로 C 또는 D의 평정등급 해당자 수를 할당한 점, 피고 은행이 근무성적평정표가 작성·제출된 후 일부 지점장들에게 재작성을 요구하였고, 이에 따라 일부 지점장들이 평정자 및 확인자를 달리하도록 정한 피고 은행의 근무성적평정요령에 어긋나게 혼자서 근무성적평정표를 재작성하기도 한 점, 평정대상자마다 평정자가 상이한 점, 시용조건부 근로계약 해지의 성격상 당해 근로자의 업무적격성 등을 절대적으로 평가하여야 함에도 상당수의 평정자가 다른 직원들과의 비교를 통하여 상대적으로 평가한 점, 원고들에 대한 근무성적평정표 및 평정의견서만으로 원고들의 업무수행능력이 어느 정도, 어떻게 부족하였는지 또 그로 인하여 업무수행에 어떠한 차질이 있었는지를 알 수 없는 점 등에 비추어 보면, 피고 은행이 원고들과의 이 사건 근로계약을 해지한 데에는 정당한 이유가 있다고 보기 어렵다."[147]

---

147) 대법원 2006. 2. 24. 선고 2002다62432 판결

25 기간제 근로계약

 기간제근로자의 근로계약기간이 비정규직 인사관리 부분에서 가장 큰 문제가 되는 이유는 일정기간에 한하여 기간제 근로계약을 체결하였음에도 불구하고 그 구체적인 운영형태에 따라 기간의 정함이 없는 근로계약을 맺은 것으로 볼 소지가 있다는 점, 계약기간 만료에 따른 갱신계약의 체결 거절이 해고가 되어 부당해고 문제가 발생할 수 있다는 점, 이에 따라 기간제 및 단시간근로자 보호 등에 관한 법률 제4조 제2항에 해당하여 2년을 초과하여 기간제근로자로 사용하는 경우가 되어 해당 기간제근로자를 기간의 정함이 없는 근로계약을 체결한 근로자로 보게 되는 결과가 발생할 수 있다는 점에 있다고 할 것입니다. 이러한 기간제근로자의 근로계약 종료와 계약 갱신 거절에 대하여는 다음 판례 내용에 따라 그 원칙을 정리할 수 있을 것입니다.

 "기간을 정한 근로계약서를 작성한 경우에도 예컨대 단기의 근로계약이 장기간에 걸쳐서 반복하여 갱신됨으로써 그 정한 기간이 단지 형식에 불과하게 된 경우 등 계약서의 내용과 근로계약이 이루어지게 된 동기 및 경위, 기간을 정한 목적과 당사자의 진정한 의사, 동종의 근로계약 체결방식에 관한 관행 그리고 근로자보호법규 등을 종합적으로 고려하여 **그 기간의 정함이 단지 형식에 불과하다는 사정이 인정되는**

경우에는 계약서의 문언에도 불구하고 사실상 기간의 정함이 없는 근로계약을 맺었다고 볼 것이며, 그 경우에 사용자가 정당한 사유 없이 갱신계약의 체결을 거절하는 것은 해고와 마찬가지로 무효이다. 그러나 근로계약기간의 정함이 위와 같이 단지 형식에 불과하다고 볼만한 특별한 사정이 없다면 근로계약 당사자 사이의 근로관계는 그 기간이 만료함에 따라 사용자의 해고 등 별도의 조처를 기다릴 것 없이 당연히 종료된다."[148]

"기간을 정하여 근로계약을 체결한 근로자의 경우 그 기간이 만료됨으로써 근로자로서의 신분관계는 당연히 종료되고, 근로계약을 갱신하지 못하면 갱신 거절의 의사표시가 없어도 당연 퇴직되는 것이 원칙이다. 그러나 근로계약, 취업규칙, 단체협약 등에서 기간이 만료되더라도 일정한 요건이 충족되면 당해 근로계약이 갱신된다는 취지의 규정을 두고 있거나, 그러한 규정이 없더라도 근로계약의 내용과 근로계약이 이루어지게 된 동기 및 경위, 계약 갱신의 기준 등 갱신에 관한 요건이나 절차의 설정 여부 및 그 실태, 근로자가 수행하는 업무의 내용 등 당해 근로관계를 둘러싼 여러 사정을 종합하여 볼 때 근로계약 당사자 사이에 일정한 요건이 충족되면 근로계약이 갱신된다는 신뢰관계가 형성되어 있어 근로자에게 근로계약이 갱신될 수 있으리라는 정당한 기대권이 인정되는 경우에는, 사용자가 이를 위반하여 부당하게 근로계약의 갱신을 거절하는 것은 부당해고와 마찬가지로 아무런 효력이 없고, 이 경우 기간만료 후의 근로관계는 종전의 근로계약이 갱신된 것과 동일하다."

---

148) 대법원 2011. 7. 28. 선고 2009두5374 판결

즉 판례는 기간제 근로계약의 실제 운영형태에 주목하여 기간제 계약을 체결한 경우라도 제반사정을 고려하여 실질적으로 기간의 정함이 의미가 없게 된 경우, 기간의 정함이 없는 근로계약으로 보아 이에 대한 계약 갱신 거절을 해고라고 본 것이고, 나아가 계약기간 종료에 따른 당연 퇴직의 원칙에도 불구하고 기간제근로자에 대한 근로계약의 갱신 취지 규정이 존재하거나 이러한 규정이 없는 경우에도 기타 근로계약 갱신의 정당한 기대권이 인정되는 경우에 있어서는 갱신 거절이 해고와 마찬가지라는 입장으로서 기간제근로자의 계속고용에 대한 권리를 보호하는 입장을 보여주고 있는 것입니다. 따라서 기간제근로자를 사용하는 회사의 인사부서 등에서는 기간제근로자에 대하여 계약직 근로자는 계약 종료와 함께 당연히 근로관계가 종료된다는 개념에서 벗어나 계약의 갱신 등에 관한 취업규칙 등 제반 규범이 존재하는지 여부, 기간제근로자들에 대한 계약갱신 관행 등 실제 근로관계 및 계약형태를 면밀히 파악하여 해당 근로자에 대한 계약 만료 처리 또는 갱신 거절 등을 하여야 갱신 거절이 부당해고로 인정되어 발생하는 법적 리스크를 예방할 수 있을 것입니다.

한편, 근로계약 당사자 사이에 일정한 요건이 충족되면 근로계약이 갱신된다는 신뢰관계가 형성되었는지 여부는 구체적인 사실관계를 통해 파악될 수 있는 것이므로 이하의 사례들을 살펴봄으로써 판례가 갱신 기대권을 인정한 경우 또는 인정하지 않은 경우 어떠한 점에 근거하여 이 같은 판단을 내리게 되었는지를 확인해 볼 수 있을 것입니다.

갱신기대권을 긍정한 사례

"채용계약서에 계약 만료 시에 최종 평가를 실시한다고 정하였고, 실제로 회사는 근무실적을 평가하여 근로자가 재계약 가능 점수를 얻자 계약을 갱신하였으며, 갱신 거절 이전까지 총 8회에 걸쳐 매년 갱신하여 근무하여 온 점, 근로계약 당시에 시행 중이던 회사 '전문직 직원 운영세칙'은 근무실적평가에 관하여 정하면서, 근무실적평정 결과 최종평점이 75점 이상일 경우 계약이 연장되도록 규정하였고, 전문직 직원의 총 사용기간의 제한을 폐지하는 한편 1년 단위로 계약을 체결하되 1년 이상 사용하여야 할 경우 재계약 시 계약서에 특별한 사유가 없는 한 계약기간이 1년 단위로 계속 연장된 것으로 간주함을 명시하도록 규정하였던 점 등으로 보건대 이러한 경우 근로자에게 갱신에 대한 정당한 기대권이 인정된다."

"참가인 2는 2000. 10. 9. 계약기간을 1년으로 정하여 고용된 이래 매년 재계약을 체결하여 2006. 10. 8.까지 근로관계를 유지해 왔고, 참가인 3은 2000. 11. 21. 계약기간을 1년으로 정하여 시간제 업무보조원으로 고용된 이래 매년 재계약을 체결하여 2006. 11. 14.까지 근로관계를 유지해 온 사실, 원고의 '계약직 직원 운용규정'과 '시간제 업무보조원 운용준칙'및 원고와 위 참가인들 사이에 작성된 근로계약서에 의하면 계속 근로기간이 5년을 초과하지 못하도록 정해져 있는 사실, 그런데 2003. 7. 31. 원고와 노동조합 사이에 체결된 단체협약 제24조는 '비정규직의 재계약은 시간제 업무보조원의 준칙과 계약직규정에 의하되 본인이 계속 근무를 원할 시에는 근무성적 평점에 의하여 계약기간에 관계없이 계속 근무하게 할 수 있다'고 정하였고, 이에 따라 원고는 위 참가인들을 포함하여 5년을 초과하여 근무한 기간제근로자들에 대해서도 근무성적 평점에 따라 재계약을 체결하여 온 사실, 또한 기록에 의하면 이 사건 규정과 이 사건 단체협약 제24조 등은 근무성적 평점을 재계약 여부를 결정하는 기준으로 규정하고 있는데, 이 사건 규정은 근무성적평정의 시기, 방법, 절차 등에 관하여 비교적 상세한 내용을 정하고 있고 그에 의하면 재계약기준이 되는 평점을 70점으로 명시하고 있는바, 원고는 근무성적 평점이 위 재계약기준에 해당하는 근로자들에 대하여 특별한 사정이 없는 이상 재계약을 체결하여 온 점, 원고는 인력관리의 유연성 제고 및 생산성 향상 등의 이유로 계약직 직원 및 시간제 업무보조원 등 기간제근로자를 채용하면서 전체 직원 중 기간제근로자의 구성 비율을 일정 정도로 유지하여 왔고 이 사건 재계약 거절 당시 특별히 그 인원을 감축할 필요가 있었던 것은 아닌 점 등을 알 수 있으므로, 참가인들에 대해서는 이 사건 규정 및 근로계약서상의 계속 근로기간의 한도 규정과 관계없이 근무성적 평점 결과 재계약기준에 해당하는 점수를 받으면 재계약될 수 있다는 합리적이고 정당한 기대권이 인정된다."[149]

"① 단체협약에서 계약기간이 만료되었다는 사정만으로 재계약을 거절하지 아니하고, 실적 및 인사고과 등을 감안한 일정기준에 의하여 평가하여 소정의 절차에 의하여 재계약 여부를 판단하기로 합의한 점, ② 계약직 사원 관리지침에 계약직 사원에 대하여는 고용계약의 갱신심사 등에 활용하기 위하여 근무성적평가를 실시할 수 있고, 평가자 및 평가시기 및 방법 등 세부사항은 사장이 따로 정하기로 규정되어 있는 점, ③ 회사가 계약직 사원 평가 및 재계약 기준을 제정하여, 매년 계약직 근로자들의 실적을 반영한 정량적 평가, 행정업무처리 숙련도, 조직활성화 기여도 등을 반영한 정성적 평가 등 근무성적평가를 실시하였고 그 결과 하위 5%에 해당하는 근로자들을 제외한 대부분의 근로자들에 대하여는 재계약을 체결해 온 점, ④ '계약직사원 평가 및 재계약기준'에는 3년 계약직 근로자들의 경우 3년 전체의 정량적 평가 순위, 정량적 평가와 정성적 평가를 합산한 종합평가 순위를 각각 매긴 후 종합평가 하위 5% 해당 근로자, 정량적 평가 하위 5% 해당 근로자에 대하여는 재계약을 할 수 없고, 종합평가 하위 5% 초과 10% 이하 해당 근로자에 대하여는 인사위원회에서 재계약 여부를 결정하도록 규정되어 있으므로 계약직 근로자들 사이에는 위 기준을 상회하는 한 계약이 갱신된다는 신뢰관계가 형성되어 있다고 볼 수 있는 점 등을 종합하면, 계약직 근로자들에게는 근무성적 평가 결과 일정한 순위 이상의 성적을 얻게 되면 기간제 근로계약이 갱신되리라는 정당한 기대권이 인정된다."[150]

---

149) 대법원 2011. 7. 28. 선고 2009두2665 판결.
150) 대법원 2011. 7. 28. 선고 2009두5374 판결, 다만 이 사건에서는 계약직 근로자들에게는 근무성적 평가 결과 일정한 순위 이상의 성적을 얻게 되면 근로계약이 갱신되리라는 정당한 기대권은 인정되나, 해당 근로자는 3년 동안의 실적평가가 최하위로서 회사가 마련한 '계약직 사원 평가 및 재계약 기준'이 정한 재계약 제외대상자(하위 5%)에 해당하여 회사가 근로계약 갱신을 거절한 합리적인 이유가 있었다고 판단하였습니다.

갱신기대권을 부정한 사례

"① 모든 근로계약서에 근로기간(1년 또는 2년)이 명시되어 있고, 1년을 단위로 근로계약을 체결하여 온 점, ② 원고는 참가인을 포함한 모든 직원들과 기간을 정한 근로계약을 체결하고 있고 취업규칙에도 '근로자의 근로계약은 기간의 명시가 있는 것을 제외하고는 1년으로 한다.', '관리소는 근로자가 근로계약이 만료되어 계약갱신이 되지 않았을 때 퇴직조치한다.'고 규정하고 있는 점, ③ 원고가 아파트 관리업무를 위탁관리에서 자치관리로 변경하여 관리소장을 포함한 근로자들을 직접 고용하기 시작한 것은 2004. 12. 1.부터로써 근로계약상 계약기간에도 불구하고 기간의 정함이 없는 근로계약의 관행이 성립하였다고 볼 수 있을 정도의 기간이 경과하였다고 볼 수 없는 점 등을 종합하여 보면 이 사건 근로계약에서 정한 계약기간이 단지 형식에 불과하다고 볼 수는 없다."[151]

---

151) 서울행정법원 2009. 9. 11. 선고 2009구합15470 판결

26 비정규직 차별

　기간제 및 단시간근로자 보호 등에 관한 법률 제8조는 "① 사용자는 기간제근로자임을 이유로 당해 사업 또는 사업장에서 동종 또는 유사한 업무에 종사하는 기간의 정함이 없는 근로계약을 체결한 근로자에 비하여 차별적 처우를 하여서는 아니 된다. ② 사용자는 단시간근로자임을 이유로 당해 사업 또는 사업장의 동종 또는 유사한 업무에 종사하는 통상근로자에 비하여 차별적 처우를 하여서는 아니 된다."고 규정하여 비정규직 근로자에 대한 차별적 처우를 금지하고 있으며, 제9조는 차별적 처우를 받은 근로자로 하여금 차별적 처우가 있은 날(계속되는 차별적 처우는 그 종료일)부터 6개월 내 노동위원회에 시정을 신청할 수 있도록 하고 있습니다.[152]

---

[152] "근로자가 차별적 처우에 대한 시정을 구하면서 노동위원회에 구제신청을 하였으나, 심판절차가 진행 중 계약기간의 만료로 근로관계가 종료되었다면 장래에 더는 차별적 처우를 받을 가능성이 없어지는 점, 근로관계 종료 전의 차별적 처우에 대한 차별적 행위의 중지, 임금 등 근로조건의 개선명령은 과거의 법률관계에 관한 것으로 사용자가 그 명령을 이행할 수 없어 실효성이 없는 점, 근로관계 종료 전의 차별적 처우에 대한 금전보상명령의 경우 근로자가 위 명령에 따른 금전보상을 받을 가능성이 있다고 하더라도 시정명령으로써 근로자에게 곧바로 금전보상청구권이 발생한다고 볼 수 없고, 사용자가 시정명령을 이행할 공법상 의무만 부담하는 점, 차별적 처우로 인한 금전보상은 민사소송절차를 통하여 종국적으로 해결할 수 있는 점 등을 종합하면, 근로자가 노동위원회에 차별시정을 신청하여 다투던 중 근로관계가 종료하였다면 더 이상 차별시정의 구제절차를 유지할 필요가 없게 되어 구제이익이 소멸한다고 보아야 하므로(서울행정법원 2013. 10. 22. 선고 2013구합9304 판결)" 기간제근로자가 차별적 처우에 대한 시정을 신청하는 경우 계약기간의 만료일을 반드시 확인하여야 할 것입니다.

비정규직 근로자에 대한 차별 처우 금지 및 차별구제를 위한 입법은 갈수록 강화되고 있다고 할 것입니다. △ 차별적 처우가 금지되는 영역은 임금뿐 아니라 정기상여금, 명절상여금 등 정기적으로 지급되는 상여금은 물론 경영성과에 따른 성과금, 그 밖에 근로조건 및 복리후생 등에 관한 사항이 모두 포함되며(동법 제2조 제3호), △ 사용자의 차별적 처우에 명백한 고의가 인정되거나 차별적 처우가 반복되는 경우 징벌적 손해배상의 의미로서 노동위원회는 손해액을 기준으로 3배를 넘지 아니하는 범위에서 배상명령을 할 수도 있습니다(동법 제13조 제2항). △ 또한 고용노동부장관은 근로자의 차별적 처우 시정 신청이 없이도 사용자에 대하여 시정을 요구할 수 있고 이에 응하지 아니할 경우 노동위원회에 차별적 처우의 내용을 통보할 수 있으며(동법 제15조의2),[153] △ 고용노동부장관은 확정된 시정명령을 이행할 의무가 있는 사용자의 사업 또는 사업장에서 해당 시정명령의 효력이 미치는 근로자 이외의 기간제근로자 또는 단시간근로자에 대하여도 차별적 처우가 있는지를 직권으로 조사하여 차별적 처우가 있는 경우에는 확대하여 그 시정을 요구할 수도 있습니다(동법 제15조의3 제1항).

"기간제법에서 말하는 불리한 처우란 임금 그 밖의 근로조건 등에서 기간제근로자와 비교대상 근로자를 다르게 처우함으로써 기간제근로자에게 발생하는 불이익 전반을 의미하는바, '불리한 처우' 해당 여부를 따지기 위해서는 '기간제근로자'가 비교대상 근로자인 '정규직 근로자'

---

[153] 다만 "차별적 처우를 당한 기간제근로자의 차별적 처우 시정신청이 없이도 노동위원회가 사용자에 대하여 차별적 처우 시정명령을 발할 수 있도록 규정한 개정 기간제법 제15조의2는 개정 기간제법 시행일인 2012. 8. 2. 이후에 있은 차별적 처우에 대하여만 적용되는 것이 원칙(서울행정법원 2014. 2. 13. 선고 2013구합14672 판결)"입니다.

와 비교할 때 불리한 처우를 받았는지 여부를 기준으로 판단하여야"[154] 하므로 차별을 논하기 위해서는 우선 비교대상인 정규직 근로자가 존재하여야 합니다. 그리고 비교대상 근로자는 차별적 처우를 주장하는 기간제근로자와 동종 또는 유사한 업무에 종사하여야 하는데 이때 비교대상 근로자로 선정된 근로자의 업무가 기간제근로자의 업무와 동종 또는 유사한 업무에 해당하는지 여부는 취업규칙이나 근로계약 등에 명시된 업무내용이 아니라 근로자가 실제 수행하여 온 업무를 기준으로 판단하되, 이들이 수행하는 업무가 서로 완전히 일치하지 아니하고 업무의 범위 또는 책임과 권한 등에서 다소 차이가 있다고 하더라도 주된 업무의 내용에 본질적인 차이가 없다면 특별한 사정이 없는 이상 이들은 동종 또는 유사한 업무에 종사한다고 보아야 할 것입니다.[155]

차별적 처우는 '임금 그 밖의 근로조건 등에서 합리적인 이유 없이 불리하게 처우하는 것'을 의미하는데 판례는 "**합리적인 이유가 없다는 것은 기간제근로자를 달리 처우할 필요성이 인정되지 않거나, 달리 처우할 필요성이 인정되더라도 그 방법·정도 등이 적정하지 않은 것을 의미한다. 나아가 합리적인 이유가 있는지는 개별 사안에서 문제가 된 불리한 처우의 내용 및 사용자가 불리한 처우의 사유로 삼은 근로자의 고용형태, 업무 내용과 범위·권한·책임, 임금 그 밖의 근로조건 등의 결정요소 등을 종합적으로 고려하여 판단하여야 한다.**"[156]고 판시하고 있습니다.

이에 판례는 △ 정규직 근로자에 대하여는 가족수당과 정액급식비,

---

154) 대법원 2014. 9. 24. 선고 2012두2207 판결
155) 대법원 2014. 11. 27. 선고 2011두5391 판결
156) 대법원 2014. 9. 24. 선고 2012두2207 판결

교통보조비를 지급하면서 비정규직 근로자에게는 이들 수당을 지급하지 아니한 것은 불리한 처우에 해당하며(나아가 가족수당은 업무와 관계없이 부양가족이 존재한다는 사정만으로 지급되고, 정액급식비와 교통보조비도 업무와 관계없이 실비변상차원에서 지급되는 것으로 이들 수당은 장기근속 유도와 직접적인 관련이 없다고 보았습니다),[157] △ 정규직 근로자에 비하여 비정규직 근로자에게 중식대와 통근비를 적은 금액으로 지급한 것은 중식대와 통근비가 실비변상의 성격을 가진 점, 이들 수당을 장기근속 유도와 직접 연관시키기 어려운 것으로 보이는 점 등을 근거로 합리적인 이유가 있는 차별이라고 인정하지 않았습니다.[158] △ 또한 교사로 재직하다가 퇴직한 후 초등학교에서 기간제 교원으로 근무하던 근로자를 담임교사로 임용하면서 정규직 담임교사와 달리 방학기간을 계약기간에서 제외하고 방학기간 중 급여를 지급하지 않은 것에 대하여도 정규교원의 경우도 기간제 교원과 마찬가지로 여름방학 기간에 특별한 업무수행의 필요성이 없었던 점, 학급담임교사의 경우 방학기간에도 학생들의 생활안전 지도와 다음 학기를 위한 교재 연구, 학생 지도 준비 등의 업무를 수행할 필요성이 있고, 이는 기간제 교원이라고 하여 다르지 않은 점 등을 종합해 볼 때 합리적인 이유가 없는 차별적 처우에 해당한다고 보았습니다.[159]

반면에 다른 사안에서는 "합리적인 이유가 있는지 여부는 기간제근로자의 근속기간, 단기고용이라는 특성, 채용조건·기준방법·절차, 업무의 범위·권한·책임, 노동시장의 수급상황 및 시장가치, 사용목적(수습·시용·직업훈련·인턴 등), 임금 및 근로조건의 결정요소(직무, 능력, 기능, 기술, 자격, 경

---

[157] 대법원 2014. 11. 27. 선고 2011두5391 판결
[158] 대법원 2012. 10. 25. 선고 2011두7045 판결
[159] 서울행정법원 2012. 11. 13. 선고 2012구합16220 판결

력, 학력, 근속연수, 책임, 업적, 실적 등) 등을 고려하여 개별 사안별로 판단하여야 한다."고 하여 △ "① 회사가 단기간 내지 단시간고용을 전제한 기간제 내지 단시간근로자와 장기고용을 전제로 한 정규직 근로자 사이에 급여 체계를 달리한 것 자체는 그 사용목적에 비추어 상당한 이유가 있다고 할 것인 점, ② 사원 4급 이상 직원에 해당하는 위 비교대상 근로자들의 월정급 및 상여금의 산정 기준이 되는 연봉은 개별 근로자의 업적, 능력고과에 더하여 물가변동, 임금시장의 수준, 생계비, 생산성 및 회사 상황 등 제반사정을 감안하여 결정되는 것이고, 여기에는 근속기간에 따른 연공적 성격도 포함되어 있다고 할 것인데, 사원 5급인 직원들 중 일부(시급제)의 경우 근속기간에 따라 시급으로 계산된 급여와 별도로 근속수당을 지급받기도 한 점, ③ 사원 4급 이상의 직원과 사원 5급 직원들 사이에는 채용자격, 기준 및 절차가 상이하고, 이 점에서 회사가 비교대상 근로자들과 참가인 등에게 요구하는 업무의 내용 및 목표, 업무수행과정에서의 권한과 책임을 달리하고 있다고 보이는 점 등을 종합하면, 참가인 등과 비교대상 근로자들 사이의 급여수준이 결과에 있어 차이가 있다고 하더라도 이는 고용형태의 특성, 채용조건, 업무의 범위, 권한, 책임, 그 밖에 직무, 능력, 학력, 근속연수 등 임금 및 근로조건의 결정요소의 차이 등에 기인한 것으로 보이므로, 원고가 위 비교대상 근로자들과 위 참가인 등의 상여금을 포함한 급여수준에 차이를 둔 것은 합리적인 이유가 있는 차별로 봄이 타당하다."고 판시하였고,[160] △ 은행과 1년 단위의 근로계약을 체결하고 내부통제업무를 수행하던 근로자들이 정규직 근로자들에 비하여 변동성과급, 자녀학자금, 개인연금신탁금 등에서 차별을 받았다며 차별시

---

160) 서울행정법원 2012. 1. 12. 선고 2011구합8857 판결

정을 신청한 사안에서도 이는 불리한 처우에 합리적인 이유가 있는 경우에 해당하여 차별적 처우에 해당하지 않는다고 보았습니다.[161]

---

161) 서울고등법원 2010. 11. 10. 선고 2010누15577 판결

27 간접고용

근로자 파견이라 함은 '파견사업주가 근로자를 고용한 후 그 고용관계를 유지하면서 근로자파견계약의 내용에 따라 근로자로 하여금 사용사업주의 지휘·명령을 받아 사용사업주를 위한 근로에 종사하게 하는 것'을 말합니다. 반면 도급은 '일의 완성을 목적으로 도급업자가(원청) 수급업자(하청)에게 업무를 위탁하면 이에 대하여 업무처리를 위탁받은 사용자가 근로자와 근로관계를 맺고 그의 지휘·감독하에 근로자를 근로에 종사하게 하는 것'입니다.[162]

이렇듯 파견과 도급은 구분되는 개념이나, 사내하도급에 있어서는 하도급근로자가 원청업체의 사업장에서 작업을 한다는 특징으로 인해 파견과 도급의 구별이 불분명해지며 특수한 판례이론이 발전되어 왔습니다. 즉 하청업체는 독자성이 없고 근로자에 대하여 사용자로서 실질적인 권한을 가지는 자가 원청업체로 인정되는 경우, 하도급근로자와 원청업체 사이에 묵시적 근로계약이 인정될 수 있으며, 하도급근로자가 자신과 근로계약을 체결한 하청업체가 아니라 원청의 지휘·감독을 받게 됨으로써 결국 그 실질이 도급이 아닌 파견으로 인정될 수 있다는 것입니다.

---

162) 파견과 도급의 구별에 대해서는 노동부가 2009. 8. 발간한 「파견·도급 구별 참고자료(노동부·검찰지침, 법원 판례 등)」를 참조하시기 바랍니다.

이를 보다 구체적으로 살펴보면 판례는 "**원고용주**(하청업체)**가 독자성이 없거나 독립성을 결하여 제3자**(원청업체)**의 노무대행기관과 동일시할 수 있는 등 그 존재가 형식적·명목적인 것에 지나지 아니하고, 사실상 피고용인은 제3자와 종속적인 관계에 있으며, 실질적으로 임금을 지급하는 자도 제3자이고, 근로제공의 상대방도 제3자인 경우 피고용인과 제3자 간에는 묵시적 근로계약관계 성립**한다."[163]고 판시하고 있습니다. 따라서 하청업체의 독자성·독립성 여부, 하도급근로자에 대한 임금 등 근로조건 제반을 정하는 자가 실질적으로 누구인지 등을 종합적으로 고려하여 하도급근로자에 대하여 사용자로서의 실질을 갖는 자가 원청업체인 경우에는 근로계약의 당사자는 하도급근로자와 원청업체가 된다고 할 것이며 이렇듯 둘 사이에 묵시적 근로계약이 인정되는 경우 원청업체는 하도급근로자에 대하여 직접 사용자의 지위를 갖게 된다고 할 것입니다.

또한 판례는 "파견근로자보호법의 목적과 내용 등에 비추어 보면, 근로자를 고용하여 타인을 위한 근로에 종사하게 하는 경우 그 법률관계가 파견근로자보호법이 적용되는 **근로자파견에 해당하는지 여부는 당사자들이 붙인 계약의 명칭이나 형식에 구애받을 것이 아니라, 계약의 목적 또는 대상에 특정성, 전문성, 기술성이 있는지 여부, 계약당사자가 기업으로서 실체가 있는지와 사업경영상 독립성을 가지고 있는지 여부, 계약 이행에서 사용사업주가 지휘·명령권을 보유하고 있는지 여부 등 그 근로관계의 실질에 따라 판단하여야 한다.**"고 판시하고 있습니다. 따라서 계약의 명칭을 도급으로 하였는지 등과는 무관하게 파견

---

163) 대법원 2010. 7. 22. 선고 2008두4367 판결

근로자에 대한 작업 지시·결정권한, 근로시간 및 휴게시간의 결정, 휴일의 부여, 인사 및 징계권한의 행사여부 등을 종합적으로 고려하여 이를 사용사업주가 결정하고 있다면 이는 도급이 아니라 파견에 해당한다고 보아야 할 것입니다.

판례는 "① 원청근로자들과 혼재 배치되어 원청 소유 생산시설 및 부품을 사용하였고, 원청의 작업지시서에 의해 업무 수행하였으며 사내협력업체의 고유 기술이나 자본 투입된 바 없음, ② 원청이 사내협력업체 근로자들에 대한 작업배치권을 가지고 작업량, 작업 방법·순서 등을 결정하였으며 원청이 근로자들을 직접 지휘하거나 사내협력업체 소속 현장관리인을 통하여 구체적인 작업지시를 하였음, ③ 원청이 근로자들의 시업과 종업 시간 결정, 휴게시간부여, 연장 및 야간근로 결정함, ④ 원청이 사내협력업체 근로자들에 대한 근태상황을 파악·관리하였음" 등을 근거로 하여 하도급근로자들이 하청업체에 고용된 후 원청의 사업장에 근무하며 원청으로부터 직접 노무지휘를 받는 경우에는 근로자파견관계가 성립하였다 보았습니다. 그리고 이때 도급이 아닌 파견으로서의 실질이 인정되는 경우 파견근로자 보호 등에 관한 법률이 적용되므로 사업주는 파견대상 업무의 제한을 받게 되고 동법 제6조의2 제1항 제3호에 따라 2년 이상 파견근로자를 사용하는 경우 직접고용의무를 부담하게 되는 등의 효과가 발생됩니다(만약 이때 근로자파견대상업무에 해당하지 아니하는 업무에서 파견근로자를 사용한 경우라면 즉시 고용의무가 발생합니다).

한편, 최근 판례는 기존의 법리에서 더 나아가 도급이 아니라 파견의 실질임을 인정한 사안에서 "근로자파견에서의 근로 및 지휘·명령 관계의 성격과 내용 등을 종합하면, 파견사업주가 고용한 근로자를 자신의 작업장에 파견받아 지휘·명령하며 자신을 위한 계속적 근로에 종사하게 하는 사용사업주는 파견근로와 관련하여 그 자신도 직접 파견근로자를 위한 보호의무 또는 안전배려의무를 부담함을 용인하고, 파견사업주는 이를 전제로 사용사업주와 근로자파견계약을 체결하며, 파견근로자 역시 사용사업주가 위와 같은 보호의무 또는 안전배려의무를 부담함을 전제로 사용사업주에게 근로를 제공한다고 봄이 타당하므로 근로자파견관계에서 사용사업주와 파견근로자 사이에는 특별한 사정이 없는 한 파견근로와 관련하여 사용사업주가 파견근로자에 대한 보호의무 또는 안전배려의무를 부담한다는 점에 관한 묵시적인 의사의 합치가 있다고 할 것이고, 따라서 **사용사업주의 보호의무 또는 안전배려의무 위반으로 손해를 입은 파견근로자는 사용사업주와 직접 고용 또는 근로계약을 체결하지 아니한 경우에도 위와 같은 묵시적 약정에 근거하여 사용사업주에 대하여 보호의무 또는 안전배려의무 위반을 원인으로 하는 손해배상을 청구할 수 있다.**"[164]고 하였으며, 제조업체인 A주식회사가 협력업체 소속 근로자들로 하여금 A회사 사업장에서 A회사의 지휘·감독하에 생산·조립 업무에 종사하도록 한 것과 관련하여 A사가 도급인으로서의 지시·감독권을 넘어 구체적 지휘·명령, 노무관리를 행하였으므로 협력업체 근로자들의 실질적 근로관계는 도급이 아닌 파견에 해당하며 이때 파견이 금지되는 직무에 파견근로자를 사용한 것이므로 원청업체 및 협력업체 대표이사들은 파견법 위반의 형사책임을 진다고 판시하기도 하였습니다.

---

164) 대법원 2013. 11. 28. 선고 2011다60247 판결

28 유인물 배포와 조합활동

 사업장 내에서 노동조합(조합원)이 유인물을 배포하는 행위는 사용자의 시설관리권과 조합활동의 범위가 충돌되는 경우로, 전통적으로는 사업장 내의 조합활동은 시설관리권에 의하여 제한을 받을 수밖에 없으므로 유인물 배포 또한 사용자의 허가나 승낙을 얻거나 또는 취업규칙이나 단체협약 등에 그 근거가 있는 경우에 한하여 가능하다는 입장이었습니다. 그러나 근래에 들어서는 유인물 배포가 근로조건의 유지·향상과 무관한 사회·정치적 문제에 대한 의견 표명으로서 회사의 노무지휘권이 미치는 장소에서 대규모의 근로자들을 상대로 행하여지는 등의 특별한 경우를 제외하고는 유인물 배포가 실질적으로 사업장에 끼치는 영향, 유인물 배포의 목적과 조합활동의 정도 등을 종합적으로 고려하여 기업질서 유지를 위한 사용자의 시설관리권과의 조화를 꾀하며 그 정당성의 범위를 보다 넓게 인정되고 있다고 보여집니다.

 판례는 "유인물로 배포된 문서에 기재되어 있는 문언에 의하여 타인의 인격, 신용, 명예 등이 훼손 또는 실추되거나 그렇게 될 염려가 있고, 또 그 문서에 기재되어 있는 사실관계의 일부가 허위이거나 그 표현에 다소 과장되거나 왜곡된 점이 있다고 하더라도, 그 문서를 배포한 목적이 타인의 권리나 이익을 침해하려는 것이 아니라 근로조건의 유지

·개선과 근로자의 복지증진 기타 경제적·사회적 지위의 향상을 도모하기 위한 것으로서 그 문서의 내용이 전체적으로 보아 진실한 것이라면 이는 근로자의 정당한 활동 범위에 속한다."[165]고 보고 있으며, 특히 "취업규칙에 허가 없이 사내에서 유인물을 배포하거나 근무시간 중에 집회·시위·방송·연설 기타 업무와 관계없는 행위를 금지하고 있다 하더라도 노동조합의 정당한 업무를 위한 행위까지 금지할 수는 없으므로, 유인물 배포행위가 정당한지 여부는 사용자의 허가 여부만을 가지고 판단할 것이 아니라 그 유인물의 내용, 배포의 주체, 시기, 대상, 방법, 이로 인해 사용자의 영업이나 직원들의 업무에 미친 영향 등을 기준으로 하여야 한다."고 판시하여 정당한 유인물 배포행위에 대하여 이를 징계사유로 삼은 것은 부당노동행위에 해당한다고 보았습니다.

다음은 이와 같은 판례의 법리에 따라 유인물 배포가 정당한 조합활동에 해당한다고 본 사례들로, 유인물 배포의 정당성 여부를 판단하는 근거 요소들이 무엇인지를 살펴볼 수 있을 것입니다.

유인물 배포가 정당한 조합활동에 해당한다고 본 사례

"이 사건 유인물의 주된 내용은 근로자들에게 노동조합의 설립 사실을 알리면서 근로조건의 유지·개선과 근로자의 복지 증진 및 기타 사회적·경제적 지위의 향상을 도모하기 위한 노동조합의 필요성과 그 가입을 적극적으로 홍보하기 위한 것으로 보이고, 유인물 배포행위가 사용자의 시설관리권의 본질적인 내용을 침해하였다고 보기 어렵고, 설령 침해하였다고 하더라도 이를 정당화할 충분한 사정이 존재하며, 유인물 배포, 연설 또는

---
165) 대법원 1998. 5. 22. 선고 98다2365 판결

피켓시위 외에는 노동조합 홍보를 위한 별다른 방법을 찾기 어려웠을 것으로 보이는 점 등을 종합하면, 유인물 배포 등 행위는 정당한 노동조합 활동에 해당하여 징계사유에 해당하지 아니한다. 사용자가 유인물 배포행위가 원고 노동조합의 활동임을 충분히 알 수 있었음에도 지속적으로 유인물 배포 제지행위를 한 점, 또한 그 제지의 방법도 상당수의 직원을 동원하거나 통근버스의 하차 장소를 갑자기 변경하는 것으로 계획적이고 조직적인 점, 그럼에도 불구하고 사용자가 원고 박○○에게 유인물 배포행위를 징계사유로 하여 징계처분을 한 점 등을 종합하면 이 사건 징계처분은 노동조합 및 노동관계조정법 제81조 제1호에서 정한 부당노동행위에 해당한다."[166]

"원고가 피고 회사로부터 허락을 받지 아니한 채 피고 회사의 임금이나 고용상태 및 원고에 대한 탄압 등을 적시한 뒤 그 이유가 기존의 노동조합이 피고 회사의 의도대로 움직였기 때문이라는 취지의 유인물을 배포한 것은 취업규칙에서 정한 징계사유에 해당한다고 볼 여지가 있기는 하나, 통상 노조가 유인물을 배포하면서 일일이 회사의 승인을 받기를 기대하기는 어려운 점, 유인물 배포행위로 피고 회사의 업무에 별다른 지장이 초래되었다고 보이지 아니하고, 유인물의 내용이 명백히 허위라거나 타인의 명예를 훼손할 정도에까지 이르렀다고 보이지는 아니한 점, 유인물 배포과정에서 피고 회사의 취업규칙을 엄격히 준수할 것을 요구할 경우 자칫 노조활동을 위축시킬 우려가 있다고 보이는 점 등을 고려하여, 원고의 유인물 배포행위는 정당한 노조활동 범위 내에 속한다."[167]

"육아휴직 중인 근로자와 해고처분을 받고 부당해고 구제신청을 한 근로자들은 노동조합법상 근로자 지위를 상실하였다고 볼 수 없으므로 노동조합활동의 일환으로 행해진 이 사건 유인물 배포의 주체가 될 수 있다. 유인물로 배포된 문서에 자극적이고 과장·왜곡된 내용이 포함되어 있더라도 유인물의 주된 내용이 근로자들에게 노조의 설립 사실 및 근로조건의 개선, 근로자 지위 향상을 위해 노동조합이 필요함을 알려 노조를 홍보하기

---

166) 서울행정법원 2014. 3. 30. 선고 2013구합9373 판결
167) 부산고등법원 2014. 2. 11. 선고 2013나2146 판결

위한 것으로 보이고 그 내용이 전체적으로 볼 때 진실한 것으로 보여 이와 같은 내용의 유인물 배포는 정당한 노동조합활동의 범위에 속하는 것으로 판단된다. 취업규칙 등에서 유인물 배포에 관하여 허가규정을 두고 있다고 하더라도 노동조합의 정당한 조합활동을 사용자가 임의로 불허할 수는 없으므로, 그 배포행위가 정당한지 여부는 허가 여부만을 가지고 판단할 수는 없다. 일반적으로 유인물 배포 행위는 일시적·잠정적 행위에 불과하여 집회 또는 벽보부착 등의 행위와 달리 기업의 물적 시설을 침해한다고 보기 어려운 면이 있고, 이 사건 유인물 배포가 이루어진 각 장소는 근로자들이 업무를 실제로 수행하는 공간이 아니라 출퇴근시간 및 휴게(식사)시간에 이동하는 공간이고, 일반인의 출입이 제한된 곳이라고 볼 수도 없으므로 이 사건 유인물 배포에 의한 시설관리권 침해가 크지 않았다. 따라서 이 사건 유인물 배포 행위는 정당한 노동조합활동이라고 보아야 한다."[168]

---

168) 서울행정법원 2013. 10. 10. 선고 2012구합21062 판결

29 직장폐쇄

　노동조합 및 노동관계 조정법 제46조는 직장폐쇄의 요건으로 "사용자는 노동조합이 쟁의행위를 개시한 이후에만 직장폐쇄를 할 수 있으며, 직장폐쇄를 할 경우에는 미리 행정관청 및 노동위원회에 각각 신고하여야 한다."고 규정하고 있습니다. 이렇듯 노동조합법에서는 직장폐쇄의 개시시기 및 신고의무에 대하여 정하고 있을 뿐 직장폐쇄의 정당성 여부를 판단하기 위한 구체적 기준은 판례가 설시하고 있는바 그 내용은 다음과 같습니다.

　"우리 헌법과 노동관계법은 근로자의 쟁의권에 관하여는 이를 적극적으로 보장하는 명문의 규정을 두고 있는 반면 사용자의 쟁의권에 관하여는 이에 관한 명문의 규정을 두고 있지 않은바, 이것은 일반 시민법에 의하여 압력행사 수단을 크게 제약받고 있어 사용자에 대한 관계에서 현저히 불리할 수밖에 없는 입장에 있는 근로자를 그러한 제약으로부터 해방시켜 노사대등을 촉진하고 확보하기 위함이므로, 일반적으로는 힘에서 우위에 있는 사용자에게 쟁의권을 인정할 필요는 없다 할 것이나, 개개의 구체적인 노동쟁의의 장에서 **근로자 측의 쟁의행위로 노사간에 힘의 균형이 깨지고 오히려 사용자 측이 현저히 불리한 압력을 받는 경우에는, 사용자 측에게 그 압력을 저지하고 힘의 균형을 회복**

하기 위한 대항·방위 수단으로 쟁의권을 인정하는 것이 형평의 원칙에 맞는다 할 것이고, 우리 법도 바로 이 같은 경우를 상정하여 사용자의 직장폐쇄를 노동조합의 동맹파업이나 태업 등과 나란히 쟁의행위의 한 유형으로서 규정하고 있는 것으로 보인다. 다만, 구체적인 노동쟁의의 장에서 단행된 사용자의 직장폐쇄가 정당한 쟁의행위로 평가받기 위하여는, 노사 간의 교섭태도, 경과, 근로자 측 쟁의행위의 태양, 그로 인하여 사용자 측이 받는 타격의 정도 등에 관한 구체적 사정에 비추어 형평의 견지에서 근로자 측의 쟁의행위에 대한 대항·방위 수단으로서 상당성이 인정되는 경우에 한한다 할 것이고, 그 직장폐쇄가 정당한 쟁의행위로 평가받을 때 비로소 사용자는 직장폐쇄 기간 동안의 대상 근로자에 대한 임금지불의무를 면한다 할 것이다."[169]

즉, 판례는 정당한 직장폐쇄에 해당하는지 여부를 판단함에 있어 근로자 측의 쟁의행위에 대한 대항적·방어적 수단으로서의 상당성을 갖추었는지 여부를 중시한다고 볼 수 있을 것입니다. 따라서 만약 직장폐쇄가 노조의 쟁의행위 개시 이전에 이루어지고 노조의 쟁의행위에 대한 방어적인 목적을 벗어나 적극적으로 노조의 조직력을 약화시키기 위한 목적 등을 갖는 경우 이러한 선제적·공격적 직장폐쇄는 그 정당성이 인정될 수 없을 것입니다.

이에 판례는 △ 직장폐쇄 개시 무렵에는 근로자 측의 쟁의행위로 노사 간에 힘의 균형이 깨지고 사용자 측이 현저히 불리한 압력을 받게 될 상황에 놓였다고 볼 수 있어 회사가 직장폐쇄를 개시한 것에 상당성이 인정되는 경우라 하더라도 노조의 위법행위 또는 적대적 행위가 뚜

---

169) 대법원 2007. 3. 29. 선고 2006도9307 판결

렷하게 잦아들고 그 통솔력과 투쟁력이 상당히 약화되어 노조가 쟁의행위를 중단하고 업무복귀를 결정하기에 이른 상황이라면 회사는 힘에서도 우위를 점하기 시작하였다고 보이므로 그 무렵에는 노조의 쟁의행위로 인하여 노사 간에 힘의 균형이 깨지고 사용자 측이 현저히 불리한 압력을 받던 사정이 해소되었다고 볼 여지가 충분하여 회사가 이 무렵에도 계속하여 직장폐쇄를 유지한 것은 노조의 쟁의행위에 대한 방어적인 목적에서 벗어나 적극적으로 노조의 조직력을 약화시키기 위한 목적 등을 갖는 공격적 직장폐쇄에 해당하여 정당성이 인정될 수 없으므로 부당한 직장폐쇄에 해당하여 해당 기간 동안의 임금을 지급하여야 한다고 판시한 바 있으며,[170] △ 노조가 적법한 절차를 거쳐 쟁의행위에 돌입하였고, 그 쟁의행위의 내용 또한 정시 출근, 연장근무 거부 등의 형태에 그쳤을 뿐 불법적이고 파행적인 정도에까지는 이르지 아니하였고, 연장근무 거부라는 비교적 약한 정도로 5일가량 지속된 노조 조합원들의 쟁의행위로서 업무수행에 현저한 지장을 초래하거나 회복할 수 없는 손해가 발생할 염려가 있는 정도에까지 이르렀다고 보이지 아니함에도 불구하고 시간을 두고 노조 측과 임금협상을 하지 아니한 채 쟁의행위 5일 만에 노조의 조합원들에 대하여 직장폐쇄를 단행하고 이후 노조가 적극적인 근로제공의 의사를 표시하면서 협상을 요청하였음에도 쟁의행위 기간에 비추어 지나치게 오랜 시간인 84일간 직장폐쇄를 유지한 것은 직장폐쇄가 노조의 쟁의행위에 대한 소극적 방어수단을 벗어났거나 또는 그 상당성을 결여하였다고 보아 직장폐쇄 기간

---

170) 대전고등법원 2014. 4. 24. 선고 2012나6378 판결

의 임금 및 상여금을 지급하라고 판시하기도 하였습니다.[171]

즉 처음에는 근로자의 쟁의행위에 대항하여 정당하게 개시된 직장폐쇄라 하더라도, 그 후 노사관계나 주변 정황이 직장폐쇄의 개시 시점과 달라진 경우에, 사용자가 이를 기회로 삼아 더 이상 근로자 측의 쟁의행위로 깨진 노사 간 힘의 균형을 회복하기 위한 대항적·방어적 목적이 아니라 자신에게 유리한 단체협약을 체결하거나 노동조합의 조직력을 약화시키는 등 적극적·공격적 목적을 위해 직장폐쇄를 계속 유지하는 등, 그 직장폐쇄가 대항적·방어적 성격을 상실하고 근로자에게 심대한 타격을 주며 근로자의 단결권까지 위태롭게 하는 때에는 그 이후의 직장폐쇄는 정당성을 상실한다고 할 것입니다.[172]

한편, 직장폐쇄가 정당한 경우에는 사용자는 해당 기간에 대하여 임금지급의무를 면하는 것 외에 사업장에 대한 물권적 지배권을 회복하고 그에 따라 근로자가 사업장을 점유하는 경우·이를 배제할 권리를 갖게 된다고 할 것입니다. 판례는 이에 "사용자의 직장폐쇄는 사용자와 근로자의 교섭태도와 교섭과정, 근로자의 쟁의행위의 목적과 방법 및 그로 인하여 사용자가 받는 타격의 정도 등 구체적인 사정에 비추어 쟁의행위에 대한 방어수단으로서 상당성이 있어야만 사용자의 정당한 쟁의행위로 인정될 수 있고, 직장폐쇄가 정당한 쟁의행위로 평가받는 경우 사용자의 사업장에 대한 물권적 지배권이 전면적으로 회복되므로 사용자는 직장폐쇄의 효과로서 사업장의 출입을 제한할 수 있다고 할 것이다."라고 판시하였으며, 나아가 회사 측이 행정관청에 직장폐쇄를

---

171) 전주지방법원 2013. 8. 21. 선고 2012가합5710 판결
172) 서울고등법원 2013. 6. 28. 선고 2012누29310 판결

신고하고 공장을 점거 중인 노동조합원들에게 퇴거를 요구하는 등으로 회사 측 관리자 외의 출입을 금지하는 의사를 표시하였으며, 노조원들이 그와 같은 사정을 알고 있었음에도 불구하고 회사 측의 의사에 반하여 공장에 들어간 이상 이러한 행위는 건조물침입죄에 해당한다고 보았습니다.[173]

그러나 "사용자가 물권적 지배권의 회복으로 근로자의 사업장 출입을 제한할 수 있다 하더라도 사업장 내의 노조사무실 등 정상적인 노조활동에 필요한 시설, 기숙사 등 기본적인 생활근거지에 대한 출입은 허용되어야 하고, 다만 쟁의 및 직장폐쇄와 그 후의 상황전개에 비추어 노조가 노조사무실 자체를 쟁의장소로 활용하는 등 노조사무실을 쟁의행위와 무관한 정상적인 노조활동의 장소로 활용할 의사나 필요성이 없음이 객관적으로 인정되거나, 노조사무실과 생산시설이 장소적·구조적으로 분리될 수 없는 관계에 있어 일방의 출입 혹은 이용이 타방의 출입 혹은 이용을 직접적으로 수반하게 되는 경우로서 생산시설에 대한 노조의 접근 및 점거가능성이 합리적으로 예상되고, 사용자가 노조의 생산시설에 대한 접근, 점거 등의 우려에서 노조사무실 대체장소를 제공하고 그것이 원래 장소에서의 정상적인 노조활동과 견주어 합리적 대안으로 인정된다면, 합리적인 범위 내에서 노조사무실의 출입을 제한할 수 있다고 할 것"[174]입니다. 즉 사용자가 사업장에 대한 출입을 금지하고 퇴거를 요청할 수 있는 권한은 어디까지나 직장폐쇄가 정당한 경우에 한하는 것이므로, "사용자의 직장폐쇄는 노사 간의 교섭태도,

---

173) 대법원 2012. 5. 24. 선고 2010도9963 판결
174) 대법원 2010. 6. 10. 선고 2009도12180 판결

경과, 근로자 측 쟁의행위의 태양, 그로 인하여 사용자 측이 받는 타격의 정도 등에 관한 구체적 사정에 비추어 형평상 근로자 측의 쟁의행위에 대한 대항·방위 수단으로서 상당성이 인정되는 경우에 한하여 정당한 쟁의행위로 평가받을 수 있는 것이고, 사용자의 직장폐쇄가 정당한 쟁의행위로 인정되지 아니하는 때에는 적법한 쟁의행위로서 사업장을 점거 중인 근로자들이 직장폐쇄를 단행한 사용자로부터 퇴거 요구를 받고 이에 불응한 채 직장점거를 계속하더라도 퇴거불응죄가 성립하지 아니"하는 것입니다. 이에 따라 판례는 사용자 측이 노사 간 교섭에 소극적인 태도를 보이고 노동조합의 파업이 노사 간 교섭력의 균형과 사용자 측 업무수행에 미치는 영향 등에 비추어 노동조합이 파업을 시작한 지 불과 4시간 만에 사용자가 바로 직장폐쇄 조치를 취한 것은 정당한 쟁의행위로 인정되지 아니하므로, 사용자 측 시설을 정당하게 점거한 조합원들이 사용자로부터 퇴거요구를 받고 이에 불응하였더라도 퇴거불응죄가 성립하지 아니한다고 판시한 바 있습니다.[175]

---

175) 대법원 2007. 12. 28. 선고 2007도5204 판결

30 단체교섭의무

노동조합 및 노동관계 조정법 제30조는 "① 노동조합과 사용자 또는 사용자단체는 신의에 따라 성실히 교섭하고 단체협약을 체결하여야 하며 그 권한을 남용하여서는 아니 된다. ② 노동조합과 사용자 또는 사용자단체는 정당한 이유 없이 교섭 또는 단체협약의 체결을 거부하거나 해태하여서는 아니 된다."고 규정하여 성실교섭의무를 부여하고 있으며, 동법 제81조 제3호는 "노동조합의 대표자 또는 노동조합으로부터 위임을 받은 자와의 단체협약체결 기타의 단체교섭을 정당한 이유 없이 거부하거나 해태하는 행위"를 부당노동행위의 한 유형으로 들고 있는바, 사용자가 정당한 이유 없이 단체교섭을 거부 또는 해태한다면 이는 단체교섭의무 위반에 해당한다고 할 것입니다.

그렇다면 어떠한 경우에 단체교섭에 대한 사용자의 거부나 해태에 정당한 이유가 있다고 볼 것인지에 대하여 판례는 "단체교섭에 대한 사용자의 거부나 해태에 정당한 이유가 있는지 여부는 노동조합 측의 교섭권자, 노동조합 측이 요구하는 교섭시간, 교섭장소, 교섭사항 및 그의 교섭태도 등을 종합하여 사회통념상 사용자에게 단체교섭의무의 이행을 기대하는 것이 어렵다고 인정되는지 여부에 따라 판단하여야 한다."고 판시하여 "쟁의행위는 단체교섭을 촉진하기 위한 수단으로서의 성질을 가지므로 쟁의기간 중이라는 사정이 사용자가 단체교섭을 거부할 만한 정당한 이유가 될 수 없고, 한편 당사자가 성의 있는 교섭을 계속하였음에도 단체교섭이 교착상태에 빠져 교섭의 진전이 더 이상 기대될 수 없는 상황이라면 사용자가 단체교섭을 거부하더라도 그 거부에 정당한 이유가 있다고 할 것이지만, 위와 같은 경우에도 노동조합 측으로부터 새로운 타협안이 제시되는 등 교섭재개가 의미 있을 것으로 기대할 만한 사정변경이 생긴 경우에는 사용자로서는 다시 단체교섭에 응하여야 하므로, 위와 같은 사정변경에도 불구하고 사용자가 단체교섭을 거부하는 경우에는 그 거부에 정당한 이유가 있다고 할 수 없다."[176]고 보았습니다. 반면, "기업의 구조조정의 실시 여부는 경영주체에 의한 고도의 경영상 결단에 속하는 사항으로서 이는 원칙적으로 단체교섭의 대상이 될 수 없고, 그것이 긴박한 경영상의 필요나 합리적인 이유 없이 불순한 의도로 추진되는 등의 특별한 사정이 없는 한, 노동조합이 실질적으로 그 실시 자체를 반대하기 위하여 단체교섭을 요청한다면 비록 그 실시로 인하여 근로자들의 지위나 근로조건의 변경이 필연적으로 수반된다 하더라도 기업이 위 단체교섭의 요청을 거부하거나 해태하였다고 하여 정당한 이유가 없다고 할 수 없다."[177]고 합니다.

단체교섭 거부 또는 해태에 따른 부당노동행위는 사용자가 아무런 이유 없이 단체교섭을 거부 또는 해태하는 경우는 물론이고, "사용자가 단체교섭을 거부할 정당한 이유가 있다거나 단체교섭에 성실히 응하였다고 믿었더라도 객관적으로 정당한 이유가 없고 불성실한 단체교섭으

---

176) 대법원 2006. 2. 24. 선고 2005도8606 판결
177) 대법원 2010. 11. 11. 선고 2009도4558 판결

로 판정되는 경우에도 성립"[178]하며, "하나의 사업 또는 사업장 내에 복수노동조합이 존재하는 경우 교섭대표노동조합을 정하는 교섭창구 단일화 절차는 단체교섭에 나아가기 위한 필수적인 절차에 해당하고, 교섭창구 단일화 절차는 노동조합의 사용자에 대한 단체교섭 요구로부터 시작하게 되므로 복수노동조합이 존재하는 사업 또는 사업장의 사용자가 교섭대표노동조합과의 단체협약체결 또는 단체교섭을 거부하거나 해태하는 행위뿐 아니라 교섭대표노동조합을 정하기 위한 교섭창구 단일화 절차를 거부하거나 해태하는 행위 역시 노조법 제81조 제3호의 기타의 단체교섭을 거부하거나 해태하는 것으로서 부당노동행위에 해당한다고 할 것"[179]입니다.

한편, 사용자가 이러한 단체교섭의무에 위반하는 경우 노동조합이 취할 수 있는 조치로는 첫째, 노동조합법 제81조 제3호의 부당노동행위에 해당함을 이유로 노동위원회에 부당노동행위 구제신청을 할 수 있을 것이며, 둘째, 노동위원회의 이 같은 행정상 구제절차를 거친 이후에도 중앙노동위원회의 재심판정에 불복하는 경우 행정소송을 제기할 수 있을 것이고, 셋째, 단체교섭 응낙 가처분을 신청하여 사용자로 하여금 단체교섭의무의 이행을 강제할 수도 있을 것입니다. 그리고 만약 사용자가 법원으로부터 단체교섭 응낙 가처분 결정을 받고서도 단체협약의 일반적 구속력을 주장하며 단체교섭을 거부한다면 이 또한 부당노동행위에 해당할 것인바, 이와 관련하여 중앙노동위원회는 다음과 같은 판정을 내린 바 있습니다.

---

178) 서울행정법원 2010. 10. 28. 선고 2010구합25794 판결
179) 서울행정법원 2013. 7. 17. 선고 2013구합50678 판결

"이 사건 노동조합은 2011. 8. 12. 가처분 결정, 같은 해 12. 30. 가처분 이의결정에서 전주지방법원으로부터 '이 사건 사용자는 이 사건 노동조합의 단체교섭 청구에 대하여 성실하게 임해야 한다.'는 결정을 받아 이 사건 노동조합이 적법하게 단체교섭과 관련한 권리를 가지고 있다고 보아야 하는 점, 이 사건 사용자가 2011.8.18. 이 사건 노동조합 분회와 개별교섭을 한다고 통보한 점, 이 사건 노동조합 소속 조합원에게 일반적 구속력의 적용 여부와 관계없이 전주지방법원의 단체교섭응낙가처분 결정에 의해 이 사건 사용자는 단체교섭에 응해야 하는 의무가 존재하는 점 등을 종합하면 전주지방법원의 단체교섭응낙가처분 결정에서 정하고 있는 사항에 대해서는 이 사건 사용자가 성실한 단체교섭의무가 있음에도 이를 거부한 행위가 인정된다고 볼 수 있어, 이것은 헌법이 보장하고 있는 노동조합의 단체교섭권을 침해하는 부당노동행위로 인정된다."[180]

그리고 넷째 사용자의 단체교섭의무는 사법상 채무의 성질을 가지므로 노동조합은 사용자로 하여금 그 채무의 이행을 직접 구하는 소송을 제기할 수도 있다고 할 것인바 판례 역시 "노동조합의 대표자는 그 노동조합 또는 조합원을 위하여 사용자나 사용자단체와 교섭할 권한을 가지고, 사용자 또는 사용자단체는 신의에 따라 성실히 교섭하여야 하며 정당한 이유 없이 교섭을 거부하거나 해태하여서는 아니 되므로, 노동조합의 대표자는 사용자 또는 사용자단체에 대하여 단체교섭에 응할 것을 요구할 권리가 있고, 사용자 또는 사용자단체가 그 요구를 거부하

---

180) 중앙노동위원회 2012. 9. 4. 2012부노162

는 경우에는 소로써 그 이행을 청구할 수 있다."[181]고 하여 이를 인정하였습니다.

끝으로, 노동조합은 사용자의 단체교섭의무위반이 불법행위에 해당하는 경우에는 그에 따른 손해배상을 청구할 수도 있을 것입니다. 판례는 "사용자가 노동조합과의 단체교섭을 정당한 이유 없이 거부하였다고 하여 그 단체교섭 거부행위가 바로 위법한 행위로 평가되어 불법행위의 요건을 충족하게 되는 것은 아니지만, 그 단체교섭 거부행위가 그 원인과 목적, 그 과정과 행위태양, 그로 인한 결과 등에 비추어 건전한 사회통념이나 사회상규상 용인될 수 없는 정도에 이른 것으로 인정되는 경우에는 그 단체교섭 거부행위는 부당노동행위로서 단체교섭권을 침해하는 위법한 행위로 평가되어 불법행위의 요건을 충족하게 되는바, 사용자가 노동조합과의 단체교섭을 정당한 이유 없이 거부하다가 법원으로부터 노동조합과의 단체교섭을 거부하여서는 아니 된다는 취지의 집행력 있는 판결이나 가처분결정을 받고서도 이를 위반하여 노동조합과의 단체교섭을 거부하였다면, 그 단체교섭 거부행위는 건전한 사회통념이나 사회상규상 용인될 수 없는 정도에 이른 행위로서 헌법이 보장하고 있는 노동조합의 단체교섭권을 침해하는 위법한 행위라고 할 것이므로, 그 단체교섭 거부행위는 노동조합에 대하여 불법행위를 구성한다."[182]고 판시하여 법원의 판결을 받은 경우와 같이 단체교섭의무가 확정되었음에도 이를 계속적으로 거부하는 것은 사회통념상 용인될 수 없는 단체교섭권의 침해행위로 불법행위에 해당한다고 보아 손해배상책임을 인정하였습니다.

---

181) 대법원 2012. 8. 17. 선고 2010다52010 판결
182) 대법원 2006. 10. 26. 선고 2004다11070 판결

2장

Q&A로 풀어보는 실무사례 30

01 취업규칙 한도를 넘은 연장근로수당을 청구할 수 있나요?

Q. 취업규칙에는 주 12시간의 한도에서 연장근로를 할 수 있다고 규정 되어 있으며, 회사에서는 연장근로를 실시한 내역을 기록하는 경우 19시 이후부터만(퇴근시간은 18시) 기재하도록 하고 있습니다. 이 경우 주 12시간을 초과한 근로시간과 18:00~19:00에 근무한 근로시간에 대하여는 연장근로수당을 청구할 수 없는 것인가요?

A. 주 12시간의 한도에서 연장근로를 할 수 있다고 규정한 취업규칙의 내용은 근로기준법 제53조 제1항에서 당사자 간 합의하면 1주간 12시간을 한도로 근로시간을 연장할 수 있음을 규정하고 있는 내용을 반영한 것으로 보이며 실제 해당 시간을 초과하여 연장근로를 실시한 경우라면 연장근로에 대한 법 위반 사실은 별론으로 하고 해당 시간에 대하여 모두 연장근로수당을 지급받을 수 있습니다. 또한 연장근로수당을 지급하는 연장근로시간에 대하여 사업주가 이를 일방적·임의적으로 제한하는 것은 효력이 없으며 연장근로가 사업주의 지시에 의해 실시된 것이 분명한 이상 근로자는 근로기준법 제50조 소정의 근로시간을 초과하여 행하여진 근로시간에 대하여는 연장근로수당을 청구할 수

있습니다.

참고로, 최근 한 하급심 판결에서는 "현실적으로 연장근로가 필요함에도 불구하고 사용자 측이 싫어하여 사실상 연장근로신청을 포기하는 분위기의 직장이라면 연장근로에 대한 사용자 승인을 얻지 않았다거나 연장근로신청을 하지 않았더라도 실제로 연장근로를 하였고 이를 증명할 수 있다면 그에 상당한 임금을 지급하여야 한다."[183]며 '야근시계'라는 앱(앱 사용자가 야근시간과 위치정보, 사진을 앱에 올리면 정보가 자동으로 자신의 전자우편으로 전송)을 사용하여 연장근로를 증명한 근로자들에 대한 연장근로수당의 지급을 인정한 바 있습니다.

---

183) 서울중앙지방법원 2014. 1. 7. 선고 2013가소5258885 판결

02 근로기준법과는 다른 휴게시간 부여가 가능한가요?

Q. 감시·단속적 근로에 종사하는 자에게는 근로기준법상의 휴게시간에 관한 규정이 적용되지 않는다고 알고 있어 건물 경비 업무를 수행하는 근로자에 대하여 근로기준법과는 다른 휴게시간을 부여하고자 합니다. 가능한 것인가요?

A. 감시적 근로에 종사하는 자란 '감시업무를 주된 업무로 한 정신적·육체적 피로가 적은 업무에 종사하는 자'를 말하며, 단속적 근로에 종사하는 자란 '업무수행이 간헐적·단속적으로 이루어져 휴게시간 또는 대기시간이 많은 업무에 종사하는 자'를 말합니다. 이러한 근로자들에 대하여는 사업이나 업무의 특수성으로 인하여 일반 근로자에게 적용되는 근로시간, 휴일, 휴게에 관한 근로기준법상 규정을 그대로 적용하는 것이 어려워 적용을 배제할 수 있도록 하고 있는바, 이러한 근로기준법상의 근로시간 및 휴게·휴일에 관한 규정이 적용 제외되기 위해서는 단순히 감시·단속적 근로에 종사한다는 점만으로는 부족하며 '감시·단속적 근로종사자에 대한 적용제외승인신청'을 하여 근로기준법 제63조에 의하여 감시·단속적 근로자로 고용노동부장관의 승인을 받아야 하는

것입니다. 따라서 이러한 승인을 얻지 않고 일방적으로 근로기준법의 적용을 배제할 수는 없으며,[184] 승인을 얻었다면 당연히 근로기준법과는 다른 휴게시간을 부여할 수 있을 것입니다. 그리고 사용자가 감시·단속 근로자에 대한 근로시간 등의 적용제외승인을 얻고자 하는 경우에는 해당 근로자의 동의를 필요로 하지는 않습니다. 한편, 감시·단속적 근로로 볼 수 없는 경우에는 적용제외 승인을 하였다 하더라도 그 승인은 취소할 수 있다고 보아야 할 것이며, 이때 승인을 취소할 경우 취소로 인한 효력은 취소사유가 발생한 시점부터 생깁니다.

참고로, 위탁관리업체의 변경과 같이 사업장의 명칭과 대표자가 변경되었다면 근로조건 결정권한을 가진 사용자가 변경된 것이므로 감시·단속적 근로종사자에 대한 적용제외 승인을 새로이 받아야 하는 것이 원칙이라 할 것이나 다만 위탁관리업체가 변경되면서 새로운 위탁업체가 종전 위탁업체 소속 근로자의 고용을 승계하였고 승계 이후 회사의 사업종류, 감시·단속적 근로종사자의 종사업무, 근로형태 및 승인근로자수가 변경되지 않았다면 새로운 위탁업체가 감시·단속적 근로종사자에 대한 적용제외 승인을 다시 받을 필요는 없다고 하겠습니다.[185] 즉 감시·단속적 근로에 종사하는 자에 대한 근로시간 등의 적용제외 승인

---

184) "포괄임금제에 의한 임금지급계약은 근로기준법의 근로시간, 휴게와 휴일에 관한 규정이 그대로 적용됨을 전제로 기본임금을 미리 산정하지 아니한 채 근로기준법상의 연장·야간·휴일근로 등에 대한 제수당을 합한 금액을 포괄임금으로 지급하려는 것이지, 근로기준법상의 근로시간, 휴게와 휴일에 관한 규정의 적용을 배제하려는 것은 아니므로, 감시 또는 단속적으로 근로에 종사하는 근로자와 포괄임금제에 의한 임금지급계약을 체결함에 있어서 그러한 근로자에 대하여 근로기준법의 근로시간, 휴게와 휴일에 관한 규정의 적용을 배제하기 위한 노동부장관의 승인을 받아야만 하는 것은 아니다(대구지방법원 2013. 7. 11. 선고 2012나25553 판결)"라는 판례는 감시·단속적 근로자와 체결하는 포괄임금계약이 유효하려면 근로기준법상의 근로시간, 휴게 등의 규정을 적용 제외해서는 안 되고 그렇기 때문에 승인이 불요하다는 의미이므로 구별하여야 할 것입니다.
185) 2001. 1. 20. 근기 68207-229

은 근로형태 및 업무성질, 근로자 수가 변경되지 않는 한 승인의 효력은 계속 유효한 것이고, 다만 종전에 승인받은 근로자의 수보다 동일업무에 종사하는 근로자 수가 증가되었다면 증가된 근로자에 대하여는 별도로 승인받아야 하는 것입니다.[186]

---

186) 2000. 10. 25. 근기 68207-3297

03 파업기간 중 유급휴일에 대한 임금을 받을 수 있나요?

Q. 파업기간은 무노동무임금원칙에 따라 임금을 지급받지 못하는 것으로 알고 있습니다. 그러나 근로기준법과 단체협약으로 정해진 유급휴일인 주휴일에 대해서는 파업기간 중이라도 임금을 지급받아야 하는 것 아닌가요?

A. 근로기준법 제55조는 "사용자는 근로자에게 1주일에 평균 1회 이상의 유급휴일을 주어야 한다."고 규정하고, 동법 시행령 제30조는 "법 제55조에 따른 유급휴일은 1주 동안의 소정근로일을 개근한 자에게 주어야 한다."고 함으로써, 근로자가 1주일을 기준으로 최소한 1일간은 근로하지 아니하도록 주휴일을 부여하고 있습니다. 또한 단체협약·취업규칙·근로계약 등에 의하여 국경일 등을 유급 또는 무급휴일로 따로 정할 수 있음은 물론입니다.

그런데, 근로기준법상 휴일제도는 연속된 근로에서의 근로자의 피로회복과 건강회복 및 여가의 활용을 통한 인간으로서의 사회적·문화적 생활의 향유를 위하여 마련된 것이며, 나아가 '유급휴일'이란 휴일제도의 취지를 살려 근로자가 이를 충분히 활용할 수 있도록 하여 주기 위하여 임금의 지급이 보장되어 있는 휴일, 즉 휴식을 취하더라도 통상적인 근로를 한 것처럼 임금이 지급되는 날을 말하는 것인바, 이러한 휴일 및 유급휴일 제도를 근로기준법에 규정한 목적에 비추어 보면 근로의 제공 없이도 근로자에게 임금을 지급하도록 한 유급휴일의 특별규정이 적용되기 위하여는 평상적인 근로관계, 즉 근로자가 근로를 제공하여 왔고 또한 계속적인 근로제공이 예정되어 있는 상태가 당연히 전제되어 있다고 볼 것입니다. 즉 이러한 유급휴일에 대한 법리는 휴직 등과 동일하게 근로자의 근로제공의무 등의 주된 권리·의무가 정지되어 근로자의 임금청구권이 발생하지 아니하는 쟁의행위인 파업에도 적용된다 할 것이므로, 근로자는 파업기간 중에 포함된 유급휴일(주휴일)에 대하여는 임금의 지급을 구할 수 없습니다.[187]

참고로 이와 같은 법리는 파업과 마찬가지로 무노동 무임금 원칙이 적용되는 태업에도 그대로 적용되므로 근로자는 태업기간에 상응하는 유급휴일에 대한 임금의 지급도 구할 수 없으며, 병가기간 중에 포함된 유급주휴일에 대하여도 단체협약이나 취업규칙 등에 규정하거나 당사자 사이 약정이나 관행이 있지 않은 이상 사용자가 임금을 지급할 의무는 없습니다.[188]

---

187) 대법원 2013. 11. 28. 선고 2011다39946 판결
188) 2014. 7. 8. 근로개선정책과-3833

04 기존 위탁업체 근로자들의 고용을 승계하여야 하나요?

Q. 구청으로부터 재활용품 수거사업을 신규로 위탁받아 수행하게 되었습니다. 그런데 입찰과정에 참가하면서 구청에서 기존 업체 근로자들을 승계할 것을 입찰조건으로 해야 한다기에 이러한 조건을 수락하였는바, 이 경우 기존 위탁업체의 근로자들 전부에 대하여 반드시 고용을 승계하여야 하는 것인가요?

A. 우선 위탁업무 수행을 위한 수탁업체의 변경은 영업의 양도라고 볼 수 없으므로 영업양도에 따른 당연 근로관계 승계가 이 사안에는 적용되지 않는다고 할 것입니다. 또한 수탁업체의 변경에 따른 근로관계의 승계를 규정하고 있는 명시적인 법률 규정 또한 존재하지 않습니다. 그렇다면 문제는 입찰조건으로 기존 위탁업체 근로자들에 대한 근로관계 승계를 든 것을 과연 근로관계 승계에 관한 합의가 있었던 것으로 볼 수 있는지 여부입니다.

그런데 유사한 사안에서 판례는 "구청이 신규 수탁업체와 위·수탁계약을 체결할 당시 기존 수탁업체의 고용을 승계한다는 것을 명시적으로 약정한 사실이 없고, 신규 수탁업체가 기존 수탁업체 직원들의 고용을 승계한다는 입찰조건을 수락함으로써 새로운 수탁업체로 선정된 후 고용보장을 약속하는 내용의 공고를 하였다고 하더라도 이러한 공고문의 내용은 청약이 아닌 청약의 유인에 불과하므로 신규 수탁업체가 기존 근로자들에 대한 신규채용 절차를 거부하고 근로계약의 체결을 승낙하지 아니한 이상 근로계약 체결에 관한 쌍방의 의사 합치가 없어 근로관계는 성립하지 아니한 것"이라고 판시한 바 있습니다.[189]

즉 신규 수탁업체는 구청과의 사이에 새로운 위·수탁계약을 체결하며 구청으로부터 업무를 수탁받았을 뿐이고, 고용승계의 입찰조건은 청약이 아닌 청약의 유인이므로 이에 따라 종전 수탁업체 근로자들이 청약인 근로관계 계속의 의사표시를 하더라도 신규 수탁업체로서는 사용자로서 이를 승낙하지 아니할 수 있는 것이므로 아직 승낙에 이르지 않아 근로관계가 승계되었다고 볼 수 없다는 것입니다. 따라서 신규 수탁업체는 종전 수탁업체 소속 직원들에 대하여 고용승계의무를 부담한다거나 수탁업체 변경에 따라 근로관계를 포괄적으로 승계하였다고 볼 수 없으므로 반드시 고용을 승계하여야 하는 것은 아니라고 할 것입니다.

다만, 이러한 고용관계 승계 여부에 대한 판단은 구체적 사실관계에 따라 달라질 수 있음에 유의하여야 할 것입니다. 즉 수탁업체가 일회적으로 변경됨에 따라 명시적 승계 합의가 없는 상태라면 달리 근로관계의 포괄적 승계가 인정될 수는 없겠으나, 수탁업체가 계속적으로 변경되며 기존의 근로관계를 승계하는 관행이 존재하게 되었다면 이러한 관행에 반하여 승계를 거절하는 것은 이에 대한 합리적 이유가 없는 한 인정될 수 없을 것입니다.

---

189) 대법원 2013. 12. 12. 선고 2012두14323 판결

05 조합비를 횡령한 조합간부를 징계할 수 있나요?

Q. 노동조합 간부가 노동조합 업무를 수행하던 중 조합비를 횡령하여 노동조합에서 제명되었는바, 이를 단체협약상 해고사유인 '업무상 고의 또는 중과실로 인하여 회사에 경제적 손해를 끼쳤을 때'에 해당하는 것으로 보아 해고처분을 하여도 되나요?

A. 판례는 이와 유사한 사안에서 "징계해고는 고용관계를 더 이상 유지할 수 없음을 이유로 이를 소멸시키는 사용자의 일방적인 처분이고, 이로 말미암아 근로자는 중대한 불이익을 입게 된다. 따라서 단체협약 등에 규정된 해고사유의 문언적 의미가 명확하지 않은 경우 이를 함부로 확장하여 해석하는 것은 허용될 수 없다. 그런데 앞서 본 법리에 비추어 볼 때 단체협약 제30조 사호 전단에서 규정한 해고사유인 '업무상 고의 또는 중과실로 인하여 회사에 경제적 손해를 끼쳤을 때'의 '업무'는 원칙적으로 근로자가 사용자와의 근로계약에 따른 근로를 제공하기 위해서 담당하는 업무에 한정된다고 봄이 옳고, 이와 달리 볼 만한 특별한 사정에 대한 이 사건 사용자의 주장, 입증이 부족하다. 이 사건 면직사유는 '이 사건 근로자가 이 사건 노동조합의 자금 오백여만 원을 횡령하였고, 그중 일부를 다른 노동조합 간부에게 건네 횡령 사실을 무마하

려고 하였으며, 이 사건 노동조합으로부터 제명됨으로써 이 사건 사용자의 직원으로서 대외적으로 이 사건 사용자의 명예를 심각하게 훼손시켰다.'는 것이다. 이 사건 면직사유에 나타난 이 사건 근로자의 행위는 모두 이 사건 근로자가 이 사건 노동조합의 임원으로서 담당한 업무와 관련된 것으로 보일 뿐이고, 제출된 증거들만으로는 이 사건 근로자가 이 사건 사용자와 체결한 근로계약에 따른 근로를 제공하기 위해서 담당하는 업무에 해당한다고 보기 어렵다. 따라서 이 사건 면직사유는 단체협약 제30조 사호 전단에 해당하지 않는다."[190]고 판단한 바 있습니다.

즉 해고가 가장 중한 징계처분임을 감안하였을 때, 관련 해고규정은 엄격하게 해석되어야 하므로 해고사유로 규정하고 있는 '업무상 고의·중과실 발생'에서의 업무는 근로계약의 내용상 근로자가 제공하여야 할 근로의무에서 발생하는 것에 한정되는 것이고, 따라서 노조업무는 이에 해당하지 않는다고 본 것입니다. 결국 이러한 판례의 입장에 따를 경우 조합비 횡령을 위 단체협약상의 해고사유로 보아 해고처분을 하기는 어려울 것으로 보입니다.

그러나 위와 같은 사례는 해고사유가 단체협약으로 제한되고 있다는 특성이 있는 것으로서 이와 달리 취업규칙상 해고조항이 별도로 존재하는 경우에는 해당 사유가 해고사유에 해당할 수도 있을 것입니다. 즉 취업규칙상 '성실의무 및 청렴의무 위반', '회사의 명예를 훼손한 경우', '부정행위, 직장질서 문란' 등의 해고사유가 존재하는 경우라면 위와 같이 조합비를 횡령하고 그 결과 노동조합에서 제명되는 수준에 까지 이른 사안의 경우 이러한 행위가 비록 노동조합 내부의 일이라고는

---

190) 대법원 2014. 10. 16. 선고 2014두37900 판결

하나 결과적으로 회사 내부의 질서를 어지럽히고 나아가 회사의 명예를 훼손하는 정도에 이르렀을 수 있으므로, 이는 취업규칙상 해고사유에 해당한다고 볼 것이고 징계양정에 있어 적정성을 갖춘 경우라면 이에 따른 해고도 정당하다고 볼 것입니다.

06 프로젝트 추진을 위해 고용된 근로자를 해고할 수 있나요?

Q. 외국의 A회사와 특정 프로젝트를 추진하기로 합작관계를 맺어 A회사가 추천하는 해당 프로젝트의 전문가 a를 채용하여 일하던 중 A회사와의 합작관계를 취소하고 프로젝트 추진도 없던 일로 하기로 하였습니다. 이때 a를 해고해도 되는 것인가요?

A. 판례는 유사한 사례에서 "이 사건 동업체가 소멸한 것이 피고 회사의 긴급한 경영상의 필요에 의하여 직원의 수를 줄이기 위한 것이 아니었고, 피고 회사와 A시스템의 관계가 악화된 탓이었으며, 피고 회사가 원고를 해고함에 있어서 고용계약상 원고가 피고 회사를 위하여 한국에서 수행하기로 하였던 업무가 종료되었음을 이유로 삼은 것이라면 이는 정리해고는 아니라 할 것이므로, 이 사건 해고가 정리해고임을 전제로 하는 논지는 모두 이유가 없고, 또한 위와 같은 사실관계라면 이 사건 해고는 통상해고로서 정당한 사유가 있다."[191]고 판시한 바 있습니다. 즉 근로자가 제공하기로 한 근로내용 자체가 상실된 경우, 이러한 사유에 기한 해고는 통상해고로서 정당하다고 볼 수 있다고 본 것입니다.

---

191) 대법원 1996. 10. 29. 선고 96다22198 판결

그러나 근로자가 수행하던 업무가 소멸되었다고 바로 통상해고가 가능한 것은 아니며, 통상해고는 업무수행 자격증의 부존재, 업무수행이 불가능한 악질 등의 질병 등 근로자가 일신상의 사유로 인하여 더 이상 근로관계의 지속이 불가능한 경우 인정되는 것이라고 보아야 할 것이므로 a가 특정 프로젝트와 관련한 업무 외 다른 업무를 수행할 수 있는 가능성은 없는지, 통상해고의 사유를 취업규칙에서 별도로 정하고 있는 것은 아닌지 등의 여러 요소들을 검토하여 결정하여야 할 것입니다.

07 집행유예 판결을 받은 근로자를 당연퇴직시킬 수 있나요?

Q. 취업규칙에 '형사상 범죄로 유죄 판결을 받은 경우'가 당연퇴직사유로 규정되어 있어 성범죄로 유죄 판결을 받은 근로자에 대하여 당연퇴직 처분을 하고자 하였는데 해당 근로자가 유죄 판결을 받은 것은 맞으나 집행유예의 판결이 내려져 근로제공에는 문제가 없다는 사실을 알게 되었습니다. 이 경우 당연퇴직 처분을 하여도 되는 것인가요?

A. 판례는 "사용자가 어떤 사유의 발생을 당연퇴직사유로 규정하고 그 절차를 통상의 해고나 징계해고와 달리 한 경우에 그 당연퇴직사유가 근로자의 사망이나 정년, 근로계약기간의 만료 등 근로관계의 자동소멸사유로 보이는 경우를 제외하고는 이에 따른 당연퇴직처분은 근로기준법 소정의 제한을 받는 해고라고 할 것이고, 위와 같이 취업규칙 등에 당연퇴직사유로서 근로관계의 자동소멸사유에 해당하지 아니하는 사유를 규정한 경우 그 의미는 그 규정 취지나 다른 당연퇴직사유의 내용 등에 비추어 합리적으로 판단하여야 한다."[192]는 전제하에 "회사의 취업규칙에 규정된 당연면직사유는 '금고 이상의 형을 선고받았을

---

192) 대법원 1995. 3. 24. 선고 94다42082 판결

때'를 제외하고는 ① 근로자가 명시적 또는 묵시적으로 근로제공의사가 없음을 표시한 경우(사직원의 제출, 복직원의 미제출, 직업군인이 된 경우), ② 그 성질상 근로자가 근로제공을 할 수 없는 경우(사망하거나 한정치산·금치산·파산선고를 받은 경우), ③ 예정된 근로기간이 만료된 경우(정년, 근로계약기간의 만료) 등으로 되어 있음을 알 수 있는바, 이러한 규정내용을 서로 비교·검토하여 보면 '금고 이상의 형을 선고받았을 때'를 당연면직사유로 한 취지도 근로계약에 따른 근로자의 기본적인 의무인 근로제공의무를 이행할 수 없는 상태가 장기간 계속되어 왔음을 근거로 하여 사용자가 근로자를 당연면직시켜도 근로자 측에서 이의를 제기할 여지가 없을 정도의 상태, 다시 말하자면 형사상 범죄로 구속되어 있는 근로자가 현실적인 근로제공이 불가능한 신체의 구속상태가 해소되지 아니하는 내용의 유죄판결, 즉 실형판결을 받은 경우를 의미한다고 풀이함이 상당하다."[193]고 판시한 바 있습니다.

그러나 이와는 반대로 "단체협약에 해고사유로서 '형사사건으로 기소된 자가 금고 이상의 형의 판결을 받았을 때'라는 규정을 두고 있는 취지는 통상 그러한 유죄판결로 인하여 ① 근로자의 기본적인 의무인 근로제공의무를 이행할 수 없는 상태가 장기화되어 근로계약의 목적을 달성할 수 없게 되었기 때문일 뿐만 아니라, ② 기업 내의 다른 종업원과의 신뢰관계나 인간관계가 손상되어 직장질서의 유지를 저해하거나, ③ 당해 근로자의 지위나 범죄행위의 내용 여하에 따라서는 회사의 명예와 신용을 심히 훼손하거나 거래관계에까지 악영향을 미치게 되기 때문이라고 할 것이므로 여기서의 '금고 이상의 형의 판결'이 반드시 실

---

193) 대법원 1999. 9. 3. 선고 98두18848 판결

형판결만을 의미한다고 단정하여서는 아니 될 것이다."[194]라는 입장의 판례도 존재하는바, 결론적으로 당연퇴직사유로 규정된 유죄 판결에 집행유예 판결을 받은 경우를 포함할 것인지 여부는 일률적으로 정할 수 있는 것은 아니며, 당연퇴직사유로 규정된 그 밖의 조항 내용들과 유죄 판결에 이르게 된 구체적인 사유, 근로자의 범죄 행위가 근로관계를 지속하는 데 영향을 끼치는 정도 등을 종합적으로 고려하여 판단하여야 할 것입니다.

다만 사안의 경우에는 성범죄라는 범죄의 특수성으로 인한 조직인화, 기업질서의 유지, 여성근로자들과의 신뢰관계 및 사용자의 건전한 근무환경 조성 의무 등을 고려하여 보건대 반드시 실형판결이 아니라 하더라도 해당 범죄내용으로 유죄판결을 받은 이상 근로자와의 신뢰관계를 더 이상 지속할 수 없다고 볼 수 있을 것입니다.

---

194) 대법원 1997. 9. 26. 선고 97누1600 판결

08 폐지된 학과의 교원을 직권면직 처리할 수 있나요?

Q. 사립대학교에서 일부 학과를 폐지 및 통합하는 과정에서 폐직·과원이 발생한 경우 이를 이유로 해당 학과를 담당하던 교원을 직권면직 처리 할 수 있나요?

A. 판례는 유사한 사안에서 "사립대학이 학급·학과를 폐지하고 그에 따라 폐직·과원이 되었음을 이유로 교원을 직권면직할 때에는, 헌법 제31조 제6항, 사립학교법 제56조 제1항, 교육공무원법 제43조 제2항, 제53조 제3항, 제57조 제3항 및 교원지위향상을 위한 특별법 제6조 제1항, 국가공무원법 제70조 제1항 제3호, 제3항, 구 지방공무원법(2008. 12. 31. 법률 제9301호로 개정되기 전의 것, 이하 '구 지방공무원법'이라 한다) 제62조 제1항 제3호, 제3항 등에 따라 학교법인 산하 다른 사립학교나 해당 학교의 다른 학과 등으로 교원을 전직발령 내지 배치전환함으로써 면직을 회피하거나 면직대상자를 최소화할 여지가 있는 경우에는 국가공무원법 제70조 제3항, 구 지방공무원법 제62조 제3항을 유추하여 임용형태·업무실적·직무수행능력·징계처분사실 등을 고려한 면직기준을 정하고 그 기준에 의한 심사결과에 따라 면직 여부를 결정하여야 하는 제한을

받는 것이고, 사립대학 사정상 전직발령 내지 배치전환 등에 의한 교원의 면직회피 가능성이 전혀 없는 경우에 한하여 그와 같은 심사절차를 거치지 않고 바로 직권면직할 수 있는 것이라고 보아야 한다."[195]고 판시한 바 있습니다.

즉 위 판례에 따르면, 해당 교원을 유사 학과 등으로 전직발령함으로써 면직을 회피할 수 있는 가능성이 있는지 여부를 고려하되 이것이 불가능한 경우에는 기타 면직심사 절차 등을 거치지 않고 직권면직 처리가 가능하며, 면직회피 가능성이 있는 경우에는 면직기준을 정하고 그에 따른 심사를 거쳐 최종적으로 면직 여부를 결정하여야 한다고 볼 것입니다. 따라서 실제 위와 같은 직권면직조치를 취함에 있어서는 폐과의 기준과 요건 등이 합리적으로 설정될 것을 전제로 하여 학과 폐지·통합 관련 학칙개정 절차에서 공정성이 담보되어야 할 것이며 이 과정에서 교원들의 의견을 충분히 수렴하는 등의 절차가 있어야 할 것입니다. 또한 폐직·과원이 발생한 경우 해당 과목의 교원들에 대하여 전공관련성 등을 고려하여 타학교 또는 타과로의 전직발령 등 면직 회피를 위한 노력을 하여 이러한 전직발령 등이 불가능하다는 객관적인 사정이 인정되는 경우에 한하여 최종적으로 직권면직조치를 취하여야 재량권 일탈·남용의 문제가 발생하지 않는다고 할 것입니다.

---

195) 대법원 2011. 7. 14. 선고 2011두2217 판결

09 계약기간 종료 전이지만 사직하고 싶습니다

Q. 1년 계약기간을 정하여 계약직 근로자로 입사하였으나, 다른 회사에 정규직으로 취업이 되어 이직을 하려고 하자 회사에서 근무한 지 1개월밖에 되지 않아 지금 퇴사한다면 회사에 손해가 발생하므로 사직 처리를 하여 줄 수 없다고 합니다. 이 경우 사직이 불가능한 것인가요?

A. 민법 제661조에 따라 '고용기간의 약정이 있는 경우에도 부득이한 사유가 있는 때에는 각 당사자는 계약을 해지할 수 있는 것'이므로 근로자는 계약기간을 정한 근로계약에서 기간 만료 전이라 하더라도 사직의 의사표시를 할 수 있습니다. 다만 이러한 사유가 당사자 일방의 과실로 인하여 생긴 때에는 상대방에 대하여 손해를 배상하여야 하므로 사용자측에서는 계약에 위반하여 조기 사직하였음을 이유로 해당 근로자의 계약기간 만료 전 사직으로 인하여 실제 손해가 발생하였음을 입증하여 손해배상청구를 할 수 있을 것입니다(다만 이는 특별한 약정을 하고 입사를 하지 않은 이상 실무적으로 손해배상액을 입증하기가 곤란하여 잘 인정되지는 않습니다).

참고로 판례는 이직근로자에 대하여 회사가 불법행위에 기한 손해배상의 지급을 구한 사안에서 "피고가 원고회사와의 근로계약이 해지되기 전에 다른 회사로의 이직을 준비하면서 병가 중인 상황을 이용해서 취업면접 및 신체검사를 받았고 그러한 사실을 원고회사에게 사전에 고지하지 아니한 채 근무하다가 사직의사를 밝힌 지 하루 만에 원고회사를 퇴사하여 원고회사의 업무에 다소 불편을 초래한 점은 인정되나, 피고의 이러한 행위로 인하여 원고회사에 재산상 손해가 발생하였다는 점이 인정되지 않고, 퇴사할 때까지는 원고회사에 출근하여 담당업무에 대한 인수·인계를 한 점, 피고가 원고회사 퇴사 후 원고회사의 중요 영업상의 비밀을 누설하는 등의 사정은 보이지 않는 점, 근로자가 다른 회사로의 이직을 준비하는 과정에서 그 이직가능성이 확정되지도 않은 상태에서 이직을 준비하고 있다는 사정을 재직 중인 회사에 고지하도록 강제하는 것은 사회통념에 비추어 과도한 점 등에 비추어 보면 피고의 위와 같은 이직행위가 불법행위에 이를 정도의 위법성을 가진다거나 원고회사가 피고의 위 행위로 인하여 회복하기 어려운 정신적 고통을 입었다고 보기 어렵다."[196]며 이를 부정한 바 있습니다.

---

196) 울산지방법원 2013. 11. 20. 선고 2013나1211 판결

10 사직일자를 기재하지 않은 사직서의 처리는 어떻게 하나요?

Q. 근로자가 사직서에 사직일자를 기재하지 않고 제출한 뒤 출근을 하지 않고 있습니다. 언제를 사직일로 처리하여야 하나요?

A. 근로자가 사직서를 작성하여 사용자에게 제출한 경우에, 특별한 사정이 없는 한 그 사직서는 사용자와의 근로계약관계를 해지하는 의사표시를 담고 있는 것이므로 당사자 사이의 근로계약관계는 사용자가 그 사직서 제출에 따른 사직의 의사표시를 수락하여 합의해지(의원면직)가 성립하는 것입니다. 따라서 근로자가 사직일자를 기재하지 않았더라도 사용자가 이러한 근로자의 사직 의사표시를 수락한 날을 사직일로 할 수 있습니다. 한편, 사용자가 근로자의 사직 의사표시를 수락하지 않는다고 하더라도 민법 제660조는 "고용기간의 약정이 없는 때에는 당사자는 언제든지 계약해지의 통고를 할 수 있고, 이 경우 상대방이 해지의 통고를 받은 날로부터 1월이 경과하면 해지의 효력이 생긴다."고 규정하고 있는바, 이러한 민법 제660조 소정 기간의 경과로 사직서 제출에 따른 해지의 효력이 발생하게 되는 것이며, 다만 "민법 제660조는 근로자의 해약의 자유를 보장하는 규정으로서 근로자에게 불리

하지 않는 한 그 기간이나 절차에 관하여 취업규칙에서 이와 달리 규정하는 것도 가능하다고 할 것이므로, 근로자가 사직할 때에는 일정한 기간 내에 사용자의 승인을 얻도록 하고 있는 경우 근로자가 사직원을 제출하였으나 사용자가 승인을 거부할 합리적인 이유가 없는데도 승인을 하지 아니하고 있을 때에는 위 법조 소정의 기간(취업규칙에서 이보다 짧은 기간을 규정한 때에는 그 기간)이 경과함으로써 근로관계는 종료된다."[197]고 할 것입니다.

따라서 취업규칙에서 근로자 사직 시 일정 기간 내 사용자의 승인을 얻도록 하는 규정이 존재하는지 등을 감안하여 처리하여야 할 것이며, 이때 사용자가 근로자의 사직 의사표시를 수락하거나 민법 또는 취업규칙 소정의 기간 경과로 사직서 제출에 따른 해지의 효력이 발생하기 이전까지는 근로자에게 근로제공 의무가 존재한다고 할 것이므로 근로자가 사직서 제출 후 임의로 출근을 하지 않는다면 이는 무단결근에 해당하여 사용자는 해당 근로자에 대하여 관련 취업규칙 등에 따른 조치를 취할 수 있다고 할 것입니다.

---

[197] 대법원 1997. 7. 8. 선고 96누5087 판결

11 명예퇴직 합의 후 철회신청을 받아주어야 하나요?

Q. 명예퇴직을 실시하기로 하여 희망자를 모집하고 관리자와의 면담을 실시한 이후 퇴직하는 것으로 합의하여 근로자가 사직서를 제출하였으나(퇴직일자는 사직서 제출일로부터 1달 이후), 근로자가 퇴직일 도래 전 사직의사를 철회하고 휴직요청을 하는 경우 이를 받아주어야 하는 것인가요?

A. 명예퇴직은 근로자가 명예퇴직의 신청을 하면 사용자가 요건을 심사한 후 이를 승인함으로써 합의에 의하여 근로관계를 종료시키는 것으로서 명예퇴직의 신청은 근로계약에 대한 합의해지의 청약에 불과하여 이에 대한 사용자의 승낙이 있어 근로계약이 합의해지되기 전에는 근로자가 임의로 그 청약의 의사표시를 철회할 수 있다 할 것이나 합의가 있은 후에는 당사자 일방이 임의로 그 의사표시를 철회할 수 없으며, 합의에 따라 명예퇴직예정일이 도래하면 근로자는 당연히 퇴직하고 사용자는 명예퇴직금을 지급할 의무를 부담하게 됩니다.[198] 따라서 근로자의 명예퇴직 신청에 대하여 이미 사용자가 이를 승낙한 경우 근로자는 일방적으로 사직의 의사표시를 철회할 수 없는 것이므로 회사가

---

198) 대법원 2003. 6. 27. 선고 2003다1632 판결

근로자의 명예퇴직의사 철회신청을 받아주어야 할 의무는 없다고 할 것입니다.

　참고로 명예퇴직이 아닌 일반 의원면직의 경우와 같이 사직서 제출이 일방적인 근로계약 해지의 통고일 경우 사용자에게 사직의 의사표시가 도달한 이후에는 사용자의 동의 없이는 사직의 의사표시를 철회할 수 없습니다.

12 회사에 손해를 끼친 직원에게 손해배상청구 가 능한가요?

Q. 직원이 업무수행을 잘못하여 고객에게 지급하지 않아도 될 돈을 더 지급하여 회사에 손해를 끼쳤습니다. 해당 직원에 대하여 손해배상청구를 할 수 있나요?

A. 근로자와 사용자의 관계라 하더라도 민법상 불법행위로 인한 손해배상의 청구는 가능하므로 근로자가 업무수행 과정에서 불법행위를 하여 회사에 손해를 끼치거나 근로자의 업무수행 행위로 인하여 제3자가 손해를 입어 회사가 제3자에게 손해배상을 한 경우 회사는 근로자에게 손해배상을 청구하거나 구상권을 행사할 수 있을 것입니다. 다만 판례는 "일반적으로 사용자가 피용자의 업무수행과 관련하여 행하여진 불법행위로 인하여 직접 손해를 입었거나 그 피해자인 제3자에게 사용자로서의 손해배상책임을 부담한 결과로 손해를 입게 된 경우에 사용자는 그 사업의 성격과 규모, 시설의 현황, 피용자의 업무내용과 근로조건 및 근무태도, 가해행위의 발생원인과 성격, 가해행위의 예방이나 손실의 분산에 관한 사용자의 배려의 정도, 기타 제반 사정에 비추어 손해의 공평한 분담이라는 견지에서 신의칙상 상당하다고 인정되는 한

도 내에서만 피용자에 대하여 손해배상을 청구하거나 구상권을 행사할 수 있다."[199]고 하여 사용자의 근로자에 대한 손해배상의 청구를 공평의 관점에서 일정 정도 제한하고 있으므로 이를 참작하여야 할 것입니다.

---

199) 대법원 2014. 5. 29. 선고 2014다202691 판결

13 복직 후 퇴사 종용하는 회사 어떻게 하나요?

Q. 육아휴직 후 복직하였으나 회사에서 제대로 된 업무를 부여하지 않고 계속적으로 퇴사할 것을 종용하여 정신적 스트레스로 병원치료까지 받고 있습니다. 회사에 대하여 할 수 있는 권리구제 방법에는 어떤 것이 있나요?

A. 최근 한 지방법원 하급심 판례에서는 육아휴직을 마치고 업무에 복귀한 직후부터 약 40일이 지나도록 근로자에게 휴직 전과 같은 업무를 배정하지 아니하는 등 부당한 대우를 하여 근로자가 스트레스로 인하여 병원 치료를 받고 결국 퇴직을 하게 된 사안에 대하여 근로자의 정신상 고통에 따른 위자료 지급 청구를 인정하였습니다.[200]

해당 판례는 "육아휴직제도는 모성보호 및 근로여성의 직업능력 개발이라는 당초의 취지에서 한발 더 나아가 자녀양육의 지원을 통한 여성의 노동시장 참여 장려 및 직장과 가정의 양립, 출산장려와 아동복지 제고, 남성의 가족책임 분담과 이를 통한 실질적인 가족 내 양성 평등의 달성이라는 사회적 기능을 수행한다고 할 수 있다. 이러한 육아휴직 제도의 취지에다가, ① 헌법상 보장되는 기본권으로서의 양육권은 자

---

200) 광주지방법원 2012. 10. 24. 선고 2012나10375 판결

유권적 기본권의 성격과 아울러 사회권적 기본권의 성격도 가지고 있는데, 육아휴직제도는 양육권의 사회권적 기본권으로서의 측면을 법률로써 구체화한 것인 점, ② 자녀의 출산과 양육은 국가를 유지하기 위한 인적 기반이 된다는 점에서 국가공동체의 생존 및 발전, 나아가 인류의 존속을 위해서도 결코 소홀히 할 수 없는 것인 점, ③ 특히 세계 최저수준의 출산율이 사회문제화 되고 있는 우리 현실에서 육아휴직제도를 비롯한 관련 제도는 더욱 장려되고 보다 높은 수준으로 보장될 필요성이 있는 점 등을 감안할 때, 피고가 육아휴직을 마치고 복귀한 원고를 휴직 전과 같은 업무에 복귀시키지 않음은 물론 원고 스스로 퇴직하지 않을 수 없도록 직원회의를 통해 왕따 분위기를 선동하고 피고의 임원이 직접 나서 원고의 책상을 치워 버리고 원고를 비하 모욕하는 등 부당하게 대우한 것은 원고에 대하여 불법행위를 구성하고, 그로 인하여 원고가 정신상 고통을 받았을 것임은 경험칙상 넉넉히 추인되므로 피고는 원고에게 위 불법행위로 인한 위자료를 지급할 의무가 있다."며 근로자에게 위자료로 2,000만 원을 지급할 것을 인정한 것입니다.

결론적으로, 남녀고용평등 및 일·가정 양립 지원에 관한 법률 제19조 제4항은 "사업주는 육아휴직을 마친 후에는 휴직 전과 같은 업무 또는 같은 수준의 임금을 지급하는 직무에 복귀시켜야 한다."고 규정하고 있으므로 이를 위반하는 경우 사업주는 동법 제37조 제4항 제4호의 벌칙 규정이 적용되어 500만 원 이하의 벌금에 처해질 수 있을 것이며, 해당 근로자가 이러한 사업주의 불법행위로 인하여 정신적 손해를 입은 경우 위자료의 지급을 청구하여 권리구제를 받을 수 있다고 할 것입니다.

14 고객에게 사과를 강요하는 회사 때문에 우울증에 걸렸어요

Q. 콜센터 상담원으로 근무하며 고객이 규정에 어긋난 서비스를 요청하여 이를 거부하는 답변을 매뉴얼대로 하였음에도 상급자를 바꾸라며 계속하여 욕설을 하여 통화를 종료하였습니다. 그러나 회사에서는 통화를 종료한 것과 관련하여 해당 고객에게 사과할 것을 요구하였고 이를 거절하자 평가에 반영하겠다며 계속해서 사과할 것을 강요하여 결국 극심한 정신적 고통에 시달려 우울증으로 병원치료를 받게 되었습니다. 회사에 대하여 할 수 있는 권리구제 방법에는 어떤 것이 있나요?

A. 고용관계 또는 근로관계는 이른바 계속적 채권관계로서 인적 신뢰관계를 기초로 하는 것이므로, 고용계약에 있어 피용자가 신의칙상 성실하게 노무를 제공할 의무를 부담함에 대하여, 사용자로서는 피용자에 대한 보수지급의무 외에도 피용자의 인격을 존중하고 보호하며 피용자가 그 의무를 이행하는 데 있어서 손해를 받지 아니하도록 필요한 조치를 강구하고 피용자의 생명, 건강 등에 관한 보호시설을 하는 등 쾌적한 근로환경을 제공함으로써 피용자를 보호하고 부조할 의무를 당연히 부담하는 것이고, 이러한 보호의무를 위반함으로써 피용자가

손해를 입은 경우에는 사용자는 근로계약상의 채무불이행책임과 경합하여 민법 제750조 소정의 불법행위로 인한 손해배상을 부담하게 됩니다. 특히 이른바 '감정노동'을 수행하는 근로자의 경우 고객에게 즐거움 같은 감정적 반응을 주도록 요구되는 동시에 사용자로부터 감정 활동의 통제, 실적 향상 및 고객 친절에 대한 지속적인 압력을 받고 있어 이로 인한 우울증, 대인기피증 등 직무 스트레스성 직업병에 심각하게 노출되어 있다고 할 것인바, 감정노동자를 고용하고 있는 사용자로서는 고객의 무리한 요구나 폭언에 대하여 근로자를 보호할 수 있는 방안을 적극적으로 마련해야 하고, 발생 사안에 따라 적극적으로 대처할 수 있는 지침을 제공하여 근로자로 하여금 이를 활용할 수 있도록 해야 하며, 고객과 사이에 근로자 개인이 감당할 수 있는 수준 이상의 문제가 발생할 경우 관리감독자로서 개입하여 분쟁의 원인을 밝히는 등 중재역할을 다하여야 하고, 고객의 위신을 높이는 데에 지나치게 집중한 나머지 사실관계를 따져보지도 않은 채 근로자에게 무조건적인 사과를 지시함으로써 인격적인 모멸감을 주어서는 안 된다고 할 것입니다. 또한 고객과의 분쟁이 발생했을 때 또는 심리적인 휴식이 필요할 때 쉴 수 있는 자율성을 보장하여야 할 근로계약상 보호의무 내지 배려의무를 부담한다고 할 것입니다.[201]

따라서 이와 같은 사안에서 고객이 해당 근로자에게 폭언 등을 하였음을 인정할 수 있음에도 사용자가 근로자를 보호하기 위한 어떠한 조치도 취하지 않은 채 오히려 근로자로 하여금 양심에 반하는 사과를 강요하고 이를 이행하지 않는 경우 평가에 반영하겠다고 하여 심리적

---

201) 서울남부지방법원 2013. 6. 21. 선고 2012가단25092 판결

으로 부당한 압박을 가하였다면 이는 근로계약관계에서 사용자가 부담하는 근로자에 대한 보호의무 내지 배려의무를 위반한 것으로써, 근로자가 이로 인하여 정신적 고통을 받고 있음을 알았음에도 계속적으로 사과를 할 것을 강요하여 결국 우울증에 이르게 하였다면 해당 근로자는 사용자에 대하여 손해배상청구를 할 수 있을 것입니다.

15 사직처리 전 영업방해금지약정을 체결할 수 있나요?

Q. 영업조직을 관리하던 근로자가 사직의 의사표시를 하기에 경쟁사로 이직하여 회사의 영업을 방해할 우려가 있다고 예상되어 영업방해금지약정을 체결하고 사직처리를 하고자 합니다. 가능한가요?

A. 사용자와 근로자 간 자율적인 합의에 기하여 영업방해금지약정을 체결하는 것은 일단 유효하다고 할 것입니다. 다만, 영업방해금지약정은 퇴직 후 근로자의 자유로운 직업활동에 제한을 가할 소지가 있다는 측면에서 경업금지약정과 같이 근로자의 자유를 부당하게 제한하지 않는 범위에서 이루어져야 할 것입니다. 따라서 영업방해금지약정을 체결함에 있어서는 금지되는 영업방해행위를 특정하고 금지의무가 부과되는 기간의 적정성을 유지하는 등의 요건이 전제되어야 할 것이며, 이러한 약정 위반에 대한 제재조치로서 손해배상의무를 두는 경우에도 손해배상 예정액의 적정성이 담보되어야 이를 유효한 영업방해금지약정으로 볼 수 있을 것입니다.

참고로 판례는 근로자가 보험회사의 지점장으로 근무하다가 퇴직하면서 회사와 영업방해금지약정을 체결하고 퇴직위로금을 지급받은 후(1

억 8천여만 원) 동종업종을 영위하는 다른 보험회사 지점장으로 입사하여 前 소속 회사의 보험설계사들에게 이직을 권유하는 등의 행위를 한 사안에서, "재직 중 지득하거나 관리한 원고의 영업비밀, 고객정보, 또는 영업조직 등을 이용하여 원고의 영업에 지장을 초래할 우려가 있는 일체의 행위를 하지 아니할 것을 내용으로 한 영업방해금지약정에는 무효 또는 취소사유가 있다고 볼 수 없고 해당 근로자가 퇴직 후 前 소속회사의 보험설계사 일부에게 이직 권유를 하는 등 前 소속회사의 영업조직을 침해할 우려가 있는 행위를 한 것에 대하여 영업방해금지약정 위반에 따라 위약금을(1억 원) 지급할 의무가 있다."고 판시한 바 있습니다.[202]

---

202) 서울동부지방법원 2010. 11. 3. 선고 2010가합161 판결

16 육아휴직기간도 기간제근로자 사용기간에 포함되나요?

Q. 기간제근로자를 2년 이상 사용하는 경우 무기계약근로자가 된다고 알고 있습니다. 이 2년에 육아휴직기간도 포함이 되나요?

A. 기간제 및 단시간근로자 보호 등에 관한 법률 제4조 제2항은 "2년을 초과하여 기간제근로자로 사용할 수 있는 사유가 없거나 소멸되었음에도 불구하고 2년을 초과하여 기간제근로자로 사용하는 경우에는 그 기간제근로자는 기간의 정함이 없는 근로계약을 체결한 근로자로 본다."고 규정하고 있습니다. 다만, 남녀고용평등과 일·가정 양립 지원에 관한 법률 제19조 제5항은 "기간제근로자의 육아휴직 기간은 기간제 및 단시간근로자 보호 등에 관한 법률 제4조에 따른 사용기간에 산입하지 아니한다."고 규정하고 있는바, 육아휴직을 사용한 기간제근로자에 대하여는 육아휴직 기간을 제외하고 2년 초과 사용 여부를 판단하여야 할 것입니다.

17 파견회사를 옮겨 다니며 동일한 곳에서 일하고 있어요

Q. 회사가 A파견회사로부터 소속근로자를 파견받아 사용하던 중(1년) A회사가 폐업을 하여 동일한 근로자들이 B파견회사 소속으로 변경된 후에도 여전히 동일한 업무를 시키며 사용하고(1년) 있는 경우 각 파견회사별로 파견근로자의 사용기간이 1년씩밖에 되지 않았음에도 파견근로자 보호 등에 관한 법률에 의거하여 사용사업주에게 직접고용의무가 부과되나요?

A. 파견근로자 보호 등에 관한 법률 제6조의2는 "사용사업주가 2년을 초과하여 계속적으로 파견근로자를 사용하는 경우에는 해당근로자를 직접 고용하여야 한다."고 규정하고 있습니다. 그리고 이때 파견회사가 변경되어 당해 파견근로자의 소속이 변경되었다고 하더라도 사용사업주가 동일한 파견근로자를 동일 업무에 2년을 초과하여 계속 사용하는 경우에는 사용사업주는 파견근로자를 직접 고용하여야 할 의무를 부담합니다. 즉, 직접고용의무가 발생하는 파견기간의 기산점은 당해 파견근로자들이 사용사업주에 최초로 파견근로를 제공한 시점이 되며 이때로부터 2년을 초과하는 시점에 직접고용의무가 발생하게 되는

것입니다.[203] 판례 또한 "'근로자파견'이란 '파견사업주가 근로자를 고용한 후 그 고용관계를 유지하면서 근로자파견계약의 내용에 따라 사용사업주의 지휘·명령을 받아 사용사업주를 위한 근로에 종사하게 하는 것'으로서, 근로자파견에 해당하는지 여부는 당사자의 형식적이고 명목상 정한 계약형식과 상관없이, 계약 목적 또는 대상의 특정성, 전문성 및 기술성, 계약당사자의 기업으로서 실체 존부와 사업경영상 독립성, 계약 이행에서 사용사업주의 지휘명령권 보유 등을 종합적으로 고려하여 그 근로관계의 실질을 따져서 판단하여야" 하며, "파견법이 '파견근로자의 근로조건 등에 관한 기준을 확립함으로써 파견근로자의 고용안정과 복지증진에 이바지함'을 목적으로 하고 있는 점, 파견법의 파견기간의 제한에 관한 규정에서 적용 여부를 결정하는 기준이 되는 것은 파견근로자나 사용사업주의 성격이지 파견사업주의 성격이 아닌 점, 파견사업주가 동일한 경우에만 파견기간의 제한에 관한 규정이 적용되는 것으로 본다면 사용사업주는 동일한 파견근로자를 계속하여 사용하면서도 파견법에 정한 기간 내에 파견사업주만을 교체함으로써 파견기간의 제한에 관한 규정의 적용을 받지 않을 수 있어서 파견법이 파견기간을 제한하는 목적을 전혀 달성할 수 없게 되는 점에 비추어 보면, 동일한 사용사업주가 파견법에서 정한 기간 동안 파견근로자를 사용한 이상 설사 그 동안 파견사업주가 교체되었다고 하더라도 직접 고용이 간주되거나 직접 고용의무가 발생함에 지장이 없다고 보아야 한다."고 판시하였습니다.

따라서 파견회사의 변경과는 무관하게 각 파견회사에 소속된 기간별

---

203) 2008. 8. 7. 차별개선과-1334

로는 2년을 초과하지 않았더라도 사용사업주인 회사가 당해 파견근로자들을 사용한 지 2년이 경과한 시점에서 해당 근로자들에 대한 직접고용의무가 발생한다고 할 것입니다.

18 파견회사가 한 해지통보를 해고로 볼 수 있나요?

Q. A가 기간제근로자로 B회사에서 1년 5개월간 근무하던 중 B회사가 인사관리상의 필요 등을 들어 A로 하여금 C파견회사 소속 근로자가 될 것을 요청하였고 이후 A가 C파견회사 소속으로 다시 B회사에 파견되어 동일한 업무를 1년간 수행해오다 C파견회사가 계약기간 만료로 해지를 통보하였다면 이를 B회사가 해고한 것으로 볼 수 있나요?

A. 근로자파견이란 '파견사업주가 근로자를 고용한 후 그 고용관계를 유지하면서 근로자파견계약의 내용에 따라 사용사업주의 지휘·명령을 받아 사용사업주를 위한 근로에 종사하게 하는 것'으로서 하나의 사용자와 근로자 사이에 고용관계와 지휘명령관계가 함께 존재하는 근로계약관계와 달리 근로자파견관계에서는 고용관계와 지휘명령관계가 분리되어 고용관계는 파견사업주와 사이에, 지휘명령관계는 사용사업주와의 사이에 각 존재한다는 점에 그 특징이 있습니다. 다만 "외형적·형식적으로는 근로자가 원고용주인 파견사업주에 고용되어 파견사업주와 사용사업주의 근로자파견계약에 따라 제3자인 사용사업주의 사업장에서 사용사업주의 지휘명령에 따라 업무에 종사하더라도, 실제로는 파견사업주에게 노동법상 파견사업주로서의 책임을 부담할 만한 독자

적인 능력이 없거나 파견사업주가 고용관계의 기본적 사항에 대한 권한을 행사하지 않아 파견사업주로서의 존재가 형식적·명목적인 것에 지나지 않는 반면 근로자가 사용사업주와 종속적인 관계에 있고 사용사업주가 근로자에 대하여 지휘명령을 할 뿐 아니라 근로자의 채용, 징계, 해고 등 인사에 관한 사항, 임금에 관한 사항 및 고용관계의 유지에 필요한 노무관리에 관한 사항 등 고용관계에 관한 기본적 사항에서도 주도권을 행사하는 경우에는 사용사업주와 근로자 사이에 묵시적 근로계약관계가 있다고 봄이 상당"[204]합니다.

따라서 A근로자가 B회사소속 근로자로 근무하다가 C파견회사와 파견근로계약을 체결한 것이 근로자와 C파견회사 간에 독자적인 결정으로서 이루어진 것이 아니라 B회사의 필요에 의하여 B회사가 주도하여 결정한 것에 근로자가 이를 따랐을 뿐이고, 이 과정에서 C파견회사의 역할이 B회사의 요청에 따라 근로자와 형식적인 근로계약을 체결한 것일 뿐 임금 등 근로계약상의 근로조건에 관한 사항을 주도적으로 정한 것이 아니라면, 이러한 계약체결을 거쳐 근로자가 이전과 동일한 업무를 B회사의 지휘·명령을 받아 수행한 경우, 이는 C파견회사가 파견근로자의 채용, 계약기간, 인사, 임금, 교육훈련 등 고용관계에 관한 기본적 사항에 관하여 아무런 권한을 행사하지 않아 파견사업주로서의 존재가 형식적·명목적인 것에 지나지 않다고 볼 것이며, 반면에 B회사는 근로자에 대하여 지휘·명령을 하였을 뿐 아니라 고용관계에 관한 기본적인 사항에 관하여 실질적인 주도권을 행사하였다고 볼 것이므로 근로자가 C파견회사와 계약을 체결하였다 하더라도 해당 근로자는 여전

---

204) 서울고등법원 2013. 3. 13. 선고 2012나59376 판결

히 B회사와 묵시적인 근로계약관계가 유지되고 있었다고 볼 것입니다. 따라서 묵시적 근로계약관계가 유지되고 있는 근로자에 대하여 계약기간만료의 해지통보를 한 것은 B회사가 한 해고에 해당하고 이에 대한 정당한 이유가 없는 이상 부당해고라고 할 것입니다.

19 파견근로자를 직접고용할 의무가 있나요?

Q. 지금까지 파견근로자를 사용해오다 근로자들을 직접 고용하여 사업을 운영하기로 하였습니다. 이때 지금까지 사용하던 파견근로자들을 고용하여야 할 의무가 있나요?

A. 파견근로자 보호 등에 관한 법률 제6조의2 제4항은 "사용사업주는 파견근로자를 사용하고 있는 업무에 근로자를 직접 고용하고자 하는 경우에는 당해 파견근로자를 우선적으로 고용하도록 노력하여야 한다."고 규정하고 있습니다. 따라서 법률에서는 파견근로자들에 대한 우선고용의무를 규정하고 있다고 할 것이나, 다만 이에 대하여는 위반 시 벌칙 규정이 별도로 존재하지는 아니하여 이를 강제하고 있다고 볼 수는 없을 것입니다.

20 재심신청을 하였는데도 이행강제금을 납부해야 되나요?

Q. 근로자가 지방노동위원회에 제기한 부당해고구제신청에서 회사가 패소하여 구제명령과 이행강제금이 부과되었습니다. 지방노동위원회의 판정에 불복하여 중앙노동위원회에 재심신청을 하였다면 이행강제금은 납부하지 않아도 되나요?

A. 근로기준법 제30조 제1항에 따라 노동위원회는 심문을 끝내고 부당해고가 성립한다고 판정하면 사용자에게 구제명령을 하게 되는데, 동법 제32조에 의하면 "노동위원회의 구제명령, 기각결정 또는 재심판정은 제31조[205]에 따른 중앙노동위원회에 대한 재심 신청이나 행정소송 제기에 의하여 그 효력이 정지되지 아니"합니다. 따라서 노동위원회는 근로기준법 제33조 제1항에 따라 구제명령을 받은 후 이행기한까지 구제명령을 이행하지 아니한 사용자에게 이행강제금을 부과하는 것이고 구제명령의 효력이 정지되지 아니한 이상 사용자가 구제명령을 그 이행

---

205) 제31조(구제명령 등의 확정) ① 노동위원회법에 따른 지방노동위원회의 구제명령이나 기각결정에 불복하는 사용자나 근로자는 구제명령서나 기각결정서를 통지받은 날부터 10일 이내에 중앙노동위원회에 재심을 신청할 수 있다. ② 제1항에 따른 중앙노동위원회의 재심판정에 대하여 사용자나 근로자는 재심판정서를 송달받은 날부터 15일 이내에 행정소송법의 규정에 따라 소(訴)를 제기할 수 있다. ③ 제1항과 제2항에 따른 기간 이내에 재심을 신청하지 아니하거나 행정소송을 제기하지 아니하면 그 구제명령, 기각결정 또는 재심판정은 확정된다.

기한까지 이행하지 아니하였다면 이행강제금의 부과처분은 적법하다고 할 것입니다. 다만, 사용자는 근로기준법시행령 제15조[206]에 따라 노동위원회의 구제명령이 취소되면 노동위원회의 직권 또는 사용자의 신청을 거쳐 이미 납부한 이행강제금을 노동위원회로부터 반환받을 수 있습니다.

---

206) 제15조(이행강제금의 반환) ① 노동위원회는 중앙노동위원회의 재심판정이나 법원의 확정판결에 따라 노동위원회의 구제명령이 취소되면 직권 또는 사용자의 신청에 따라 이행강제금의 부과·징수를 즉시 중지하고 이미 징수한 이행강제금을 반환하여야 한다. ② 노동위원회가 이행강제금을 반환하는 때에는 이행강제금을 납부한 날부터 반환하는 날까지의 기간에 대하여 고용노동부령으로 정하는 이율을 곱한 금액을 가산하여 반환하여야 한다.

21 노동청 조사, 대표이사가 꼭 출석해야 하나요?

Q. 근로자가 노동청에 임금체불 진정을 하여 근로감독관으로부터 대표이사가 출석하여 조사를 받아야 한다는 사전통지를 받았습니다. 반드시 대표이사가 직접 출석하여야 하는 것인가요?

A. 근로감독관은 피진정인에 대하여 출석을 요구할 때 출석요구일시 등이 기재된 출석요구서를 발부하게 됩니다. 그런데 대표이사가 이러한 출석요구서를 발부받더라도 고소·고발·범죄인지 사건의 피의자신문 등 당사자의 출석이 불가피한 경우를 제외하고는 대리인의 출석을 허용하여야 하므로(근로감독관 집무규정 제8조 제3항), 진정사건의 경우 반드시 대표이사가 출석하여야 하는 것은 아니며 인사부서 담당자, 공인노무사, 변호사 등이 대리인으로 출석할 수 있습니다. 이때 대리인은 위임장을 지참하여야 합니다.

22 임금체불 재진정 가능한가요?

Q. 임금체불로 노동청에 진정하여 조사를 받던 중 사업주가 경기가 풀리는 대로 지연이자를 포함한 모든 금원을 지급한다고 확약하여 '처벌불원확인서'라는 것을 작성하여 주었습니다. 그러나 사업주가 약속한 기일까지 체불임금을 지급하지 아니하여 다시 진정을 하려고 합니다. 가능한 것인가요?

A. 근로기준법 제109조 제2항은 "금품청산, 임금지급, 휴업수당, 연장·야간·휴일근무수당의 지급 등과 관련하여 이를 위반한 자에 대하여는 피해자(진정인, 고소인 등)의 명시한 의사에 반하여 공소를 제기할 수 없다"고 하여 임금체불에 대하여 반의사불벌죄임을 규정하고 있습니다. 따라서 체불임금이 확인되더라도 피해자의 명시적인 처벌불원 의사표시가 있으면 체불임금의 일부 또는 전부가 청산되지 않았더라도 사용자를 형사처벌 할 수는 없는 것입니다. 따라서 근로감독관은 체불임금 사건에 대한 조사를 함에 있어 피해자에게 사업주에 대한 처벌희망 여부를 조사하고, 이때 피해자가 처벌을 희망하지 아니하는 명시적인 의사표시를 한 경우에는 조사(또는 수사)를 종료하게 됩니다.

구체적인 사건유형별로는 진정사건인 경우에는 피해자가 처벌불원 의사표시를 하면 그 사실을 확인한 후 내사종결하는데, 이때 처벌불원 의사표시 확인서 또는 진정 취하서에 해당 내용을 기재하게 됩니다. 고소사건의 경우에는 수사 중 피해자가 처벌불원 의사표시를 한 경우 수사를 종료하게 되는데 이러한 의사표시를 조서에 기록하고 그때까지의 수사결과를 토대로 청산여부를 불문하고 각하 또는 공소권 없음으로 송치합니다.

내사종결되는 경우 이후 미청산 등을 이유로 재진정·고소 제기가 불가하며, 처벌불원으로 수사가 종료되는 경우에도 역시 이후 미청산 등을 이유로 재고소하는 것은 불가합니다. 그리고 만약 반의사불벌로 종결된 사건이 재진정 또는 재고소·재고발된 경우에는 내사종결 또는 각하로 처리되게 됩니다.

결국 진정을 제기하여 조사 중 근로자가 명시적으로 처벌불원확인서를 작성하여 준 경우에는 이후 사업주가 체불임금을 청산하여 주지 않았음을 이유로 재진정하거나 고소할 수는 없으며 민사적인 방법을 통해 체불임금을 청구하는 방법을 고려하여야 할 것입니다.

23 산재보험 가입 없이 근무 중 사고가 났습니다

Q. 사업주가 산재보험에 가입하지 않는 조건으로 월급을 조금 더 주겠다고 하여 산재보험 없이 근무하던 중 사고가 났습니다. 보험급여를 받을 수 있나요?

A. 산업재해보상보험법은 (법령상 적용제외 대상에 해당하지 않는 한) 근로자를 사용하는 모든 사업 또는 사업장에 적용되는 것이므로 1인 이상의 근로자를 사용하는 사업장의 사업주는 산재보험에 가입하여야 하는 것이고(당해 사업이 개시 된 날 또는 일정 규모 이상의 사업에 해당되게 된 날로부터 14일 이내에 보험관계성립신고서를 근로복지공단에 제출하여야 합니다.) 이를 사업주와 근로자의 합의로 임의적으로 배제할 수는 없는 것입니다.

또한 사업장이 산재보험 당연적용 사업장에 해당함에도 불구하고 산재보험에 가입하지 않고 있던 중, 업무상 사유로 사고가 발생했다 하더라도 근로자는 근로복지공단에 보험급여의 신청을 하여 산재보험의 해택을 받을 수 있습니다. 다만, 이 경우 사업주는 재해근로자에게 지급하는 보험급여액의 50%를 산재보험료 외에 추가로 납부하여야 하며 근로자에게는 별도의 불이익이 없습니다.

24 노동조합간부도 산재보상을 받을 수 있나요?

Q. 노동조합전임자가 아닌 노동조합 간부에 대해서도 산재보상보험법이 적용되나요?

A. 노동조합전임자가 근로계약상 본래 담당할 업무를 면하고 노동조합의 업무를 전임하게 된 것이 단체협약 혹은 사용자인 회사의 승낙에 의한 것이라면, 이러한 전임자가 담당하는 노동조합업무는 그 업무의 성질상 사용자의 사업과는 무관한 상부 또는 연합관계에 있는 노동단체와 관련된 활동이나 불법적인 노동조합활동 또는 사용자와 대립관계로 되는 쟁의단계에 들어간 이후의 활동 등이 아닌 이상 회사의 노무관리업무와 밀접한 관련을 가지는 것으로서 사용자가 본래의 업무 대신에 이를 담당하도록 하는 것이어서 그 자체를 바로 회사의 업무로 볼 수 있고, 따라서 그 전임자가 노동조합업무를 수행하거나 이에 수반하는 통상적인 활동을 하는 과정에서 그 업무에 기인하여 발생한 재해는 산업재해보상보험법 제5조 제1호 소정의 업무상 재해에 해당한다고 할 것인데, 판례는 이러한 법리가 노동조합전임자가 아닌 노동조합 간부가 사용자인 회사의 승낙에 의하여 노동조합업무를 수행하거나 이에 수반하는 통상적인 활동을 하는 과정에서 그 업무에 기인하여 발생한 재해

의 경우에도 마찬가지로 적용된다고 보고 있습니다.[207]

따라서 해당 노조간부가 사고 발생 당시 노동조합의 통상적인 활동을 하고 있었는지 여부, 회사의 승낙을 얻었는지 여부, 그 활동이 회사의 노무관리업무와 밀접한 관련을 가지는 것인지 여부 등을 검토하여 만약 해당 사고가 사용자인 회사의 승낙에 의하여 노동조합업무를 수행하거나 이에 수반하는 통상적인 활동을 하는 과정에서 그 업무로 인하여 입은 것이라면 반드시 노조전임자가 아니라 할지라도 이는 산업재해보상보험법 제5조 제1호 소정의 업무상 재해에 해당하는 것으로서 해당 근로자에게는 산재보상보험법이 적용된다고 할 것입니다.

---

207) 대법원 2014. 5. 29. 선고 2014두35232 판결

25 산재신청확인서에 날인해 주었는데 민사 소장을 받았습니다

Q. 근무 중 사고가 발생하여 근로자가 근로복지공단에 산재신청을 한다고 하였고 이에 '요양급여 및 휴업급여 신청서'의 사업주 확인란에 날인을 해주었습니다. 이후 근로복지공단으로부터 산재승인을 받았다고 알고 있는데 얼마 전 해당 근로자가 회사를 상대로 민사상 손해배상청구를 하여 소장을 받게 되었습니다. 이 경우 만약 근로자가 승소한다면 이중으로 배상받게 되는 것이 아닌가요?

A. 산재근로자는 업무상 재해가 사용자나 다른 근로자의 불법행위, 사용자가 소유·점유하는 공작물의 설치 및 보존의 흠결, 산업안정보건법상의 안전시설·보호구의 불비 등으로 인하여 발생한 경우에는 산재급여를 청구하는 것 외에 민법 제750, 제756, 제758조 등에 따른 불법행위에 기한 손해배상책임으로서 사용자에게 손해배상을 청구할 수 있습니다. 산재급여는 산재법에 따라 사용자가 근로기준법에 따라 보상하여야 할 업무상 재해로 인한 손해를 국가가 보험자의 입장에서 직접 전보하는 성질을 갖는 사회보험 차원의 정률급여로서 무과실책임에 근거하고, 민사상 손해배상은 실손실액에 대한 보상으로 과실책임에 근거

하는 것으로서 각 청구권은 독립하여 발생하며 이때 각 배상·보상의 범위에는 차이가 있을 수 있습니다(참고로 민사상 손해배상은 과실책임에 따라 근로자의 과실에 따라 과실상계가 될 수 있으며, 해당 청구권의 소멸시효는 10년입니다).

그러나 산업재해보상보험법 제80조는 "수급권자가 산재보험급여를 받았거나 받을 수 있으면 보험가입자는 동일한 사유에 대하여 근로기준법에 따른 재해보상 책임이 면제되고, 수급권자가 동일한 사유에 대하여 산재보험급여를 받으면 보험가입자는 그 금액의 한도 안에서 민법이나 그 밖의 법령에 따른 손해배상의 책임이 면제된다."고 규정하고 있는바, 일단 수급권자에게 보험급여가 지급된 이상 그 금액의 한도에서 사용자는 동일한 사유에 대하여 민법상의 손해배상책임을 면하게 되는 것이므로 산재근로자나 유족이 근기법에 따른 재해보상 또는 산재법에 따른 보험급여를 받고 민사상 손해배상을 청구하였다 하더라도 이중배상이 되는 일은 없습니다. 따라서 근로자가 산재신청을 하는데 사업주 확인 날인을 해주었더라도, 이는 산재보험급여액을 초과하여 발생한 손해에 대하여 민사상 손해배상을 청구하는 것과는 무관하며 근로자가 이중배상을 받게 되는 결과를 초래하는 것도 아닙니다.

참고로 최근 판례는 최근 "산재보험법 제80조 제3항에서 말하는 '동일한 사유'라 함은 산업재해보상보험급여의 대상이 되는 손해와 근로기준법 또는 민법이나 그 밖의 법령에 따라 보전되는 손해가 같은 성질을 띠는 것이어서 산재보험급여와 손해배상 또는 손실보상이 상호 보완적 관계에 있는 경우를 의미하는바, 근로자가 사용자가 가입한 자기신체사고보험에 의해 지급받은 보험금은 사용자의 손해배상의무의 이행으로 지급받은 것이 아니므로 산재보험급여에서 공제될 수 없다."는 판시를

하기도 하였습니다.[208]

한편, 이렇듯 산재수급권자가 별개의 청구권을 갖게 됨에 따라 근로자에게 발생한 재해의 양태에 사업주의 과실이 있는 경우 보험급여 외에 추가로 보상·배상을 구하는 경우가 발생하게 되고, 이러한 민사소송의 제기 전후 과정에서 사업주와 수급권자는 개별 합의로 분쟁을 종결하기도 합니다. 즉, 업무상 재해에 따른 보상액이 사용자의 불법행위로 인한 손해배상액에 미달하는 경우 산재근로자·유족과 사업주가 장해 또는 사망에 따르는 일실소득과 위자료 등 손해배상에 합의하고 합의금액을 지불함으로써 '합의'를 하는 과정이 나타나는 것입니다. 이때 산재보상 관련 사업주와의 합의는 보통 요양 종료에 따른 산재보험급여 수령이 끝난 후 산재보험급여를 제외한 배상금을 산정하여 이루어지는 것이 일반적이며, 먼저 총 손해배상액으로 합의를 하여 합의금을 수령하고 보험급여를 청구하는 경우에는 공단은 수령한 손해배상액의 범위에서 보험급여를 지급하지 아니합니다.

또한 이러한 민사소송을 통한 방법 외에도 보험가입자의 고의·과실로 업무상 재해를 입은 경우 산재근로자 등의 소송에 따른 경제적·시간적 낭비를 줄이기 위하여 산업재해보상보험법은 제78조 및 제79조를 통해 특별급여제도를 두고 있습니다. 특별급여(장해특별급여와 유족특별급여 2종류)는 보험가입자의 고의 또는 과실로 발생한 업무상의 재해로 수급권자가 민법에 따른 손해배상청구를 갈음하여 특별급여를 청구하면 민사배상 상당액 중 보험급여액의 초과분을 수급권자에게 공단이 먼저 지급해주고 사업주로부터 그 상당액을 징수하는 제도로서, 이때 특별

---

208) 대법원 2015. 1. 15. 2014두724

급여를 받은 수급권자는 더 이상 민법 기타 법령에 따른 손해배상 청구를 할 수 없게 됩니다. 즉 보험급여를 초과하는 금액에 대하여 민사상 손해배상청구 대신 해당 금액도 공단으로부터 수령하는 제도를 통해 보험급여청구와 소송의 이중제기에 따른 번거로움을 감소시키고자 하는 것입니다. 그러나 아직까지 실무상으로는 이 제도보다 민사상 손해배상청구 및 합의가 주로 이용되고 있습니다.

26 실업급여를 받을 수 있나요?

Q. 회사에서 약 3년간 근무하다 1년간 우울증으로 휴직하였고 복직 후에도 근무가 곤란하여 다시 휴직하고자 하였으나 현실적으로 휴직이 되지 않을 것 같아 사직을 하게 되었습니다. 이 경우 고용보험 수급자 격을 인정받을 수 있나요?

A. 고용보험법 제40조는 구직급여의 수급 요건을 "① 이직일 이전 18 개월간(이하 '기준기간'이라 한다) 제41조에 따른 피보험 단위기간이 통산하여 180일 이상일 것, ② 근로의 의사와 능력이 있음에도 불구하고 취업(영리를 목적으로 사업을 영위하는 경우를 포함한다. 이하 이 장에서 같다)하지 못한 상태에 있을 것, ③ 이직사유가 제58조에 따른 수급자격의 제한 사유에 해당하지 아니할 것, ④ 재취업을 위한 노력을 적극적으로 할 것"이라고 들며 이를 모두 충족하여야 한다고 규정하고 있습니다.

또한 동법 제58조는 수급자격의 제한 사유로 "① 중대한 귀책사유로 해고된 피보험자로서 형법 또는 직무와 관련된 법률을 위반하여 금고 이상의 형을 선고받은 경우이거나 사업에 막대한 지장을 초래하거나 재산상 손해를 끼친 경우로서 고용노동부령으로 정하는 기준에 해당하는 경우 또는 정당한 사유 없이 근로계약 또는 취업규칙 등을 위반하여 장기간 무단결근한 경우, ② 자기 사정으로 이직한 피보험자로서 전직 또는 자영업을 하기 위하여 이직한 경우, ③ ①의 중대한 귀책사유가 있는 자가 해고되지 아니하고 사업주의 권고로 이직한 경우 그 밖에 고용노동부령으로 정하는 정당한 사유에 해당하지 아니하는 사유로 이직한 경우"를 들고 있습니다. 그리고 이때 고용노동부령으로 정하는 수급자격이 제한되지 아니하는 정당한 사유는 다음과 같습니다.

1. 다음 각 목의 어느 하나에 해당하는 사유가 이직일 전 1년 이내에 2개월 이상 발생한 경우
   가. 실제 근로조건이 채용 시 제시된 근로조건이나 채용 후 일반적으로 적용받던 근로조건보다 낮아지게 된 경우
   나. 임금체불이 있는 경우
   다. 소정근로에 대하여 지급받은 임금이 최저임금법에 따른 최저임금에 미달하게 된 경우
   라. 근로기준법 제53조에 따른 연장 근로의 제한을 위반한 경우
   마. 사업장의 휴업으로 휴업 전 평균임금의 70퍼센트 미만을 지급받은 경우

2. 사업장에서 종교, 성별, 신체장애, 노조활동 등을 이유로 불합리한 차별대우를 받은 경우

3. 사업장에서 본인의 의사에 반하여 성희롱, 성폭력, 그 밖의 성적인 괴롭힘을 당한 경우

4. 사업장의 도산·폐업이 확실하거나 대량의 감원이 예정되어 있는 경우

5. 다음 각 목의 어느 하나에 해당하는 사정으로 사업주로부터 퇴직을 권고받거나, 인원 감축이 불가피하여 고용조정계획에 따라 실시하는 퇴직 희망자의 모집으로 이직하는 경우
   가. 사업의 양도·인수·합병
   나. 일부 사업의 폐지나 업종전환
   다. 직제개편에 따른 조직의 폐지·축소

라. 신기술의 도입, 기술혁신 등에 따른 작업형태의 변경
　　마. 경영의 악화, 인사 적체, 그 밖에 이에 준하는 사유가 발생한 경우

6. 다음 각 목의 어느 하나에 해당하는 사유로 통근이 곤란(통근 시 이용할 수 있는 통상의 교통수단으로는 사업장으로의 왕복에 드는 시간이 3시간 이상인 경우를 말한다)하게 된 경우
　　가. 사업장의 이전
　　나. 지역을 달리하는 사업장으로의 전근
　　다. 배우자나 부양하여야 할 친족과의 동거를 위한 거소 이전
　　라. 그 밖에 피할 수 없는 사유로 통근이 곤란한 경우

7. 부모나 동거 친족의 질병·부상 등으로 30일 이상 본인이 간호해야 하는 기간에 기업의 사정상 휴가나 휴직이 허용되지 않아 이직한 경우

8. 산업안전보건법 제2조 제7호에 따른 '중대재해'가 발생한 사업장으로서 그 재해와 관련된 고용노동부장관의 안전보건상의 시정명령을 받고도 시정기간까지 시정하지 아니하여 같은 재해 위험에 노출된 경우

9. 체력의 부족, 심신장애, 질병, 부상, 시력·청력·촉각의 감퇴 등으로 피보험자가 주어진 업무를 수행하는 것이 곤란하고, 기업의 사정상 업무종류의 전환이나 휴직이 허용되지 않아 이직한 것이 의사의 소견서, 사업주 의견 등에 근거하여 객관적으로 인정되는 경우

10. 임신, 출산, 만 8세 이하 또는 초등학교 2학년 이하의 자녀(입양한 자녀를 포함한다)의 육아, 병역법에 따른 의무복무 등으로 업무를 계속적으로 수행하기 어려운 경우로서 사업주가 휴가나 휴직을 허용하지 않아 이직한 경우

11. 사업주의 사업 내용이 법령의 제정·개정으로 위법하게 되거나 취업 당시와는 달리 법령에서 금지하는 재화 또는 용역을 제조하거나 판매하게 된 경우

12. 정년의 도래나 계약기간의 만료로 회사를 계속 다닐 수 없게 된 경우

13. 그 밖에 피보험자와 사업장 등의 사정에 비추어 그러한 여건에서는 통상의 다른 근로자도 이직했을 것이라는 사실이 객관적으로 인정되는 경우

즉 고용보험 실업급여는 고용보험법 제40조의 구직급여의 수급 요건을 모두 갖춘 근로자가 직업안정기관의 장으로부터 고용보험법의 규정에 의한 수급자격을 갖추었다고 인정된 경우에 한해 수급자격을 인정하는 것으로서, 원칙적으로 해고 등의 비자발적 이직의 경우에 수급자격을 인정하는 것이고 자기사정에 의한 이직의 경우에는 수급자격을 인정하지 않는 것이나 고용보험법 시행규칙 제101조 제2항 [별표 2] "수급자격이 제한되지 아니하는 정당한 이직사유"에 해당하는 경우에는 부득이한 이직으로 보아 제한적으로 수급자격을 인정하고 있습니다.

따라서 해당 근로자가 말하는 우울증으로 인한 업무수행의 곤란이 이에 해당하는가를 살펴보면, 이직사유가 수급자격이 인정되는 정당한 이직사유로 인정되려면 주어진 업무의 수행이 곤란하고 회사의 사정상 업무종류의 전환이나 휴직이 허용되지 아니하여 이직한 것이 객관적으로 인정되어야 할 것인데, 우울증의 경우 정신과적 질병으로서 주어진 업무의 수행이 곤란한지 여부의 판단이 용이치 아니하고, 설령 업무수행이 곤란하였던 것으로 인정하더라도 동 질병상태에서 수행할 수 있는 직무로의 전환배치를 요청하거나 회사 관계자에 휴직을 요청한 사실이 없었다면 이직회피의 여지가 있었음에도 그 노력을 하지 아니한 것으로 볼 수밖에 없어 개인사정에 의한 이직으로 판단될 가능성이 많다고 할 것이어서 결국 이 경우 고용보험 수급자격을 인정받기 어렵다고 할 것입니다.

27 소수노동조합이 노조설명회 시간을 달라고 합니다

Q. 단체협약에 따라 노동조합에게 신입사원 교육 시 1시간의 설명회 시간을 부여하여 왔으나, 최근 복수노조가 생기며 교섭대표 노동조합과 소수 노동조합 모두가 1시간을 부여해 줄 것을 요청하고 있습니다. 1시간을 각 노동조합의 조합원 수에 비례하게 배분하여 부여해도 되나요?

A. 노동조합 및 노동관계조정법 제29조의4 제1항은 교섭대표노동조합과 사용자로 하여금 교섭창구 단일화 절차에 참여한 노동조합 또는 그 조합원 간에 합리적 이유 없는 차별을 금지하는 공정대표의무를 부여하고 있습니다. 또한 단체교섭 창구 단일화 제도와 공정대표의무의 입법목적에 비추어 보면 공정대표의무 위반 여부는 단체교섭의 결과물인 단체협약만을 놓고 판단할 수는 없고, 그 단체협약 이후에 단체협약에 기초하여 이루어진 회사와 교섭대표노동조합 사이의 협의나 회사의 노동조합들에 대한 조치도 그것이 애초부터 단체교섭과정에서 교섭대표노동조합과 회사 사이에 논의될 수 있는 성질의 것이라면 공정대표의무 위반 여부가 문제될 수 있습니다.

따라서 이러한 사건의 경우 단체협약에서 노동조합에게 1시간의 신입사원 교육시간을 부여한다고만 정하고 있을 뿐 복수의 노동조합이 있는 경우 그 노동조합들 사이에 교육시간을 어떻게 배분할 것인지에 대하여 정하고 있지 아니하다면, 이와 같은 상황에서 신입사원 교육시간 배분문제는 회사와 복수의 노동조합이 상호 협의하여 정하여야 할 것이나, 협의가 이루어지지 않는 경우에는 결국 단체교섭과정에 준하여 회사와 교섭대표노동조합이 논의하여 정하여야 할 것입니다.

다만, 이와 유사한 사건에서 판례는 교섭대표 노동조합과 소수 노동조합 모두가 1시간의 교육시간 전부를 사용하겠다고 회신함에 따라 회사가 교섭대표노동조합에게 50분, 소수 노동조합에게 10분을 임의로 배분한 것과 관련하여, "복수의 노동조합이 있는 경우 그 노동조합들 사이에 교육시간을 어떻게 배분할 것인지는 단체교섭과정에서 교섭대표노동조합과 회사 사이에 논의될 수 있는 성질의 것이고 그것이 논의되지 아니하여 회사가 임의로 이러한 조치에 이르게 된 것은 공정대표의무 위반 여부가 문제될 수 있다. 단체협약 제18조는 노동조합의 활동에 관한 조항이므로 노동조합 조합원의 규모에 따라 그 정도에 차등을 두어야 할 별다른 이유를 찾을 수 없다. 신입사원의 교육시간에 노동조합 설명회 시간을 부여하는 것은 노동조합제도 및 관련 법령의 이해와 노동조합에 대한 홍보, 가입안내 등을 위한 것인데, 이러한 설명에 관한 시간이 소속 노동조합원의 수에 따라 크게 달라질 것이라고 보이지는 않고, 오히려 소수 노동조합으로서는 다수의 근로자에 대한 접촉 및 홍보가 어려울 것이기 때문에 조합의 규모 확대를 위하여 신입사원이 집결해 있는 교육과정에서 자신들을 홍보할 필요성이 더욱 높아 보인다.

그런데 회사가 소수 노동조합에게 할당한 10분은 노동조합의 홍보 및 가입안내를 하기에 지나치게 짧아 정상적인 노동조합 활동을 할 수 있는 시간으로 보기 어렵다. 따라서 신입사원 교육시간 배분에 있어서 소수 노동조합을 차별한 조치는 합리적 이유가 있다고 보기 어렵다."[209]고 판시한 바 있습니다.

---

209) 서울행정법원 2014. 4. 4. 선고 2013구합4590 판결

28 직장폐쇄 어떻게 해야 적법한가요?

Q. 노동조합이 파업을 부분적으로 하는 경우(오전/오후로 나누어 실시) 사용자의 직장폐쇄 또한 해당 파업 시간에 맞추어서 해야지만 적법한 것인가요?

A. 직장폐쇄의 정당성 여부를 판단함에 있어 판례는 노사 간의 교섭 태도, 경과, 근로자 측 쟁의행위의 태양, 그로 인하여 사용자 측이 받는 타격의 정도 등에 관한 구체적 사정에 비추어 형평의 견지에서 근로자 측의 쟁의행위에 대한 대항·방위 수단으로서 상당성이 인정되는지 여부를 검토하므로 우선 노동조합의 부분파업에 대하여 직장폐쇄를 실시함에 있어서는 이러한 사정들을 충분히 검토한 후 나아가야 한다는 것이 전제가 되어야 합니다.

구체적으로 직장폐쇄의 형태를 파업과 동일한 시간으로 맞추어 부분적으로 해야 하는 것인지에 대하여 유사한 질의회신 사례에서 고용노동부는 "사용자는 노동조합의 파업, 태업 등 쟁의행위에 대항하여 경영상의 필요성과 긴급성이 있는 경우에 방어적·수동적인 차원에서 직장폐쇄를 할 수 있는바, 노동조합이 파업효과를 극대화할 목적이거나 전략적으로 매일 일부시간을 반복하여 쟁의행위를 하는 경우 이에 대항하여 사용자가 직장폐쇄를 함에 있어 대항·방어수단으로서 상당성이 부인되지 않는 한 계속 반복되는 노동조합의 쟁의행위에 따라 직장폐쇄의 유지·철회를 반복할 필요는 없다 할 것이므로 노동조합이 쟁의행위 철회 의사를 표명하지 않는 한 이러한 쟁의행위 기간 동안 쟁의행위를 하지 않는 시간에 대해서도 직장폐쇄를 계속 유지할 수 있을 것"[210]이라고 해석을 내린 바 있습니다.

즉 직장폐쇄를 반드시 파업시간에 맞추어 할 필요는 없다고 할 것이나, 다만 노조가 파업을 하지 않는 시간에도 지속하여 직장폐쇄를 실시하는 것이 노조의 전략적 부분파업에 대응하기 위한 방어적 차원에서 불가피한 것을 넘어 노조가 근로제공 의사를 표시하는 시간에 대해서까지 이를 차단하며 노조의 교섭력 및 세력약화를 위해 공격적 차원에서 이루어지는 것이라면 해당 직장폐쇄는 정당성을 상실한다고 할 것입니다.

---

210) 2008. 11. 7. 노사관계법제과-1019

29 단체교섭과정에서 노조가 사무실 제공을 요구합니다

Q. 노동조합의 운영비를 원조하는 경우 부당노동행위에 해당한다고 알고 있습니다. 그런데 단체교섭과정에서 노동조합이 사무실과 시설 등 비품 일체의 제공을 요구하고 있는바, 해당 내용의 협약을 체결하여도 되는 것인가요?

A. 노동조합 및 노동관계조정법 제81조 제4호는 사용자가 노동조합의 운영비를 원조하는 행위를 부당노동행위로서 금지하고 있습니다. 여기서 운영비란 노동조합의 존립·활동에 필요한 모든 경비를 말하며, 이에는 물품구입비, 조합직원 인건비, 노동조합대회 등 회의에 필요한 비용, 출장비, 그 밖에 노동조합의 예산에서 지출되어야 할 비용이 포함됩니다. 사용자의 노동조합 운영비 원조를 금지하는 것은 노동조합의 운영비는 조합원이 납부한 조합비에서 지출되어야 하는데, 만약 노동조합이 그 운영에 필요한 경비를 사용자로부터 원조 받게 되면 대항관계에 있는 단체로서의 자주성을 잃게 되고, 그렇지 않다 하더라도 사용자에게 노동조합에 대한 지배·개입을 용이하게 하는 기회를 제공하여 주기 때문입니다.

그러나 노동조합이 사용자로부터 필요한 경비 등을 지원받는 것이 형식적으로 보면 노동조합법 제81조 제4호에 해당하는 것처럼 보이더라도, 부당노동행위의 성립 여부는 형식적으로만 볼 것은 아니며 사용자의 지원행위 목적, 내용 등을 실질적으로 보아야 하는 것이며 그 지원행위로 인하여 노동조합의 자주성을 잃을 위험성이 현저하게 없는 한 부당노동행위가 성립되지 않는다고 할 것입니다. 특히 판례는 "노동조합에 대한 경비의 지원 등이 노동조합 측의 적극적인 요구 내지는 투쟁결과로 얻어진 것이라면 그로 인하여 조합의 자주성이 저해될 위험은 거의 없다."[211]고 보고 있습니다. 따라서 회사가 노동조합에게 제공하는 사무실, 비품 등이 단체교섭 과정에서 노동조합 측의 요청에 의해 협상안으로 제시되고 다른 교섭사항들을 종합적으로 고려한 결과 단체협약의 내용으로 하기로 한 것이라면 이는 오히려 노동조합의 적극적인 요청에 의해 이루어진 것이므로 이로 인하여 노동조합이 자주성을 잃게 되거나, 사용자에게 노동조합에 대한 지배·개입을 용이하게 하는 기회를 제공할 우려가 있다고 볼 수는 없을 것입니다. 또한 사용자가 노동조합에 제공하는 지원의 범위에 관하여는 양자의 교섭력에 따라 협상의 여지가 있는 것이므로 이러한 협상과정을 통해 노동조합에게 지원을 하게 된 사용자에게는 부당노동행위 의사가 있다고 보기 어려울 것입니다. 따라서 교섭과정을 통해 노동조합에게 사무실과 시설 등을 제공하는 것을 내용으로 하는 단체협약을 체결하게 되는 경우 이를 부당노동행위에 해당한다고 볼 수는 없을 것입니다.

참고로 노동조합법 제81조 제4호 단서는 사용자로부터 최소한의 규

---

211) 서울고등법원 2011. 5. 19. 선고 2010누14192 판결

모의 노동조합 사무소를 제공받는 것은 허용하고 있는데 이에 대하여 판례는 해당 조항이 경비원조의 한계를 설정하고 있는 것을 제한적 열거가 아니라 노동조합의 자주성 침해의 위험성이 없는 경우를 예시적으로 열거하고 있는 것으로 보아 사무소와 함께 통상 비치되어야 할 책상·의자·전기시설 등의 비품과 시설을 제공받는 것은 허용된다고 할 것이나, 사회통념상 당연히 인정될 수 없는 비용을 지급받는 것은 금지되는 경비원조에 해당한다고 보았습니다.

30 공장을 점거한 노동조합에게 어떤 책임을 물을 수 있나요?

Q. 사내하청노조원들이 파업을 하면서 위력으로 공장을 점거하여 그 가동을 중단시켜 이로 인해 제조업체인 회사가 조업을 전면 중단하게 되었습니다. 노동조합에 대하여 어떠한 책임을 물을 수 있나요? 또한 이 경우 형사처벌의 대상이 되나요?

A. 노동조합 및 노동관계조정법 제3조는 "사용자는 이 법에 의한 단체교섭 또는 쟁의행위로 인하여 손해를 입은 경우에 노동조합 또는 근로자에 대하여 그 배상을 청구할 수 없다."고 규정하여 사용자의 손해배상청구에 대하여 제한을 가하고 있으나, 여기에서 그 민사상 배상책임이 면제되는 손해는 정당한 쟁의행위로 인하여 입은 손해에 국한된다는 것이고 정당성이 없는 쟁의행위는 불법행위를 구성하여 이로 말미암아 손해를 입은 사용자는 노동조합이나 근로자에 대하여 손해배상을 청구할 수 있다고 할 것입니다. 그리고 이때 정당한 쟁의행위라고 하기 위해서는 그 주체가 단체교섭의 주체로 될 수 있는 자여야 하고, 또 단체교섭과 관련하여 근로조건의 유지, 개선 등을 목적으로 하는 것이어서 그 목적이 정당하여야 하며, 그 시기와 절차가 법령의 규정에 따른 것으로서 정당하

여야 할 뿐 아니라, 그 방법과 태양에 있어서 폭력이나 파괴행위를 수반하는 등 반사회성을 띤 행위가 아닌 정당한 범위 내의 것이어야 합니다.

사안의 경우 노조원들이 위력으로 공장을 점거하고 그 가동을 중단시킨 데에까지 나아갔다면 이는 회사의 자유로운 의사결정을 방해하거나 법질서의 기본원칙에 반하는 폭력의 행사로 나아간 것으로 사회통념상 용인될 정도를 넘어선 반사회적 행위에 해당한다고 할 것이므로, 이 사건 쟁의행위는 정당성이 없는 쟁의행위로서 회사에 대하여 불법행위를 구성한다고 볼 것인바, 민사상 손해배상책임을 물을 수 있을 것입니다. 그리고 이때 "제조업체에 있어서 불법휴무로 인하여 조업을 하지 못함으로써 입는 손해는, 조업중단으로 제품을 생산하지 못함으로써 생산할 수 있었던 제품의 판매로 얻을 수 있는 매출이익을 얻지 못한 손해와 조업 중단의 여부와 관계없이 고정적으로 지출되는 비용(차임, 제세공과금, 감가상각비, 보험료 등)을 무용하게 지출함으로써 입은 손해를 들 수 있고, 이러한 손해의 배상을 구하는 측에서는 불법휴무로 인하여 일정량의 제품을 생산하지 못하였다는 점뿐만 아니라, 생산되었을 제품이 판매될 수 있다는 점까지 입증하여야 할 것이지만, 판매가격이 생산원가에 미달하는 소위 적자제품이라거나 조업중단 당시 불황 등과 같은 특별한 사정이 있어서 장기간에 걸쳐 당해 제품이 판매될 가능성이 없다거나, 당해 제품에 결함 내지는 하자가 있어서 판매가 제대로 이루어지지 않는다는 등의 특별한 사정의 간접반증이 없는 한, 당해 제품이 생산되었다면 그 후 판매되어 당해 업체가 이로 인한 매출이익을 얻고 또 그 생산에 지출된 고정비용을 매출원가의 일부로 회수할 수 있다고 추정함이 상당합니다."[212]

---

212) 울산지방법원 2013. 12. 19. 선고 2010가합8156 판결

한편, 민사상 책임 외에 해당 파업이 업무방해죄의 구성요건에 해당하는 경우 이는 형사처벌의 대상이 될 수도 있습니다. 판례는 "업무방해죄는 위계 또는 위력으로써 사람의 업무를 방해한 경우에 성립한다. 여기에서 위력은 사람의 자유의사를 제압·혼란케 할 만한 일체의 세력을 말한다. 근로자가 그 주장을 관철할 목적으로 근로의 제공을 거부하여 업무의 정상적인 운영을 저해하는 쟁의행위로서의 파업도, 단순히 근로계약에 따른 노무의 제공을 거부하는 부작위에 그치지 아니하고 이를 넘어서 사용자에게 압력을 가하여 근로자의 주장을 관철하고자 집단적으로 노무제공을 중단하는 실력행사이므로, 업무방해죄에서 말하는 위력에 해당하는 요소를 포함하고 있다. 그렇지만 쟁의행위로서의 파업이 언제나 업무방해죄에 해당하는 것으로 볼 것은 아니고, 전후 사정과 경위 등에 비추어 사용자가 예측할 수 없는 시기에 전격적으로 이루어져 사용자의 사업운영에 심대한 혼란 내지 막대한 손해를 초래하는 등으로 사용자의 사업계속에 관한 자유의사가 제압·혼란될 수 있다고 평가할 수 있는 경우에 비로소 그 집단적 노무제공의 거부가 위력에 해당하여 업무방해죄가 성립한다."[213]고 판시하고 있는바, 모든 불법파업의 경우가 업무방해죄에 해당하는 것은 아니나 사안에서의 조합원들의 공장점거 등의 파업이 사용자 측이 예측할 수 없는 시기에 전격적으로 이루어져 제조업체로서 회사의 사업운영에 심대한 혼란 내지 막대한 손해를 초래하였다면 이 같은 행위는 형법 제314조 제1항의 업무방해죄의 위력에 해당하여 형사상 책임을 지게 된다고 할 것입니다.

---

213) 대법원 2014. 6. 12. 선고 2012도2701 판결

3장
유용한 실무자료

01 반드시 체크해야 할 여성근로자 관련 노동법 규정

근로기준법은 '여성과 소년'의 장을 통해 여성근로자의 근로와 관련하여 특별한 보호 조항을 두고 있으며, 남녀고용평등 및 일·가정 양립 지원에 관한 법률은 '모성 보호' 및 '일·가정의 양립 지원'의 장을 통해 출산휴가와 육아휴직 등에 대하여 자세히 규율하고 있습니다. 이하에서는 이러한 여성근로자 관련 노동법의 주요내용 중 반드시 체크해야 할 법률조항과 위반 시 제재 및 인사·노무관리에 있어 유의하여야 할 실무적 내용을 담았습니다.

근로기준법

제65조(사용 금지)

① 사용자는 임신 중이거나 산후 1년이 지나지 아니한 여성(이하 '임산부'라 한다)과 18세 미만자를 도덕상 또는 보건상 유해·위험한 사업에 사용하지 못한다.

② 사용자는 임산부가 아닌 18세 이상의 여성을 제1항에 따른 보건상 유해·위험한 사업 중 임신 또는 출산에 관한 기능에 유해·위

험한 사업에 사용하지 못한다.

→ 위반 시 3년 이하의 징역 또는 2천만 원 이하 벌금(제109조 제1항)

제70조(야간근로와 휴일근로의 제한)

① 사용자는 18세 이상의 여성을 오후 10시부터 오전 6시까지의 시간 및 휴일에 근로시키려면 그 근로자의 동의를 받아야 한다.

② 사용자는 임산부를 오후 10시부터 오전 6시까지의 시간 및 휴일에 근로시키지 못한다. 다만, 다음 각 호의 어느 하나에 해당하는 경우로서 고용노동부장관의 인가를 받으면 그러하지 아니하다.

2. 산후 1년이 지나지 아니한 여성의 동의가 있는 경우

3. 임신 중의 여성이 명시적으로 청구하는 경우

→ 위반 시 2년 이하의 징역 또는 1천만 원 이하 벌금(제110조 제1호)

제71조(시간외근로)

사용자는 산후 1년이 지나지 아니한 여성에 대하여는 단체협약이 있는 경우라도 1일에 2시간, 1주일에 6시간, 1년에 150시간을 초과하는 시간외근로를 시키지 못한다.

→ 위반 시 2년 이하의 징역 또는 1천만 원 이하 벌금(제110조 제1호)

제73조(생리휴가)

사용자는 여성 근로자가 청구하면 월 1일의 생리휴가를 주어야 한다.

→ 위반 시 500만 원 이하 벌금(제114조 제1호)

제74조(임산부의 보호)

① 사용자는 임신 중의 여성에게 출산 전과 출산 후를 통하여 90일(한 번에 둘 이상 자녀를 임신한 경우에는 120일)의 출산전후휴가를 주어야 한다. 이 경우 휴가 기간의 배정은 출산 후에 45일(한 번에 둘 이상 자녀를 임신한 경우에는 60일) 이상이 되어야 한다.

② 사용자는 임신 중인 여성 근로자가 유산의 경험 등 대통령령으로 정하는 사유로 제1항의 휴가를 청구하는 경우 출산 전 어느 때라도 휴가를 나누어 사용할 수 있도록 하여야 한다. 이 경우 출산 후의 휴가 기간은 연속하여 45일(한 번에 둘 이상 자녀를 임신한 경우에는 60일) 이상이 되어야 한다.

③ 사용자는 임신 중인 여성이 유산 또는 사산한 경우로서 그 근로자가 청구하면 대통령령으로 정하는 바에 따라 유산·사산 휴가를 주어야 한다. 다만, 인공 임신중절 수술(「모자보건법」 제14조 제1항에 따른 경우는 제외한다)에 따른 유산의 경우는 그러하지 아니하다.

④ 제1항부터 제3항까지의 규정에 따른 휴가 중 최초 60일(한 번에 둘 이상 자녀를 임신한 경우에는 75일)은 유급으로 한다. 다만, 「남녀고용평등과 일·가정 양립 지원에 관한 법률」 제18조에 따라 출산전후휴가 급여 등이 지급된 경우에는 그 금액의 한도에서 지급의 책임을 면한다.

⑤ 사용자는 임신 중의 여성 근로자에게 시간외근로를 하게 하여서는 아니 되며, 그 근로자의 요구가 있는 경우에는 쉬운 종류의 근로로 전환하여야 한다.

⑥ 사업주는 제1항에 따른 출산전후휴가 종료 후에는 휴가 전과 동

일한 업무 또는 동등한 수준의 임금을 지급하는 직무에 복귀시켜
야 한다.

⑦ 사용자는 임신 후 12주 이내 또는 36주 이후에 있는 여성 근로자
가 1일 2시간의 근로시간 단축을 신청하는 경우 이를 허용하여야
한다. 다만, 1일 근로시간이 8시간 미만인 근로자에 대하여는 1일
근로시간이 6시간이 되도록 근로시간 단축을 허용할 수 있다.

⑧ 사용자는 제7항에 따른 근로시간 단축을 이유로 해당 근로자의
임금을 삭감하여서는 아니 된다.

→ 제1항~제5항 위반 시 2년 이하의 징역 또는 1천만 원 이하 벌금(제110조 제1호)

→ 제6항 위반 시 500만 원 이하 벌금(제114조 제1호)

※ 임신 중인 근로자가 출산전후휴가 기간 중 유사·사산한 경우에는 사용
한 출산전후휴가기간과는 별도로 유산·사산휴가를 부여하여야 하며,
각각의 휴가 중 최초 60일에 대해서는 통상임금을 지급해야 합니다.

제74조의2(태아검진 시간의 허용 등)

① 사용자는 임신한 여성근로자가 「모자보건법」 제10조에 따른 임산
부 정기건강진단을 받는데 필요한 시간을 청구하는 경우 이를 허
용하여 주어야 한다.

② 사용자는 제1항에 따른 건강진단 시간을 이유로 그 근로자의 임
금을 삭감하여서는 아니 된다.

※ 정기건강진단을 받는 데 필요한 시간이란, 건강진단을 받기 위하여 이
동하는 시간 및 대기하는 시간, 실제로 건강진단을 받는 데 소요되는

시간 등을 포함하는 것이며, 별도로 시간의 상한은 없습니다. 다만, 고용노동부는 근로자가 정기건강진단을 받는 데 필요한 시간보다 과도한 시간을 요구하는 경우까지 근로자가 신청한 시간을 모두 허용하여야 하는 것은 아니라는 견해입니다.[214]

제75조(육아 시간)

생후 1년 미만의 유아를 가진 여성 근로자가 청구하면 1일 2회 각각 30분 이상의 유급 수유 시간을 주어야 한다.

→ 위반 시 2년 이하의 징역 또는 1천만 원 이하 벌금(제110조 제1호)

남녀고용평등과 일·가정 양립 지원에 관한 법률

제2조(정의)

이 법에서 사용하는 용어의 뜻은 다음과 같다.

1. '차별'이란 사업주가 근로자에게 성별, 혼인, 가족 안에서의 지위, 임신 또는 출산 등의 사유로 합리적인 이유 없이 채용 또는 근로의 조건을 다르게 하거나 그 밖의 불리한 조치를 하는 경우[사업주가 채용조건이나 근로조건은 동일하게 적용하더라도 그 조건을 충족할 수 있는 남성 또는 여성이 다른 한 성(性)에 비하여 현저히 적고 그에 따라 특정 성에게 불리한 결과를 초래하며 그 조건이 정당한 것임을 증명할 수 없는

---

214) 2012. 10. 30. 여성고용정책과-3717

경우를 포함한다]를 말한다. 다만, 다음 각 목의 어느 하나에 해당하는 경우는 제외한다.

가. 직무의 성격에 비추어 특정 성이 불가피하게 요구되는 경우

나. 여성 근로자의 임신·출산·수유 등 모성보호를 위한 조치를 하는 경우

다. 그 밖에 이 법 또는 다른 법률에 따라 적극적 고용개선조치를 하는 경우

2. '직장 내 성희롱'이란 사업주·상급자 또는 근로자가 직장 내의 지위를 이용하거나 업무와 관련하여 다른 근로자에게 성적 언동 등으로 성적 굴욕감 또는 혐오감을 느끼게 하거나 성적 언동 또는 그 밖의 요구 등에 따르지 아니하였다는 이유로 고용에서 불이익을 주는 것을 말한다.

제7조(모집과 채용)

① 사업주는 근로자를 모집하거나 채용할 때 남녀를 차별하여서는 아니 된다.

② 사업주는 여성 근로자를 모집·채용할 때 그 직무의 수행에 필요하지 아니한 용모·키·체중 등의 신체적 조건, 미혼 조건, 그 밖에 고용노동부령으로 정하는 조건을 제시하거나 요구하여서는 아니 된다.

→ 위반 시 500만 원 이하 벌금(제37조 제4항 제1호)

제8조(임금)

① 사업주는 동일한 사업 내의 동일 가치 노동에 대하여는 동일한 임금을 지급하여야 한다.

→ 위반 시 3년 이하의 징역 또는 2천만 원 이하 벌금(제37조 제2항 제1호)

※ 동일가치 노동이란, "당해 사업장 내의 서로 비교되는 남녀 간의 노동이 동일하거나 실질적으로 거의 같은 성질의 노동 또는 그 직무가 다소 다르더라도 객관적인 직무평가 등에 의하여 본질적으로 동일한 가치가 있다고 인정되는 노동에 해당하는 것"을 의미하며, 동일가치의 노동인지 여부는 "직무 수행에서 요구되는 기술, 노력, 책임 및 작업조건을 비롯하여 근로자의 학력·경력·근속연수 등의 기준을 종합적으로 고려하여 판단하여야 하는데, 여기서 '기술'은 자격증, 학위, 습득된 경험 등에 의한 직무수행능력 또는 솜씨의 객관적 수준을, '노력'은 육체적 및 정신적 노력, 작업수행에 필요한 물리적 및 정신적 긴장, 즉 노동 강도를, '책임'은 업무에 내재한 의무의 성격·범위·복잡성, 사업주가 당해 직무에 의존하는 정도를, '작업조건'은 소음, 열, 물리적·화학적 위험, 고립, 추위 또는 더위의 정도 등 당해 업무에 종사하는 근로자가 통상적으로 처하는 물리적 작업환경"을 말합니다.[215]

※ 사업주가 동일한 사업 내에서 근무하는 남녀근로자가 제공하는 노동이 동일한 가치임에도 합리적인 이유 없이 여성근로자에 대하여 남성근로자보다 적은 임금을 지급할 경우 이는 불법행위를 구성하고, 사업주는 임금차별을 받은 여성근로자에게 그러한 차별이 없었더라면 받았을 적정한 임금과 실제 받은 임금의 차액 상당 손해를 배상할 책임이 있습니다.

---

215) 대법원 2013. 3. 14. 선고 2010다101011 판결

제9조(임금 외의 금품 등)

사업주는 임금 외에 근로자의 생활을 보조하기 위한 금품의 지급 또는 자금의 융자 등 복리후생에서 남녀를 차별하여서는 아니 된다.

→ 위반 시 500만 원 이하 벌금(제37조 제4항 제2호)

제10조(교육·배치 및 승진)

사업주는 근로자의 교육·배치 및 승진에서 남녀를 차별하여서는 아니 된다.

→ 위반 시 500만 원 이하 벌금(제37조 제4항 제3호)

제11조(정년·퇴직 및 해고)

① 사업주는 근로자의 정년·퇴직 및 해고에서 남녀를 차별하여서는 아니 된다.

② 사업주는 여성 근로자의 혼인, 임신 또는 출산을 퇴직 사유로 예정하는 근로계약을 체결하여서는 아니 된다.

→ 위반 시 5년 이하의 징역 또는 3천만 원 이하 벌금(제37조 제1항)

제12조(직장 내 성희롱의 금지)

사업주, 상급자 또는 근로자는 직장 내 성희롱을 하여서는 아니 된다.

→ 위반 시 1천만 원 이하 과태료(제39조 제1항)

제13조(직장 내 성희롱 예방 교육)

① 사업주는 직장 내 성희롱을 예방하고 근로자가 안전한 근로환경

에서 일할 수 있는 여건을 조성하기 위하여 직장 내 성희롱의 예방을 위한 교육을 실시하여야 한다.

→ 위반 시 300만 원 이하 과태료(제39조 제3항 제1호)

② 사업주 및 근로자는 제1항에 따른 성희롱 예방 교육을 받아야 한다.

제14조(직장 내 성희롱 발생 시 조치)

① 사업주는 직장 내 성희롱 발생이 확인된 경우 지체 없이 행위자에 대하여 징계나 그 밖에 이에 준하는 조치를 하여야 한다.

→ 위반 시 500만 원 이하 과태료(제39조 제2항 제1호)

② 사업주는 직장 내 성희롱과 관련하여 피해를 입은 근로자 또는 성희롱 피해 발생을 주장하는 근로자에게 해고나 그 밖의 불리한 조치를 하여서는 아니 된다.

→ 위반 시 3년 이하의 징역 또는 2천만 원 이하 벌금(제37조 제2항 제2호)

제14조의2(고객 등에 의한 성희롱 방지)

① 사업주는 고객 등 업무와 밀접한 관련이 있는 자가 업무수행 과정에서 성적인 언동 등을 통하여 근로자에게 성적 굴욕감 또는 혐오감 등을 느끼게 하여 해당 근로자가 그로 인한 고충 해소를 요청할 경우 근무 장소 변경, 배치전환 등 가능한 조치를 취하도록 노력하여야 한다.

② 사업주는 근로자가 제1항에 따른 피해를 주장하거나 고객 등으로부터의 성적 요구 등에 불응한 것을 이유로 해고나 그 밖의 불이익한 조치를 하여서는 아니 된다.

→ 위반 시 500만 원 이하 과태료(제39조 제2항 제1호)

제18조(출산전후휴가에 대한 지원)

① 국가는 「근로기준법」 제74조에 따른 출산전후휴가 또는 유산·사산 휴가를 사용한 근로자 중 일정한 요건에 해당하는 자에게 그 휴가기간에 대하여 통상임금에 상당하는 금액(이하 '출산전후휴가급여 등'이라 한다)을 지급할 수 있다.

② 제1항에 따라 지급된 출산전후휴가급여등은 그 금액의 한도에서 「근로기준법」 제74조 제4항에 따라 사업주가 지급한 것으로 본다.

③ 출산전후휴가급여등을 지급하기 위하여 필요한 비용은 국가재정이나 「사회보장기본법」에 따른 사회보험에서 분담할 수 있다.

④ 여성 근로자가 출산전후휴가급여등을 받으려는 경우 사업주는 관계 서류의 작성·확인 등 모든 절차에 적극 협력하여야 한다.

제18조의2(배우자 출산휴가)

① 사업주는 근로자가 배우자의 출산을 이유로 휴가를 청구하는 경우에 5일의 범위에서 3일 이상의 휴가를 주어야 한다. 이 경우 사용한 휴가기간 중 최초 3일은 유급으로 한다.

→ 위반 시 500만 원 이하 과태료(제39조 제2항 제3호)

② 제1항에 따른 휴가는 근로자의 배우자가 출산한 날부터 30일이 지나면 청구할 수 없다.

제19조(육아휴직)

① 사업주는 근로자가 만 8세 이하 또는 초등학교 2학년 이하의 자녀(입양한 자녀를 포함한다)를 양육하기 위하여 휴직(이하 '육아휴직'이라 한다)을 신청하는 경우에 이를 허용하여야 한다. 다만, 대통령령으로 정하는 경우에는 그러하지 아니하다.

② 육아휴직의 기간은 1년 이내로 한다.

③ 사업주는 육아휴직을 이유로 해고나 그 밖의 불리한 처우를 하여서는 아니 되며, 육아휴직 기간에는 그 근로자를 해고하지 못한다. 다만, 사업을 계속할 수 없는 경우에는 그러하지 아니하다.

→ 위반 시 3년 이하의 징역 또는 2천만 원 이하 벌금(제37조 제2항 제3호)

④ 사업주는 육아휴직을 마친 후에는 휴직 전과 같은 업무 또는 같은 수준의 임금을 지급하는 직무에 복귀시켜야 한다. 또한 제2항의 육아휴직 기간은 근속기간에 포함한다.

→ 위반 시 500만 원 이하 벌금(제37조 제4항 제4호)

⑤ 기간제근로자 또는 파견근로자의 육아휴직 기간은 「기간제 및 단시간근로자 보호 등에 관한 법률」 제4조에 따른 사용기간 또는 「파견근로자보호 등에 관한 법률」 제6조에 따른 근로자파견기간에 산입하지 아니한다.

※ 계속 근로한 기간이 1년 미만인 근로자와 같은 영유아에 대하여 배우자가 육아휴직을 하고 있는 경우에는 육아휴직을 허용하지 아니할 수 있습니다.

※ 한 사람의 근로자가 각 1년간 육아휴직을 할 수 있으므로 동일한 자녀에 대하여 부모가 각각 1년씩 사용할 수 있습니다. 즉 부부가 모두 육

아휴직을 사용한다면 총 2년을 사용할 수 있는 것이며, 다만 제19조 제1항에 따라 동일한 기간에 배우자가 육아휴직 중에 있다면 사업주는 육아휴직을 허용하지 아니할 수 있습니다.

※ 육아휴직 기간 중에는 해고가 금지되나, 기간제근로자 또는 파견근로자의 계약기간 만료는 해고가 아닌 계약기간 만료에 의한 근로계약의 종료에 해당하므로 육아휴직 기간 중 계약기간이 만료되는 경우 근로계약의 종료와 함께 사업주의 의무도 종료되므로 육아휴직은 종료되는 것이고 이러한 계약 종료는 법 위반에 해당하지 않습니다.

※ 육아휴직 기간이 기간제근로자로서의 사용기간에 포함되지 않는다는 의미는, 기간제 및 단시간근로자 보호 등에 관한 법률 제4조 제2항에 따르면 2년을 초과하여 기간제근로자를 사용하는 경우 그 기간제근로자는 기간의 정함이 없는 근로계약을 체결한 근로자로 보게 되는데 이때 2년을 산정하는 기간 속에 육아휴직 기간은 포함되지 않는다는 의미입니다. 따라서 해당 근로자는 육아휴직 기간을 제외한 근무기간이 2년이 초과하는 때에 기간의 정함이 없는 근로계약을 체결한 근로자가 되는 것입니다.

제19조의2(육아기 근로시간 단축)

① 사업주는 제19조 제1항에 따라 육아휴직을 신청할 수 있는 근로자가 육아휴직 대신 근로시간의 단축(이하 '육아기 근로시간 단축'이라 한다)을 신청하는 경우에 이를 허용하여야 한다. 다만, 대체인력 채용이 불가능한 경우, 정상적인 사업 운영에 중대한 지장을 초래하는 경우 등 대통령령으로 정하는 경우에는 그러하지 아니하다.

→ 위반 시 500만 원 이하 과태료(제39조 제2항 제6호)

② 제1항 단서에 따라 사업주가 육아기 근로시간 단축을 허용하지 아니하는 경우에는 해당 근로자에게 그 사유를 서면으로 통보하고 육아휴직을 사용하게 하거나 그 밖의 조치를 통하여 지원할 수 있는지를 해당 근로자와 협의하여야 한다.

→ 위반 시 500만 원 이하 과태료(제39조 제2항 제4호)

③ 사업주가 제1항에 따라 해당 근로자에게 육아기 근로시간 단축을 허용하는 경우 단축 후 근로시간은 주당 15시간 이상이어야 하고 30시간을 넘어서는 아니 된다.

④ 육아기 근로시간 단축의 기간은 1년 이내로 한다.

⑤ 사업주는 육아기 근로시간 단축을 이유로 해당 근로자에게 해고나 그 밖의 불리한 처우를 하여서는 아니 된다.

→ 위반 시 3년 이하의 징역 또는 2천만 원 이하 벌금(제37조 제2항 제4호)

⑥ 사업주는 근로자의 육아기 근로시간 단축기간이 끝난 후에 그 근로자를 육아기 근로시간 단축 전과 같은 업무 또는 같은 수준의 임금을 지급하는 직무에 복귀시켜야 한다.

→ 위반 시 500만 원 이하 벌금(제37조 제4항 제5호)

※ 사업주는 육아기 근로시간 단축을 신청한 근로자가 i) 재직기간 1년 미만인 경우, ii) 배우자가 같은 자녀를 위해 육아휴직 중에 있는 경우, iii) 직업안정기관에 구인신청을 하고 14일 이상 대체인력 채용을 위해 노력하였으나 대체인력을 채용하지 못한 경우, iv) 해당 근로자의 업무 성격상 근로시간을 분할하여 수행하기 곤란하거나 그 밖에 육아기 근로시간 단축이 정상적인 사업 운영에 중대한 지장을 초래하는 경우임을 사업주

가 증명하는 경우에 한하여 신청을 거부할 수 있습니다. 실제 가장 문제가 되는 경우는 iv)의 경우라고 할 것인데 거부 사유를 사업주가 증명하여야 하는 만큼 관련 법적 분쟁이 발생하는 경우 '서면'에 거부 사유가 구체적으로 '증명'되었는지 여부가 중요하게 다루어질 것입니다.

제19조의3(육아기 근로시간 단축 중 근로조건 등)

① 사업주는 제19조의2에 따라 육아기 근로시간 단축을 하고 있는 근로자에 대하여 근로시간에 비례하여 적용하는 경우 외에는 육아기 근로시간 단축을 이유로 그 근로조건을 불리하게 하여서는 아니 된다.

→ 위반 시 3년 이하의 징역 또는 2천만 원 이하 벌금(제37조 제2항 제5호)

② 제19조의2에 따라 육아기 근로시간 단축을 한 근로자의 근로조건(육아기 근로시간 단축 후 근로시간을 포함한다)은 사업주와 그 근로자 간에 서면으로 정한다.

→ 위반 시 500만 원 이하 과태료(제39조 제2항 제5호)

③ 사업주는 제19조의2에 따라 육아기 근로시간 단축을 하고 있는 근로자에게 단축된 근로시간 외에 연장근로를 요구할 수 없다. 다만, 그 근로자가 명시적으로 청구하는 경우에는 사업주는 주 12시간 이내에서 연장근로를 시킬 수 있다.

→ 위반 시 1천만 원 이하 벌금(제37조 제3항)

④ 육아기 근로시간 단축을 한 근로자에 대하여「근로기준법」제2조 제6호에 따른 평균임금을 산정하는 경우에는 그 근로자의 육아기 근로시간 단축 기간을 평균임금 산정기간에서 제외한다.

제22조의2(근로자의 가족 돌봄 등을 위한 지원)

① 사업주는 근로자가 부모, 배우자, 자녀 또는 배우자의 부모(이하 '가족'이라 한다)의 질병, 사고, 노령으로 인하여 그 가족을 돌보기 위한 휴직(이하 '가족돌봄휴직'이라 한다)을 신청하는 경우 이를 허용하여야 한다. 다만 대체인력 채용이 불가능한 경우, 정상적인 사업 운영에 중대한 지장을 초래하는 경우 등 대통령령으로 정하는 경우에는 그러하지 아니하다.

→ 위반 시 500만 원 이하 과태료(제39조 제2항 제7호)

② 제1항 단서에 따라 사업주가 가족돌봄휴직을 허용하지 아니하는 경우에는 해당 근로자에게 그 사유를 서면으로 통보하고, 다음 각 호의 어느 하나에 해당하는 조치를 하도록 노력하여야 한다.

1. 업무를 시작하고 마치는 시간 조정
2. 연장근로의 제한
3. 근로시간의 단축, 탄력적 운영 등 근로시간의 조정
4. 그 밖에 사업장 사정에 맞는 지원조치

③ 가족돌봄휴직 기간은 연간 최장 90일로 하며, 이를 나누어 사용할 수 있다. 이 경우 나누어 사용하는 1회의 기간은 30일 이상이 되어야 한다.

④ 사업주는 가족돌봄휴직을 이유로 해당 근로자를 해고하거나 근로조건을 악화시키는 등 불리한 처우를 하여서는 아니 된다.

→ 위반 시 3년 이하의 징역 또는 2천만 원 이하 벌금(제37조 제2항 제6호)

⑤ 가족돌봄휴직 기간은 근속기간에 포함한다. 다만, 「근로기준법」 제2조 제1항 제6호에 따른 평균임금 산정기간에서는 제외한다.

제37조(벌칙)

① 사업주가 제11조를 위반하여 근로자의 정년·퇴직 및 해고에서 남녀를 차별하거나 여성 근로자의 혼인, 임신 또는 출산을 퇴직사유로 예정하는 근로계약을 체결하는 경우에는 5년 이하의 징역 또는 3천만 원 이하의 벌금에 처한다.

② 사업주가 다음 각 호의 어느 하나에 해당하는 위반행위를 한 경우에는 3년 이하의 징역 또는 2천만 원 이하의 벌금에 처한다.

1. 제8조 제1항을 위반하여 동일한 사업 내의 동일 가치의 노동에 대하여 동일한 임금을 지급하지 아니한 경우

2. 제14조 제2항을 위반하여 직장 내 성희롱과 관련하여 피해를 입은 근로자 또는 성희롱 발생을 주장하는 근로자에게 해고나 그 밖의 불리한 조치를 하는 경우

3. 제19조 제3항을 위반하여 육아휴직을 이유로 해고나 그 밖의 불리한 처우를 하거나, 같은 항 단서의 사유가 없는데도 육아휴직 기간 동안 해당 근로자를 해고한 경우

4. 제19조의2 제5항을 위반하여 육아기 근로시간 단축을 이유로 해당 근로자에 대하여 해고나 그 밖의 불리한 처우를 한 경우

5. 제19조의3 제1항을 위반하여 육아기 근로시간 단축을 하고 있는 근로자에 대하여 근로시간에 비례하여 적용하는 경우 외에 육아기 근로시간 단축을 이유로 그 근로조건을 불리하게 한 경우

6. 제22조의2 제4항을 위반하여 가족돌봄휴직을 이유로 해당 근로자를 해고하거나 근로조건을 악화시키는 등 불리한 처우를 한 경우

③ 사업주가 제19조의3 제3항을 위반하여 해당 근로자가 명시적으로 청구하지 아니하였는데도 육아기 근로시간 단축을 하고 있는 근로자에게 단축된 근로시간 외에 연장근로를 요구한 경우에는 1천만 원 이하의 벌금에 처한다.

④ 사업주가 다음 각 호의 어느 하나에 해당하는 위반행위를 한 경우에는 500만 원 이하의 벌금에 처한다.

1. 제7조를 위반하여 근로자의 모집 및 채용에서 남녀를 차별하거나, 여성 근로자를 모집·채용할 때 그 직무의 수행에 필요하지 아니한 용모·키·체중 등의 신체적 조건, 미혼 조건 등을 제시하거나 요구한 경우

2. 제9조를 위반하여 임금 외에 근로자의 생활을 보조하기 위한 금품의 지급 또는 자금의 융자 등 복리후생에서 남녀를 차별한 경우

3. 제10조를 위반하여 근로자의 교육·배치 및 승진에서 남녀를 차별한 경우

4. 제19조 제1항·제4항을 위반하여 근로자의 육아휴직 신청을 받고 육아휴직을 허용하지 아니하거나, 육아휴직을 마친 후 휴직 전과 같은 업무 또는 같은 수준의 임금을 지급하는 직무에 복귀시키지 아니한 경우

5. 제19조의2 제6항을 위반하여 육아기 근로시간 단축기간이 끝난 후에 육아기 근로시간 단축 전과 같은 업무 또는 같은 수준의 임금을 지급하는 직무에 복귀시키지 아니한 경우

제38조(양벌규정)

법인의 대표자나 법인 또는 개인의 대리인, 사용인, 그 밖의 종업원이 그 법인 또는 개인의 업무에 관하여 제37조의 위반행위를 하면 그 행위자를 벌하는 외에 그 법인 또는 개인에게도 해당 조문의 벌금형을 과(科)한다. 다만, 법인 또는 개인이 그 위반행위를 방지하기 위하여 해당 업무에 관하여 상당한 주의와 감독을 게을리하지 아니한 경우에는 그러하지 아니하다.

제39조(과태료)

① 사업주가 제12조를 위반하여 직장 내 성희롱을 한 경우에는 1천만 원 이하의 과태료를 부과한다.

② 사업주가 다음 각 호의 어느 하나에 해당하는 위반행위를 한 경우에는 500만 원 이하의 과태료를 부과한다.

1. 제14조 제1항을 위반하여 직장 내 성희롱 발생이 확인되었는데도 지체 없이 행위자에게 징계나 그 밖에 이에 준하는 조치를 하지 아니한 경우

2. 제14조의2 제2항을 위반하여 근로자가 고객 등에 의한 성희롱 피해를 주장하거나 고객 등으로부터의 성적 요구 등에 불응한 것을 이유로 해고나 그 밖의 불이익한 조치를 한 경우

3. 제18조의2 제1항을 위반하여 근로자가 배우자의 출산을 이유로 휴가를 청구하였는데도 5일의 범위에서 3일 이상의 휴가를 주지 아니하거나 근로자가 사용한 휴가 중 3일을 유급으로 하지 아니한 경우

4. 제19조의2 제2항을 위반하여 육아기 근로시간 단축을 허용하지 아니하였으면서도 해당 근로자에게 그 사유를 서면으로 통보하지 아니하거나, 육아휴직의 사용 또는 그 밖의 조치를 통한 지원 여부에 관하여 해당 근로자와 협의하지 아니한 경우

5. 제19조의3 제2항을 위반하여 육아기 근로시간 단축을 한 근로자의 근로조건을 서면으로 정하지 아니한 경우

6. 제19조의2 제1항을 위반하여 육아기 근로시간 단축 신청을 받고 육아기 근로시간 단축을 허용하지 아니한 경우

7. 제22조의2 제1항을 위반하여 가족돌봄휴직의 신청을 받고 가족돌봄휴직을 허용하지 아니한 경우

③ 다음 각 호의 어느 하나에 해당하는 자에게는 300만 원 이하의 과태료를 부과한다.

1. 제13조 제1항을 위반하여 직장 내 성희롱 예방 교육을 하지 아니한 자

02 취업규칙 심사요령

사업장에서 취업규칙을 작성·변경하는 경우 고용노동부장관에 신고하여야 하며 고용노동부는 다음의 심사요령에 따라 요건의 기재여부 및 내용을 심사하게 됩니다. 취업규칙은 사업장내의 제1준칙으로서 회사와 관련한 노동법적 사안들에서 기준 규범으로 활용되므로 기업 관련 노동법을 다루기 위해서는 기본적으로 취업규칙이 적법·타당하게 작성되었는지를 살펴볼 필요가 있습니다. 이하는 고용노동부 예규인 취업규칙 심사요령 중 '구체적인 심사요령'의 내용이며, 고용노동부 홈페이지에서 표준취업규칙을 찾아볼 수 있습니다.

2012. 9. 25. 고용노동부 예규 제48호

심사 항목	중점착안사항	심사기준 및 지도방향	조치 기준
1. 총칙 가. 적용범위	· 모든 근로자를 적용대상으로 하고 있는지 여부	· 단시간근로자 등을 포함하여 모든 근로자를 적용대상으로 하는 경우에는 대상 근로자별 적용조항, 차등조항 및 적용배제 조항 간에 혼선이 없도록 명확히 규정하도록 함	개선지도

3장 유용한 실무자료 267

심사 항목	중점착안사항	심사기준 및 지도방향	조치 기준
	· 단시간근로자 등에 대한 별도의 취업규칙이 존재하는 경우	· 단시간근로자 등에 대하여 합리적 이유 없이 차등조항 및 적용배제조항을 설정하지 않도록 함(「기간제 및 단시간근로자 보호 등에 관한 법률」제8조 참조. 이하 '기간제법'이라 한다.)	변경명령
		· 단시간근로자에게 적용되는 취업규칙을 별도로 작성·변경하는 경우 적용 대상이 되는 단시간근로자의 과반수의 의견을 들어야 하며, 불이익변경의 경우에는 단시간근로자의 동의를 받아야 함(영 [별표2]제5호나목 참조)	개선지도
		· 단시간근로자의 근로조건은 그 사업장의 같은 종류의 업무에 종사하는 통상근로자의 근로시간을 기준으로 산정한 비율에 따라 결정되어야 함(법 제18조 제1항 참조)	개선지도
나. 근로자의 정의	· 근로자의 정의와 취업규칙 적용범위의 일치 여부	· 취업규칙의 적용범위에서는 모든 근로자를 적용대상으로 규정하면서 근로자의 정의에서는 단시간근로자 등을 배제하는 등 적용대상과 근로자의 정의가 일치하지 않은 경우는 이를 일치시키도록 함	개선지도
2. 채용 가. 채용기회	· 남녀차별 규정의 유무 (「남녀고용평등과 일·가정 양립 지원에 관한 법률」제7조 참조, 이하 '고평법'이라 한다.)	· 합리적 이유 없이 모집·채용에 있어서 남녀를 차별하여서는 아니 됨	변경명령

심사 항목	중점착안사항	심사기준 및 지도방향	조치 기준
		· 직종별로 남녀를 분리모집하거나 성별로 채용인원을 배정하는 등 어느 한 성의 채용기회를 제한하거나, 동일 학력·경력에도 불구하고 어느 한 성을 낮은 직급 또는 직위에 채용할 수 없음	변경명령
		· 여성근로자의 모집·채용 시 직무의 수행에 필요로 하지 아니하는 용모·키·체중 등의 신체적 조건, 미혼조건 등을 제시·요구할 수 없음	변경명령
나. 채용서류	· 채용에 필요한 서류의 과다 여부	· 채용 절차에 필요한 서류를 최소한으로 하고, 채용에만 필요한 구비서류는 합격자에 한하여 제출하도록 함	개선지도
다. 수습기간	· 수습기간의 적정 여부	· 수습기간을 두는 경우 직무의 성질 등을 감안하여 사회통념상 인정되는 범위에서 지나치게 장기간이 되지 않도록 함(영 제16조에 따른 '수습 사용한 날부터 3개월 이내인 근로자'는 해고예고의 적용제외 대상자임)	개선지도
	· 수습기간의 근속기간 포함 여부	· 수습기간을 근속연수에서 제외하고 있는 경우는 이를 포함하도록 함	변경명령

심사 항목	중점착안사항	심사기준 및 지도방향	조치 기준
라. 근로계약	· 근로조건의 명시	· 근로계약 체결 시 임금·소정근로시간, 법 제55조에 따른 휴일, 법 제60조에 따른 연차유급휴가, 취업의 장소와 종사하여야 할 업무에 관한 사항, 법 제93조 제1호부터 제12호까지의 규정에서 정한 사항, 사업장의 부속 기숙사에 근로자를 기숙하게 하는 경우에는 기숙사 규칙에서 정한 사항을 명시하도록 하고 이중 임금의 구성항목, 계산방법 및 지불방법, 소정근로시간, 법 제55조에 따른 휴일 및 법 제60조에 따른 연차유급휴가에 관한 사항은 반드시 서면으로 명시하고 교부하도록 함(법 제17조, 영 제8조 제1항 참조) · 특히, 기간제·단시간근로자의 경우에는 아래 사항을 서면으로 명시하도록 함(기간제법 제17조 참조) - 근로계약기간에 관한 사항 - 근로시간·휴게에 관한 사항 - 임금의 구성항목·계산방법 및 지불방법에 관한 사항 - 휴일·휴가에 관한 사항 - 취업의 장소와 종사하여야 할 업무에 관한 사항 - 근로일 및 근로일별 근로시간(단시간근로자만 해당함)	개선지도

심사 항목	중점착안사항	심사기준 및 지도방향	조치 기준
	· 근로계약 불이행에 대한 위약금 또는 손해배상액 예정규정의 유무	· 규정이 있는 경우 이를 삭제하도록 함(법 제20조 참조)	변경명령
	· 전차금이나 그 밖에 근로할 것을 조건으로 하는 전대채권과 임금을 상쇄하는 규정의 유무	· 규정이 있는 경우 이를 삭제하도록 함(법 제21조 참조)	변경명령
	· 강제저축 규정의 유무	· 규정이 있는 경우 이를 삭제하거나 법이 허용하는 형태로 변경하도록 함(법 제22조 참조)	변경명령
3. 복무 가. 복무의무	· 복무의무 규정의 명확성 여부	· 복무의무 규정의 준수 여부는 징계와 연계될 수 있으므로 각 사업장의 실정에 맞게 구체적으로 명기하도록 함	개선지도
	· 복무의무 규정의 불법·부당 여부	· 근로자의 기본권 그 밖의 법령에 따른 권익을 침해하는 규정은 이를 삭제하도록 함	변경명령
		· 복무의무로서의 각종 금지규정은 경영·인사상 필요한 최소한의 범위에서 규정하도록 함	개선지도
나. 출근 및 근무	· 출근시간의 적정 여부	· 업무의 시작 시각에 비하여 합리적 이유 없이 지나치게 일찍 출근하게 하지 않도록 함	개선지도
	· 지각·조퇴·외출 등에 대한 제재의 적정 여부	· 지각·조퇴·외출 등에 대한 제재가 불합리하거나 지나치게 과도하지 않도록 함	개선지도

심사 항목	중점착안사항	심사기준 및 지도방향	조치 기준
		· 일정 횟수 이상의 지각·조퇴·외출을 결근으로 보아 연차유급휴가일수의 산정에 영향을 미치게 할 수 없음 - 다만, 일정 횟수 이상의 지각·조퇴·외출 시 연가 1일을 사용한 것으로 정하는 경우는 반드시 법에 위반된다고 볼 수 없음	변경명령
	· 공민권 행사의 보장 여부	· 근로시간 중이라도 공민권 행사 또는 공의 직무를 집행하기 위하여 필요한 시간을 청구하는 경우 이를 거부할 수 없도록 함(법 제10조 참조).	변경명령
다. 결근	· 결근계 제출절차의 타당성 및 사유별 결근인정일수의 명시 여부	· 결근계의 사전제출을 원칙으로 하더라도, 긴급한 경우 등 부득이한 사유가 있는 때에는 먼저 유선으로 신고하고 사후에 서면 신고하는 것을 허용하도록 함	개선지도
		· 결근계를 제출하도록 할 경우 결근의 인정범위를 사유별로 명시(예: 질병 시 3개월 등)하되, 과다한 입증자료(예: 7일 미만의 병가에 대하여 진단서 첨부를 요구하는 등)를 요구하지 않도록 함	개선지도
	· 결근자에 대한 제재규정의 적정 여부	· 결근, 특히 무단결근을 이유로 벌과금을 과하거나 상습적이 아닌 단 2~3일의 결근을 해고 사유로 하는 등의 과도한 제재를 하지 않도록 함	변경명령
라. 출장	· 출장 근무자의 근무 요령	· 출장 근무자의 근무요령이 명확히 규정되도록 함	개선지도

심사 항목	중점착안사항	심사기준 및 지도방향	조치 기준
	· 근무시간 인정 여부	· 출장근무에 부당하게 불이익을 주는 규정은 이를 개선하도록 함	개선지도
		· 출장근무 또는 사업장 밖 근로 시 근로시간을 계산하기 어려운 경우는 소정근로시간을 근로한 것으로 인정하도록 하되, 업무수행에 통상 필요한 시간이 있으면 그 시간을 근로시간으로 간주하도록 함(법 제58조 제1항 참조) - 다만, 이 경우 노사가 서면합의로 정한 시간이 있으면 그 시간을 근로시간으로 보도록 함(법 제58조 제2항 참조)	변경명령
	· 출장경비의 실비변상 충족 여부	· 출장지의 행선지별 여비, 숙박비, 현지교통비 등의 실비에 충당될 수 있는 금품지급 규정이 명시되도록 함	개선지도
마. 배치·전직 및 승진	· 부당전직의 가능성 여부	· 전보권의 범위, 직종이나 근무지 변경의 요건 등을 명확히 규정하도록 하여 시비나 사용자의 악용의 소지를 없애도록 함(법 제23조 제1항 참조)	개선지도
	· 남녀에 대한 차별 여부(고평법 제10조 참조)	· 합리적 이유 없이 직무 또는 직종의 배치 대상에 특정 성의 근로자를 배제하거나 제한하지 않도록 함 - 혼인·임신·출산이나 일정한 연령에 달한 것을 이유로 여성근로자에게 대해서만 불이익하게 배치하지 않도록 함	변경명령

심사 항목	중점착안사항	심사기준 및 지도방향	조치 기준
		· 합리적인 이유 없이 전직 또는 승진의 규정을 특정 성에 불리하게 적용할 수 없음 - 특히, 입사 전 군경력을 이유로 경력기간에 상응하는 호봉인정 외에 승진에 있어서도 여성에게 불이익을 줄 수 없음	변경명령
바. 휴직	· 휴직 인정사유 및 휴직 허용기간의 명확성 여부	· 병역의무, 업무 외의 질병, 일신상 사유, 영아양육 등 휴직인정 사유와 사유별 휴직 허용기간을 명확히 하도록 함	개선지도
	· 휴직기간의 근속연수 포함 여부	· 휴직기간은 근로관계가 정지될 뿐 근로관계가 소멸되는 것은 아니므로 근속연수에 포함시켜야 하며 이를 배제할 수 없음 - 다만, 「병역법」에 따른 병역의무기간과 근로자 개인사유로 인한 휴직기간을 퇴직금 산정을 위한 계속 근속연수에 포함시키지 않을 수 있음	변경명령
	· 육아휴직 등의 보장(고평법 제19조부터 제19조의6 및 같은 법 시행령 제10조부터 제15조까지 참조)	· 법령에서 부여한 육아휴직 및 육아기 근로시간 단축 기간을 보장하여야 하며, 법령에 정하여 있지 않은 제한조건을 부과할 수 없음	변경명령

심사 항목	중점착안사항	심사기준 및 지도방향	조치 기준
		· 육아기 근로시간 단축 근로자에 대하여 근로시간 단축을 이유로 근로 조건을 불리하게 하여서는 아니 됨 ※ 육아기 근로시간 단축 시 근로조건은 사업주와 근로자 간 서면으로 정하도록 함(고평법 제19조의3 제2항) - 연차휴가 부여방법을 명확히 하여야 함 ※ 「근로기준법 시행령」별표 2 '단시간근로자의 근로조건 결정기준에 관한 사항'제4항 '나'호에 따라 부여 - 상여금 또는 성과급의 경우 취업규칙 또는 단체협약 등에서 정한 기준을 따르도록 하고 있으므로 이에 대한 명확한 기준을 명확히 하여야 함 ※ 적어도 근무시간에 비례한 급여액 이상·지급	변경명령
		· 육아휴직 및 육아기 근로시간 단축 종료 후에는 휴직전과 같은 업무 또는 같은 수준의 임금을 지급하는 직무에 복귀시켜야 하며, 육아휴직 등을 이유로 해고 그 밖의 불리한 처우를 하여서는 아니 됨.	변경명령
	· 휴직기간 중의 임금지급 여부	· 휴직기간 중 임금은 관계 법률에 명시된 경우를 제외하고는 휴직사유별로 단체협약 또는 취업규칙에 정하는 바에 따라야 하므로 그 지급 여부와 지급률을 명확히 하도록 함	개선지도

심사 항목	중점착안사항	심사기준 및 지도방향	조치 기준
		· 업무상 질병으로 인한 휴업의 경우는 지급률이 「근로기준법」, 「산업재해보상보험법」에서 정한 기준보다 낮지 않도록 함(법 제79조 참조)	변경명령
	· 복직의 조건 및 복직의 시기와 절차 규정 유무	· 휴직기간의 만료 외의 복직사유 인정 여부 및 복직절차의 복직시기 등을 명확히 규정하도록 함	개선지도
사. 당직	· 당직근무자의 업무한계 및 근무요령의 명확성 여부	· 근무시간, 근무 중의 취급업무, 순찰범위, 비상시의 조치요령 등을 명확히 하여 책임의 한계를 명백히 하도록 함	개선지도
	· 당직수당의 실비변상 충당 여부	· 당직 근무 시는 일·숙직별로 실비변상에 충당할 수 있는 수당을 지급하도록 함	개선지도
4. 근로시간 및 휴게 가. 근로시간	· 1일·1주일의 소정근로시간과 업무의 시작과 종료 시각이 명확히 규정되어 있는지 여부	· 1일·1주의 소정근로시간과 업무의 시작과 종료 시각은 해석상 혼선이 없도록 명확히 규정하도록 함	변경명령
		· 1일·1주일 소정근로시간의 법정 허용한도를 초과하는 경우는 이를 변경하도록 함(법 제50조 참조) - 특히, 18세 미만자의 근로시간은 법적 허용한도(1일 7시간, 1주 40시간) 이내에 정해지도록 함(법 제69조 참조)	변경명령

심사 항목	중점착안사항	심사기준 및 지도방향	조치 기준
	· 근로시간 및 근무 형태를 달리하는 특수업종 종사자에 대한 규정 여부	· 경비원, 보일러공 등 감시·단속적 근로에 종사하는 사람으로서 지방고용노동관서장의 승인을 받은 사람이 있는 경우 근로시간 적용제외 여부를 명확히 규정하도록 함(법 제63조 및 같은 법 시행규칙 제10조 참조)	개선지도
	· 2주 단위 탄력적 근로시간제를 도입하는 경우(법 제51조 참조)	· 해당 근로자의 범위를 명백히 하도록 함 (연소자, 임산부 적용 제외)	변경명령
		· 각주·각일의 근로시간 및 근로일별 근로시간이 반드시 포함되도록 함	변경명령
		· 근로시간은 단위기간을 평균한 1주간의 근로시간이 40시간을 넘지 않도록 함	변경명령
		· 단위기간의 기산일을 명시하도록 함	변경명령
		· 이 제도의 도입으로 휴무일이 발생한 경우에 여타 주휴, 유급휴일 등과 구분하여 명시하도록 함	개선지도
	· 3개월 단위 탄력적 근로시간제를 도입하는 경우(법 제51조 및 영 제28조 참조)	· 근로자 대표와의 서면 합의를 요건으로 하고 2주 단위의 경우와 같이 각주·각일의 근로시간 및 근로일별 근로시간을 명기하도록 함	변경명령
		· 특정일 12시간, 특정주 52시간의 한도를 넘지 않도록 함	변경명령
		· 그 밖의 사항은 2주 단위의 경우에 준하여 이루어지도록 함	

심사 항목	중점착안사항	심사기준 및 지도방향	조치 기준
	· 선택적 근로시간제를 도입하는 경우(법 제52조 및 영 제29조 참조)	· 대상 근로자에 대하여는 업무의 시작과 종료 시각을 근로자의 결정에 맡긴다는 규정을 두도록 함	변경명령
		· 대상 근로자의 범위를 명확히 하도록 함(연소자 적용 제외)	변경명령
		· 정산기간을 평균한 1주간의 근로시간이 40시간 이내 이도록 함	변경명령
		· 선택적 근로시간대와 반드시 근로하여야 할 시간대를 정한 경우에는 그 시작 및 종료 시각을 정하도록 함	변경명령
	· 재량근로에 대한 근로시간 간주제도를 도입하는 경우(법 제58조 및 영 제31조 참조)	· 재량근로의 대상을 명시하되, 법령의 범위를 넘지 않도록 함	변경명령
		· 대상 근로자의 근로시간은 노사 서면합의로 정한다는 근거규정을 두도록 함	변경명령
나. 연장근로	· 연장근로의 법정기준 위반 여부	· 연장근로가 법정기준을 초과하지 않도록 함(법 제53조 참조)	변경명령
	· 연장근로 실시절차의 명시 여부	· 연장근로는 당사자 간 합의가 있어야 가능함 - 이 경우 구체적인 사유와 일정한 시기를 확정하여 미리 연장근로일정을 제시하는 경우는 당사자 간 합의가 있는 것으로 볼 수 있음(법 제53조 참조) - 다만, "1일에 2시간씩 또는 1주에 12시간씩 연장근로 할 수 있다."와 같이 포괄적으로 규정할 경우 당사자 간 합의가 있다고 볼 수 없음	변경명령

심사 항목	중점착안사항	심사기준 및 지도방향	조치 기준
	· 임산부에 대한 시간외근로제한	· 산후 1년이 경과되지 아니한 여성의 시간외근로시간은 법적 허용한도(1일 2시간, 1주 6시간, 1년 150시간)에서 정해지도록 함(법 제71조 참조)	변경명령
		· 임신 중인 여성은 시간외근로를 금지토록 함(법 제74조 제4항 참조)	변경명령
	· 탄력적 근로시간제 등을 도입하는 경우	· 탄력적 근로시간제, 선택적 근로시간제 등을 도입하는 경우는 연장근로의 계산방법을 보다 구체적으로 명시하도록 함	변경명령
다. 교대제 근무	· 교대제 근무 시 각 작업반별 근무시간 및 교대방법의 명시 여부	· 교대제 근무 시 각 작업반별 업무의 시작과 종료 시각을 명확히 규정하고, 각 근무의 시간간격이 충분하여 근로자가 충분한 휴식을 가질 수 있도록 근로시간을 안배하도록 함(4조3교대제가 바람직)	개선지도
		· 교대제 근무 시 특정인을 특정시간대에 계속 근무하도록 하지 말고, 합리적인 방법으로 순환 근무하도록 교대방법을 명시함	개선지도
라. 휴게	· 법정기준 이상의 휴게시간의 부여	· 휴게시간의 시작과 종료시각을 명시하도록 하고, 법정기준(4시간 근무 시 30분 이상, 8시간 근무 시 1시간 이상) 이상의 시간이 확보되도록 함(법 제54조 참조)	변경명령
		· 기계가동을 중지할 수 없는 경우에도 교대로 휴게시간을 부여하도록 함	개선지도

심사 항목	중점착안사항	심사기준 및 지도방향	조치 기준
	· 휴게시간의 자유이용 보장 여부	· 휴게시간은 근로자가 자유롭게 이용할 수 있도록 함(법 제54조 제2항 참조)	변경명령
	· 수유시간 부여	· 생후 1년 미만의 유아를 가진 여성 근로자에게 1일 2회 각각 30분 이상의 수유시간을 주도록 함(법 제75조 참조)	변경명령
5. 휴일 및 휴가 가. 주휴일	· 주휴일은 명확하게 규정되어 있는지 여부	· 유급 주휴일은 특정일을 지정하여 명시하도록 함(법 제55조 참조) - 특정일이 반드시 일요일일 필요가 없고, 업무의 특성상 근로자 그룹별로 다른 요일을 정할 수도 있음 - 교대제 근로에 있어서는 휴일이 근로자가 미리 예측할 수 있도록 규칙적으로 주어진다면 특정일이 휴일로 정하여진 것으로 볼 수 있음	변경명령
나. 그 밖의 휴일	· 국경일, 신정, 추석, 회사 창립기념일 등을 별도휴일로 정하였는지 여부	· 국경일 등을 반드시 휴일로 정해야 할 법상의 의무는 없으나 사업 또는 사업장에서 별도휴일로 정하였을 경우는 이를 규정하도록 함	변경명령
	· 사업 또는 사업장에서 지정한 휴일을 유급으로 할 것인가 무급으로 할 것인가의 여부	· 당사자의 합의를 존중하여 유급 또는 무급으로 정할 것이나, 무급휴일은 유급휴일과 분명히 구분하여 규정하도록 함	변경명령

심사 항목	중점착안사항	심사기준 및 지도방향	조치 기준
	· 휴일대체의 조건 및 절차규정 유무	· 주휴와 사업 또는 사업장에서 정한 그 밖의 휴일을 업무형태상 변경(대체)실시할 때는 당사자와의 합의하에 행하도록 하여야 함	변경명령
다. 보상휴가	· 근로자대표와의 서면합의 절차 준수 여부	· 연장근로·야간근로 및 휴일근로에 대하여 임금을 지급하는 것을 갈음하여 휴가를 주는 경우는 근로자대표와의 서면합의에 따라야 함(법 제57조 참조)	변경명령
라. 연차휴가	· 휴가조건 및 일수의 법정기준 충족 여부(법 제60조 참조)	· 1년간 8할 이상 출근한 근로자에게 15일 이상의 유급휴가를 주어야 하며, 3년 이상 근속자에게는 위 휴가에 최초 1년을 도과하는 계속 근로연수 매 2년에 대하여 1일을 가산한 유급휴가를 주되, 총 휴가 일수는 25일을 한도로 함 · 계속 근로 1년 미만 근로자 또는 8할 미만 출근한 근로자에 대하여는 1개월간 개근 시 1일의 유급휴가를 주어야 함 · 근로자에게 최초 1년간의 유급휴가를 주는 경우에는 1년 미만 근속기간 중에 발생한 휴가를 이미 사용한 경우에는 그 사용한 일수를 15일에서 뺌	변경명령

심사 항목	중점착안사항	심사기준 및 지도방향	조치 기준
	· 휴가 산출기간의 명확성 여부	· 연차 유급휴가 산정을 위한 근무기간을 개별 근로자의 입사일부터 1년으로 하는지 아니면 역년(曆年)상의 1년(예:1월 1일부터 12월 31일까지)으로 하는지를 명백히 하여야 하며, - 사업 또는 사업장의 사정에 따라 역년상으로 연차 유급휴가 근무기간을 계산하더라도 연도 중 입사자의 휴가일 산정에 있어 불이익이 있어서는 아니 됨	변경명령
	· 지각, 조퇴와의 연계 여부	· 지각, 조퇴 몇 회 이상을 결근으로 간주하는 등의 방법으로 연차 휴가일수 산정에 영향을 주도록 할 수 없음	변경명령
	· 근로자의 의견에 따라 자유로이 사용할 수 있는지 여부	· 근로자의 자유의사에 따라 사용할 수 있도록 휴가 청구방법과 절차 등을 명시하되, 휴가시기를 변경해야 할 예외규정도 명확히 하도록 함(법 제60조 제5항 참조)	변경명령
	· 연차휴가의 사용촉진 절차 등 준수 여부	· 사용촉진이 가능한 연차휴가인지 여부, 사용촉진의 절차 등을 명확히 하도록 함(법 제61조 참조)	개선지도
	· 휴가기간에대한 임금지급기준	· 연차휴가 기간에 대하여 통상임금으로 지급할 것인지 평균임금으로 지급할 것인지 명시하도록 함(법 제60조 제5항 참조)	개선지도

심사 항목	중점착안사항	심사기준 및 지도방향	조치 기준
	· 미사용 휴가일수에 대한 정산방법 유무	· 휴가 청구권은 1년간 행사하지 않으면 소멸하나(사업주의 귀책인 경우는 예외), 미사용 휴가일수에 대하여는 통상임금 또는 평균임금으로 수당을 지급하여야 하며, 이 수당의 소멸시효는 휴가사용권이 소멸한 때로부터 3년임(법 제60조 제7항 참조) - 다만, 사용자가 연차 유급휴가의 사용 촉진을 위한 조치를 하였음에도 근로자가 사용하지 아니하여 휴가가 소멸된 경우에는 사용자의 보상의무 없음(법 제61조 참조)	변경명령
마. 생리·출산전후 (유·사산포함) 및 배우자 출산휴가	· 생리휴가 ·출산전후휴가 (유·사산포함) 및 배우자 출산휴가제도의 규정 여부	· 여성 근로자에 대한 생리휴가(주 44시간제 적용사업(장)의 경우 유급), 임신 중인 여성에 대한 출산전후(유·사산 포함) 휴가제도 및 근로자의 배우자 출산을 이유로 하는 배우자 출산휴가는 이를 명백히 규정하도록 함(법 제73조, 제74조 및 고평법 제18조의2 참조)	변경명령
	· 휴가의 청구절차 및 기간의 적정 여부	· 청구방법, 절차 등을 분명히 하고 특히, 출산전후휴가는 유·사산의 위험이 있는 경우 출산전후휴가 90일 중 일부를 미리 사용할 수 있도록 하여 이 경우에도 출산 후에 45일 이상이 확보되도록 하며(법 제74조 참조), 배우자 출산휴가가 원칙적으로 무급이나 단체협약 또는 취업규칙에 정하는 바에 따라 다를 수 있으므로 이에 대하여 명확히 하도록 함	변경명령

심사 항목	중점착안사항	심사기준 및 지도방향	조치 기준
바. 그 밖의 휴가	· 휴가의 종류와 사유 및 기간의 명시 여부	· 경·조사 등 특별한 사유가 있을 때 특별휴가를 주어야 할 법상의 의무는 없으나, 사업 또는 사업장에서 휴가제도를 채택하는 경우는 종류별로 사유와 휴가기간, 청구절차 등을 명시하도록 함	개선지도
	· 휴가기간 중의 임금지급 여부	· 휴가기간에 대하여 유급으로 할 것인지와 유급일로 할 경우는 지급기준(통상임금 또는 평균임금)을 명시하도록 함	개선지도
	· 휴가대체에 관한 규정의 유무	· 근로자 대표와의 서면합의로 특정 근무일을 연차휴가와 대체하기로 한 경우에는 그 내용을 명확히 규정하도록 함(법 제62조 참조)	변경명령
6. 임금 가. 임금관련 규정	· 임금관련 규정의 적정성 여부	· 법정 각종 수당의 지급률, 통상임금의 산정방법 등 보수규정 전반에 대하여 확인하여야 함	변경명령
		· 임금조정은 당사자 간의 교섭 또는 협의하에 결정되도록 하고, 임금조정시기도 명시하여 다툼의 소지가 없도록 함	개선지도
		· 임금계산기간(기산일과 마감일)과 계산방법 등을 구체적으로 명시토록 하여 임금산정에 따른 분쟁의 소지를 줄일 수 있도록 함	변경명령
	· 남녀에 대한 차별 여부(고평법 제8조 참조)	· 학력과 직종, 직급, 경력 등 임금결정요인이 같음에도 어느 한 성의 임금을 다른 성의 임금보다 적게 지급할 수 없음	변경명령

심사 항목	중점착안사항	심사기준 및 지도방향	조치 기준
나.임금지불	· 임금지불 방법의 타당성 여부	· 합리적 이유 없이 성별에 따라 서로 다른 호봉표를 적용하도록 하여 임금을 차별할 수 없음	변경명령
		· 임금은 통화로 직접 근로자에게 그 전액이 지급되어야 하므로 법령이나 단체협약상 특별히 정하는 방식 외에 임금의 일부를 공제하는 규정을 두지 않도록 함(법 제43조 제1항 참조)	변경명령
		· 임금은 매월 1회 이상 일정한 기일을 정하여 지급하도록 하고 정기지급일은 마감일부터 10일이 넘지 않도록 함(법 제43조 제2항 참조)	개선지도
	· 월급근로자의 임금지급규정의 적정성 여부	· 월급근로자에 대하여는 법정수당 및 근무일수에 대해 다툼의 소지가 많으므로 각종 수당의 산정과 근무일수 등에 대해 명확히 정하도록 함	개선지도
다. 각종 수당	· 연장근로수당의 적법성 여부	· 특히 탄력적 근로시간제를 도입한 사업장의 경우 연장근로수당의 지급방법이 적법한지 확인하여야 함(법 제56조 참조)	변경명령
	· 휴일근로수당 계산방법의 적정성 여부	· 주휴일 및 근로자의 날은 유급휴일로 하여야 하며, 그 밖에 사업 또는 사업장에서 정한 휴일에 대하여는 유·무급 여부를 명확하게 규정하여야 함 - 유급휴일에 근무 시는 100분의 250을, 무급휴일에 근무 시는 100분의 150을 지급하여야 함	변경명령

심사 항목	중점착안사항	심사기준 및 지도방향	조치 기준
	・휴업수당 지급률의 적법성 여부	・사용자의 귀책사유로 휴업하는 경우 휴업수당이 법정기준에 미달되지 않도록 함(법 제46조 참조)	변경명령
		・사용자의 귀책사유로 인한 휴업수당이 법정기준 이상인 경우에는 그 산정 방법을 명확히 규정하도록 함	개선지도
	・임의로 지급하는 각종 수당들에 대한 지급기준 및 지급방법의 명확성 여부	・사업 또는 사업장에서 법정수당 외에 각종 수당을 지급하는 경우에는 각종 수당이 임금인지 여부를 명확히 판단할 수 있도록 지급대상, 지급방법 등을 명확히 규정하도록 함	개선지도
	・상여금 지급규정의 적정성 여부	・상여금 지급규정을 두고 있는 경우 지급대상자와 지급시기, 지급요건, 지급방법, 지급액(률) 등을 명확히 규정하도록 함	변경명령
	・복리후생에 관한 남녀의 차별 여부	・가족수당, 복리후생수당, 주택자금 융자, 학자금 융자 등 복리후생을 위한 수당의 지급이나 자금의 융자에 관하여 불리한 조건을 부과하거나 차등 지급하는 등의 방법으로 어느 한 성의 근로자를 차별할 수 없음(고평법 제9조 참조)	변경명령
7. 퇴직과 해고 가. 퇴직사유와 절차	・퇴직사유와 사유별 퇴직시점 명확 여부	・근로계약관계의 여러 가지 구체적인 종료사유(의원사직, 사망, 해고, 정년도래, 계약기간의 만료 등)들과 그 사유별 효력발생(퇴직)시기를 명확히 하여 근속기간의 산정 등에 다툼이 없도록 함	변경명령

심사 항목	중점착안사항	심사기준 및 지도방향	조치 기준
	· 퇴직예고제의 채택 여부	· 퇴직예고제를 두는 것 자체는 법 위반이 아니나, 이 경우라도 예고기간을 지나치게 장기화하거나 예고 불이행을 이유로 불이익 처분을 할 수 없도록 함	변경명령
	· 의원면직의 경우 사표수리의 부당한 지연 여부	· 사표수리를 부당하게 지연시켜 근로자에게 불이익을 주어서는 아니 되며, 근로자가 당사자 간의 합의하에 실시하는 퇴직예고 의무를 불이행하였을 경우라도 「민법」제660조 및 제661조에서 정한 기간을 초과하여 사표를 수리하는 규정을 두어서는 아니 됨	변경명령
	· 여성에 대한 차별 여부	· 여성근로자의 혼인·임신·출산 등을 퇴직사유로 할 수 없음(고평법 제11조 참조)	변경명령
나. 정년	· 정년이 되는 연령의 명확 여부	· 정년은 직위·직종·직급 등 근로의 질과 내용에 따라 구분하여 정할 수 있으나, 구분할 경우 그 직무에 필요한 기술, 체력 및 노동 강도 등을 고려하여 그 기준을 명확히 하도록 함	개선지도
	· 성별, 국적, 신앙, 사회적 신분 등을 이유로 한 차등정년 여부	· 사회통념상 합리성이 없이 성별, 국적, 신앙, 사회적 신분 등을 이유로 차별적으로 정년을 정할 수 없음(법 제6조, 고평법 제11조 참조)	변경명령
다. 해고	· 해고의 사유를 구체적으로 명시하였는지 여부	· 해고사유를 구체적으로 명시(열거주의 원칙)하도록 하여 해고권의 남용 방지와 근로자의 생활안정에 기여하도록 함	변경명령

심사 항목	중점착안사항	심사기준 및 지도방향	조치 기준
	· 해고 사유별 기준의 타당성 여부	· 해고는 근로자의 생계와 직접 관련되므로 근로자의 귀책사유가 정직, 감봉 등의 징계로는 적절치 아니할 정도로 과도하거나 긴박한 경영상의 이유가 있을 때에만 정당한 해고사유로 인정하여야 함(법 제23조, 제24조 고평법 제11조 및 「근로기준법상 해고에 관한 규정과 관련한 업무지침」참조)	변경명령
	· 해고의 방법 및 절차의 명확성 여부	· 근로자의 귀책사유로 인한 해고의 경우 징계절차를 두도록 지도하되, 징계절차를 두는 경우에는 반드시 징계절차를 거쳐서 행하도록 하고, 별도의 징계규정이 있는 경우에는 심사할 것	개선지도
		· 경영상 이유로 인한 해고의 경우 해고회피를 위한 조치, 해고 대상자 선정기준, 해고일 50일 전까지 근로자 대표와의 협의 절차 등을 명확히 하도록 함	변경명령
		· 근로자에게 해고통보를 할 때에는 해고사유와 시기를 서면으로 통지하여야 함(법 제27조 참조)	개선지도

심사 항목	중점착안사항	심사기준 및 지도방향	조치 기준
	· 해고예고 절차의 적법 여부	· 정당한 이유가 있어 해고하는 경우라도 30일 전에 예고하거나 30일분 이상의 통상임금을 지급하도록 규정해야 함(법 제26조 본문 참조) - 다만, 해고가 천재·사변 그 밖에 부득이한 사유로 사업계속이 불가능하거나 근로자의 귀책사유로 사업에 막대한 지장이 초래되거나 재산상 손해를 끼친 경우로서 고용노동부령이 정하는 사유에 해당하는 경우에는 예외(「근로기준법 시행규칙」제4조 〈별표〉 참조)	변경명령
라. 퇴직금	· 퇴직금 제도의 설정 여부	· 법정퇴직금제도를 설정하고 있는지 확인하고 퇴직금이 법정기준보다 미달되게 규정하고 있는 경우에는 변경하도록 함(「근로자퇴직급여보장법」제8조 참조, 이하 '근퇴법'이라 한다.)	변경명령
	· 퇴직금 제도의 차등설정 확인	· 하나의 사업 내에서 직종, 직위, 직급 등에 따라 퇴직급여의 지급기준이나 지급률을 달리할 수 없음(근퇴법 제4조 제2항 참조)	변경명령

심사 항목	중점착안사항	심사기준 및 지도방향	조치 기준
	· 퇴직금의 중간정산(근퇴법 제8조 제2항 참조)	· 퇴직금의 중간정산은 근퇴법 시행령 제3조에서 정하는 사유에 해당하는 경우에만 가능하도록 하며 취업규칙으로 그 요건과 절차를 명확히 정하도록 함	변경명령
		· 특히, 누진제 퇴직금 제도를 규정하고 있는 사업체의 경우에는 중간정산 이후의 퇴직금 산정방법을 명확히 정하도록 함	개선지도
		· 퇴직금 중간정산 이후의 퇴직금 산정을 위한 계속 근로연수는 정산시점부터 새로이 기산되나, 근로연수와 관련 있는 다른 근로조건(승진, 승급, 호봉, 상여금, 연차유급휴가 등)에서는 변동이 없어야 하므로 취업규칙으로 다른 근로조건을 제한할 수 없음	변경명령
	· 퇴직금 청산의 적법성 여부	· 퇴직금의 청산기일이 법정기일을 초과하지 않도록 함	변경명령
8. 상벌 가. 포상	· 포상의 종류, 절차, 방법 등의 명확·공정 여부	· 포상의 종류, 내용, 절차 등을 구체적으로 명시하여 공정성이 확보되도록 함	개선지도
나. 징계	· 징계의 사유 및 종류의 구체성 여부	· 징계권의 남용을 방지하기 위하여 징계사유 및 종류를 구체적으로 명시하도록 함	변경명령
	· 징계절차와 방법의 합리성 여부	· 징계결정 시는 변명의 기회를 부여하여 공정성을 확보하도록 하고 처분결과를 반드시 서면 통보토록 하는 동시에 징계의결 절차 등을 명시하도록 함	변경명령

심사 항목	중점착안사항	심사기준 및 지도방향	조치 기준
	· 징계양정의 적정 여부	· 징계의 양정은 귀책의 정도에 상응해야 하며, 법에 의한 감급 제한에 저촉되어서도 아니 됨(법 제95조 참조) 　- 1회의 감액은 평균임금의 1일분의 2분의 1 초과 불가 　- 총액이 1임금지급기의 임금총액의 10분의 1 초과 불가	변경명령
		· 직장 내 성희롱을 한 자에 대한 징계의 양정은 직장 내 성희롱의 정도와 지속성 등을 고려하여 적정하게 정하도록 함(고평법 시행규칙 제9조 참조)	개선지도
9. 교육	· 어느 한 성에 대한 차별 여부	· 해외연수, 장학금 지급 등 각종 교육대상자 선정 및 지원에 있어 어느 한 성을 제외하거나 다른 한 성에 비해 불리한 조건을 부과할 수 없음(고평법 제10조 참조)	변경명령
	· 직장 내 성희롱 예방 교육	· 성별로 교육과정을 편성하고 교과의 선택에 있어서 어느 한 성에게 기회를 제한하거나 선발에 있어 불리한 기준을 적용하지 않도록 함	변경명령
		· 직장 내 성희롱 예방교육의 내용 및 방법이 법령에 부합되게 정하도록 함(고평법 시행령 제3조 참조)	개선지도
	· 장학금 제도	· 사업 또는 사업장에서 장학금 제도를 적용할 때에는 기금의 적립 운용방법과 지급대상, 지급률, 지급시기, 지급방법 등을 명확히 하여 다툼의 소지가 없도록 함	개선지도

심사 항목	중점착안사항	심사기준 및 지도방향	조치 기준
10. 안전보건 가. 근로자 교육	・근로자의 안전보건교육에 관한 규정 유무	・근로자에 대하여는 정기교육, 채용 시 및 작업내용 변경 시 교육, 유해·위험작업종사자에 대한 특별안전보건교육 등을 실시하도록 함(『산업안전보건법』제31조 및 같은 법 시행규칙 제33조 참조, 이하 '산안법'이라 한다.)	변경명령
나. 위험기계·기구의 방호조치 등	・기계·기구에 대한 방호장치 관련 규정 유무(산안법 제33조 및 같은 법 시행규칙 제48조 참조)	・방호장치가 설치되어 있지 않은 위험기계·기구는 양도, 대여, 설치 및 사용을 금지하도록 함	변경명령
		・방호장치를 근로자 임의로 제거하고 작업을 하는 일이 없어야 하며, 사업주도 방호장치를 제거하고 작업하도록 지시할 수 없도록 함	변경명령
다. 보호구	・보호구의 종류, 착용의무 관련규정 유무	・사업주는 보호구를 착용해야 할 작업장에는 보호구를 갖추고 이를 사용토록 관리하고 근로자는 이를 착용하도록 함(『산업안전보건기준에 관한 규칙』 참조)	변경명령
라. 물질안전보건자료(MSDS) 및 경고표시	・작성대상 및 비치(게시)장소에 대한 규정 유무	・산안법 제41조, 같은 법 시행규칙 제92조의2부터 제92조의4까지의 규정에 따르도록 함	변경명령
	・경고표지의 부착 및 근로자 교육실시에 대한 내용 유무	・산안법 제41조, 같은 법 시행규칙 제92조의5 및 제92조의6의 규정에 따르도록 함	변경명령

심사 항목	중점착안사항	심사기준 및 지도방향	조치 기준
마. 작업환경측정	· 작업환경측정을 하여야 할 작업장 및 유해인자의 명시 여부	· 측정대상작업장 및 유해인자를 명시하도록 함(산안법 시행규칙 제93조 참조)	변경명령
	· 작업환경측정 횟수의 규정유무	· 측정대상 작업장이 있는 경우 작업환경 측정주기 및 횟수를 정하도록 함(산안법 제42조 및 같은 법 시행규칙 제93조의4 참조)	변경명령
	· 작업환경측정 결과에 대한 조치 규정 여부	· 작업환경 측정결과에 따른 시설의 개선 등 근로자의 건강보호에 만전을 기하도록 함(산안법 제42조 제3항 및 「산업안전보건기준에 관한 규칙」참조)	변경명령
	· 작업환경 측정 시 근로자 대표의 입회에 관한 규정 유무	· 측정 시 근로자 대표의 요구가 있는 경우 입회할 수 있도록 지도	변경명령
바. 건강진단	· 근로자 건강진단의 실시대상·횟수 및 특수건강진단대상 부서에 대한 규정유무(산안법 제43조 및 같은 법 시행규칙 제98조부터 제99조의4까지 참조)	· 일반정기건강진단은 모든 근로자에게 1회 이상(다만, 사무직은 2년에 1회 이상), 특수건강진단은 유해인자별로 실시하도록 함	변경명령
		· 특수검진대상 작업부서를 명시하도록 함	변경명령
		· 건강진단 시 근로자 대표의 요구가 있을 때 근로자 대표를 입회할 수 있도록 지도	변경명령

심사 항목	중점착안사항	심사기준 및 지도방향	조치 기준
	· 건강진단의 실시시기에 관한 규정 유무	· 건강진단의 실시시기를 정하되 최소한 월단위까지는 명시하여야 함	변경명령
	· 건강진단결과 질병자에 대한 관리규정 유무	· 사업주는 근로자 건강관리를 위해 의사의 소견에 따라 작업장소 변경·작업전환·근로시간 단축 및 시설·설비의 설치·개선 등 적절한 조치를 하도록 함(산안법 제43조 제5항)	변경명령
사. 무자격자 취업제한	· 유해·위험작업에 무자격자의 취업을 제한하는 규정이 있는지 여부	· 사업주는 유해 또는 위험한 작업으로서 규칙에서 정하는 작업에 있어서는 그 작업에 필요한 자격·면허·경험 또는 기능을 가진 근로자 이외의 사람을 해당 작업에 임하게 하지 않도록 함(산안법 제47조 및 「유해위험작업의 취업 제한에 관한 규칙」참조).	변경명령
11. 재해보상	· 재해보상기준의 법령저촉 여부	· 재해보상규정을 두는 경우 그 수준이 법 제8장의 기준에 미달되어서는 아니 됨	변경명령
		· 근로자 중과실을 이유로 재해보상을 배제하는 규정을 두는 경우 법 제81조에 의한 요건을 명시되도록 함	변경명령
	· 업무상 또는 업무외의 재해부조에 관한 사항 유무	· 업무상 재해에 대하여 법기준 이상의 별도 보상을 실시하거나 업무외의 재해에 대하여 별도의 부조를 실행하는 제도가 있을 때에는 그 내용을 명시하도록 함	개선지도

심사 항목	중점착안사항	심사기준 및 지도방향	조치 기준
	· 산재보험법에 의한 사업주의 조력의무 여부	· 업무상 재해에 대한 사업주 확인 및 각종 증명서발급 등 「산업재해보상보험법」 제116조에 따른 사업주 조력의무를 부당하게 면책하는 규정을 두지 않도록 함	변경명령
	· 산재보험급여청구권 제한금지 규정 유무	· 경미한 재해 등에 있어서 근로자의 산재보험급여 청구를 제한하고 공상처리토록 하는 규정을 두지 않도록 함	변경명령